EL ZOHAR

EL ZOHAR

Traducido, explicado
y comentado
Vol. XXII

EDICIONES OBELISCO

Si este libro le ha interesado y desea que le mantengamos informado de nuestras publicaciones, escríbanos indicándonos qué temas son de su interés (Astrología, Autoayuda, Ciencias Ocultas, Artes Marciales, Naturismo, Espiritualidad, Tradición...) y gustosamente le complaceremos.

Puede consultar nuestro catálogo en www.edicionesobelisco.com

Colección Cábala y Judaísmo
El Zohar
Vol. XXII

1.ª edición: mayo de 2017

Título original: *Sefer ha Zohar*

Traducción: *Equipo editorial*
Maquetación: *Natàlia Campillo*
Diseño de cubierta: *Enrique Iborra*

Edita: Ediciones Obelisco, S. L.
Collita, 23-25. Pol. Ind. Molí de la Bastida
08191 Rubí - Barcelona - España
Tel. 93 309 85 25 - Fax 93 309 85 23
E-mail: info@edicionesobelisco.com

ISBN: 978-84-9111-223-5
Depósito Legal: B-10.812-2017

Printed in Spain

Impreso en España en los talleres gráficos de Romanyà/Valls S. A.
Verdaguer, 1 - 08786 Capellades (Barcelona)

DEDICATORIA DE EL ZOHAR

A Jana Miriam, que alcanzó a leer parte de estos textos y los amó con toda su alma. Para ella, que develó el misterioso modo de estudiar la Torah desde las profundidades de su ser y de entregarse a Dios sin reservas, y que se fue de este mundo en dirección a su amada Jerusalén Celestial con la paz interior y el sosiego que caracterizan a aquellos que tienen la certeza de haber cumplido su misión en su paso por la vida.

Aquellos que tuvimos el mérito y la suerte de conocerla sabemos que su luz espiritual y su sonrisa pura nos acompañarán e iluminarán hasta el reencuentro final.

Zijroná Librajá

¡Que su recuerdo sea una bendición!

PALABRAS INTRODUCTORIAS

He aquí que vendrán días, dice El Eterno, Dios, en que enviaré hambre a la Tierra, pero no hambre de pan, ni sed de agua, sino de la palabra de El Eterno.

AMÓS 8:11

Los motivos que nos llevan a traducir esta edición de El Zohar son los siguientes:

1. Todo lo relacionado con la Cábala se encuentra tan popularizado y divulgado que prácticamente se halla al alcance de cualquiera.
2. Las traducciones parciales que normalmente suelen encontrarse en el mercado son incompletas, inexactas y confusas, y en la mayoría de los casos no se basan en el idioma original de El Zohar.
3. Existen personas que, sin saber hebreo ni arameo, e incluso sin vivir de acuerdo con las normas de la Torah, se dedican a la enseñanza de estos textos sagrados motivados por intereses exclusivamente personales y comerciales.

Por consiguiente, y tras consultar a grandes e importantes cabalistas en Israel, nos propusimos presentar una traducción absolutamente fiel al texto sagrado original, incluyendo comentarios breves y aclaraciones con la intención de facilitar una comprensión mínima de aquellos pasajes que se consideran de carácter más abierto y revelado. Estas aclaraciones escritas en letra más fina, no son nunca opiniones personales de los traductores, sino una síntesis de las enseñanzas de los sabios que han comentado El Zohar. Con todo, el lector atento notará que muchos pasajes han sido traducidos de modo literal y sin explicación alguna, ya que debido a su misterio y hermetismo simplemente no pueden ser revelados al inexperto aprendiz.

Las características técnicas de la presente obra son las siguientes:

1. La letra enfatizada en negrita es la traducción palabra por palabra de El Zohar.
2. La letra intercalada en redonda son los comentarios y agregados.
3. Se han añadido fuentes bíblicas y talmúdicas.
4. Se acompaña un glosario al final de cada volumen.

Por último, queremos aclarar que todas las personas que participan en la traducción de esta obra excepcional viven de acuerdo con las enseñanzas clásicas de la Torah y se esfuerzan por complacer y cumplir la Voluntad del Creador.

Quiera el Dios de Abraham, Itzjak y Jacob hacer cumplir nuestra voluntad: que las almas sedientas de espiritualidad beban de la Luz de Su Torah.

Y como dice la Mishná de Pirkei Avot (2:6):
En un lugar donde no hay hombres, esfuérzate en ser un hombre.

Los traductores

SECCIÓN EMOR

(88a) **Y El Eterno le dijo a Moisés**: «Habla con los sacerdotes, los hijos de Aarón, y diles: "Que nadie se contamine con persona muerta entre su pueblo"» (Levítico 21:1). **Rabbí Iosi dijo: ¿Cuál es la relación entre esto y esto** el versículo anterior donde **está escrito**: «Y el hombre o la mujer entre quienes hubiere pitón o adivino, ciertamente han de morir, serán apedreados; su sangre será sobre ellos»? (Levítico 20:27) **Es ésta: tras haber ordenado** a los hijos de **Israel que se santificaran, también ordenó a los sacerdotes que se santificaran y también amonestó a los Levitas** (Números 18:21), **de modo que todos llegaran a ser santos y puros. ¿De dónde sabemos que amonestó a los sacerdotes? De las palabras «Habla con los sacerdotes**, los hijos de Aarón, y diles: "Que nadie se contamine con persona muerta entre su pueblo"» (Levítico 21:1). **Y** ¿de dónde sabemos que amonestó **a los levitas? De las palabras «Y hablarás a los levitas diciendo…»** (Levítico 18:26). **De este modo, todos ellos han de ser justos, santos y puros.**

¿Por qué a los sacerdotes se les llama «hijos de Aarón»? No sé qué son los «hijos de Aarón». Es para enseñar que los hijos de Aarón son algo más que los hijos de Leví, al ser Aarón el principio de los sacerdotes del mundo ya que el Santo, Bendito sea, lo quería para propagar la paz en el mundo, el sabio Hillel nos enseña en los Pirkei Avoth que Aarón «Ama la paz, busca la paz, ama

88a

a las personas y acércalas a la Torah», **mereciendo su conducta esta distinción, ya que todos sus días procuró promover paz en el mundo, de modo que el Santo, bendito sea, lo designó también para traer paz a las familias celestiales. Por eso a los sacerdotes «Habla con los sacerdotes, los hijos de Aarón».** La paz es uno de los pilares sobre los que se sostiene el mundo (Mishná, tratado de Avot 1:18), que «no se mantiene sino por la paz» (Zohar II-10b).

«Habla con los sacerdotes, los hijos de Aarón, y diles: "Que nadie se contamine con persona muerta entre su pueblo"» (Levítico 21:1)**. Rabbí Iehuda abrió** el versículo: **¡Cuán grande es tu bondad, que has guardado para los que te temen! ¡Cuán grande y elevada es esa luz denominada «bien», según está escrito «Y vio Elohim que la luz era buena»** (Génesis 1:4)**. Porque sabemos que el Santo, bendito sea, hizo una luz cuando creó el mundo y la reservó para los justos para el mundo venidero. Éste es el sentido de: «¡Que has mostrado a los que esperan en ti, delante de los hijos de los hombres!»** (Salmos 31:20), **cuán grande es tu bondad. La bondad designa a la luz de Arriba llamada «buena», según está escrito «. Y vio Elohim que la luz era buena»** (Génesis 1:4). **Y ésta es la luz guardada** (*Or haGanuz*, que se suele traducir como la «luz primordial» o la «luz misteriosa», pero que en realidad es la «luz guardada») **y el Santo, Bendito sea, vio a los malvados que vivirían en el mundo y la ocultó y la reservó para los justos, según está escrito «Y privó a los impíos de su luz».** (Job 38:15). **Y la hará brillar sobre los justos en el mundo venidero, según está escrito «Sin embargo, para vosotros, los que honráis Mi nombre, se levantará el sol de justicia trayendo curación en sus alas»** (Malaquías 3:20).

Nos encontramos ahora con una sorprendente descripción de la vida después de la muerte. **Ven** y **ve: en el momento en que un hombre está en su lecho de muerte y a punto de partir al otro mundo, se le presentan tres mensajeros del cielo,** uno para sus méritos, otro para sus transgresiones y un juez intermediario **y le muestran lo que los demás hombres no pueden ver en este mundo,** la luz reservada, *Or haGanuz*. **Es un día de rigor en lo Alto por-**

que el Rey reclama a este hombre la devolución de su depósito, el alma que el Santo, bendito sea, depositó en el hombre. **Dichoso el hombre que puede restituir el depósito exactamente como le fue dado; porque si** éste **ha sido contaminado con la impureza del cuerpo, ¿qué le dirá al amo del depósito?**

Mirando hacia arriba, ve al ángel de la muerte de pie delante de él con su espada tendida, que lo desarticula. El poder del ángel de la muerte y de su espada proceden de las transgresiones del hombre. Los justos no mueren por la espada, sino por el beso de Dios. **No hay nada tan duro para el alma como su separación del cuerpo** por la espada**. Antes de que un hombre muera, ve a la Presencia Divina hacia la cual el alma se dirige en gran anhelo,** pues es el deseo de Unirse a ella lo que lleva al alma a abandonar el cuerpo. **Y una vez fuera del cuerpo, ¿qué otra alma se le adherirá?** (88b) **Hemos hablado en otra parte de cuáles son las almas que se adhieren a la Presencia Divina** (en el Zohar III-46 b)**.**

Una vez el alma está fuera del cuerpo y el cuerpo permanece sin aliento, está prohibido mantenerlo sin darle sepultura, según está escrito: «no dejarás que pase la noche en el árbol (...) mas sin falta enterrarás el cadáver el mismo día» (Deuteronomio 21:23)**.** Incluso el árbol ha de ser enterrado con él. **Porque un cuerpo muerto que es dejado sin sepultura durante veinticuatro horas causa debilidad en los miembros del Carro y obstaculiza la obra del Santo, bendito sea, porque quizás el Santo, bendito sea, decretó que migrara a otro cuerpo ese mismo día**, lo que sería para él mejor, **porque mientras el cuerpo no ha sido enterrado, el alma no puede ascender ante el Santo, bendito sea, ni ser transferida a otro cuerpo.** El hombre, que ha sido formado a semejanza de Dios, cuando está desprovisto de su alma, indica una debilidad en la forma superior. El cuerpo del hombre y sus miembros son una alusión al Carro superior. **Porque un alma no va delante del Santo, bendito sea, ni recibe un segundo cuerpo mientras no está enterrado el primero,** del **mismo modo que no es posible que un hombre** cuya esposa ha muerto **tome una segunda mujer antes de ser sepultada la primera. Lo mismo ocurre con el cuerpo y el alma. Por eso la**

88b

Torah dice; «no dejarás que pase la noche en el árbol» (Deuteronomio 21:23).

Otra explicación: por la que el cuerpo ha de ser sepultado en el mismo día **es que cuando el alma parte del cuerpo,** ella **no puede elevarse en las regiones celestes hasta que se le da un cuerpo formado de luz. Entonces** sí **puede entrar. Así, Elías tuvo dos cuerpos, uno para aquí abajo, entre los hombres, y uno en el cual apareció entre los ángeles celestiales y sagrados**. Elías no fue enterrado y utilizaba estos dos cuerpos. **Y mientras el cuerpo permanece no sepultado, el alma sufre estrechez y un espíritu de impureza** la rodea, **se posa** sobre ella **y la mancilla.**

Por eso el cuerpo no ha de ser llevado durante la noche, contaminando el cuerpo, **porque por la noche el espíritu de impureza se propaga por toda la tierra en busca de un cuerpo sin alma para impurificarlo aún más. Por esta razón los sacerdotes fueron advertidos de «Que nadie se contamine con persona muerta entre su pueblo»** (Levítico 21:1). **Pues son santos y el espíritu de impureza no se posa sobre ellos y no son impurificados.**

«Habla con los sacerdotes...» (Levítico 21:1). **Rabbí Isaac dijo: habla con los sacerdotes en un susurro,** en voz baja**, así como todas las obras de los sacerdotes eran llevadas a cabo en voz baja** y sus palabras son susurradas**; y la repetición «habla» y «dirás» es para hacer hincapié en la orden de que ellos no se contaminen, pues aquel que sirve en un lugar sagrado ha de ser sagrado en todo.** «No se contaminen con un muerto». **Como hemos dicho, el cuerpo sin el espíritu es impuro, y los espíritus de impureza desean los cuerpos de Israel; dado que han sido vaciados del *Ruaj haKoddesh* de ellos, quieren introducirse en una vasija sagrada,** es decir en un cuerpo de Israel**. Y los sacerdotes son sagrados entre lo sagrado y no han de impurificarse en todo,** o sea en nada, **ya que «la corona del aceite de la unción de su Dios está sobre él»** (Números 6:7)**.** El sacerdote es sagrado pero si se impurifica por el contacto con un muerto atrae sobre sí un espíritu de inmundicia que profana su santidad. **Yo soy El Eterno»** (Levítico 21:12)**, según está escrito: «Es como el buen óleo sobre la cabeza, el cual desciende**

sobre la barba, la barba de Aarón, que desciende sobre el borde de sus vestiduras» (Salmos 133:2). **Esto ya ha sido explicado. «El aceite sagrado de lo Alto», que fluye y brota del río profundo. Otra explicación: que fluye y brota de la Cabeza de todas las cabezas, el Oculto de todos los Ocultos, sobre la cabeza y hasta la cabeza del Adán Primordial.**

«Desciende sobre la barba», es el venerable Anciano; como ha sido enseñado, es la barba de Aarón. Es el Sumo Sacerdote de Arriba, como ya **ha sido enseñado. Y este aceite desciende sobre él hacia la boca de sus atributos que llenan la unción que baja hacia abajo. De este modo atrae y es coronado por el aceite de la unción abajo.**

En este versículo el principio no es como el final y el final no es como el principio, hay una disimiltud. **Está escrito «Habla con los sacerdotes, los hijos de Aarón, y diles: «Que nadie se contamine...** « (Levítico 21:1). El principio del versículo está en plural mientras que el final está en singular. **No os contaminaréis, pues contaminaría al Sumo Sacerdote, que está en lo Alto. Dijo Rabbí Iehuda, «el Sumo Sacerdote de sus hermanos»** (Levítico 21:10), **se refiere al Sumo Sacerdote de abajo. Y dijo Rabbí Itzjak,** con **el sacerdote que está abajo** ocurre **como con el que está Arriba: tiene que ser sagrado más que los demás en todo, como ya hemos aprendido.** (89a)

RAIA MEHEMNA

El sacerdote dispondrá todos los días velas en el Templo, como se ha explicado en relación con el candelabro, **y entonces permanecerá en el secreto del candelabro, y éste es un secreto de la luz de lo Alto en el aceite que desciende primero hasta la cabeza del sacerdote, y entonces se encienden y dan luz todas las velas según está escrito «como aceite sobre la cabeza, etc»** (Salmos 133:2), **y está escrito «el santo óleo de unción, etc»** (Levítico 21:12). **Y por**

89a
lo tanto el sacerdote **tiene permiso para disponer las velas y encenderlas dos veces todos los días, como la luz unificadora, dos veces** al día, **el sacrificio de cada día, dos veces. Las velas están brillando gracias al sacerdote todos los días hacia Arriba y hacia abajo, para alegrar con alegría y para hallar alegría en todo el encendido de las velas, para que el sacerdote halle alegría en todo el encendido de las velas y del incienso, y «El ungüento y el incienso alegran el corazón**; así la dulzura del amigo con el consejo del alma» (Proverbios 27:9)**.**

Fin del Raia Mehemna

A menos que no estén unidos por la sangre, «por su pariente cercano a sí, por su madre, o por su padre, o por su hijo, o por su hermano» (Levítico 21:3). **Rabbí Abba abrió** el versículo: **«¿Quién es aquel que viene de Edom, desde Bosra, vestido de púrpura? ¿Quién es éste de espléndido ropaje, que avanza con fuerza arrolladora?»** «Soy yo, el que habla con justicia, el que tiene poder para salvar.» (Isaías 63:1)

¿Quién es aquel que viene de Edom...? Significa que **en el futuro, el Santo, bendito sea, se pondrá vestiduras de venganza para castigar a Edom por haber destruido Su casa y quemado Su Templo y dispersado a la Comunidad de Israel entre las naciones.** «Por eso yo, el Eterno, digo: voy a levantar la mano para castigar a los filisteos; voy a exterminar a los quereteos y voy a destruir a los que aún quedan en la costa» (Ezequiel 25:16).

Tomará venganza de ellos hasta que todas las montañas se llenen de cadáveres de las naciones, cuando reúna todos los pájaros del cielo y las bestias del campo y ellos se harán festín, las bestias doce meses y los pájaros siete años. (*Véase* Daniel 4:23) **Sus cadáveres se esparcirán por la tierra durante tanto tiempo que el olor nauseabundo que propagarán se hará insoportable. Éste es el sentido de:** «Llena está de sangre la espada del Eterno, engrasada está de grosura, de sangre de corderos y de cabritos, de grosura de riñones de carneros; **porque el Eterno tiene sacrificio en Bosra, y grande matanza en tierra de Edom»** (Isaías 34:6) **Y éste es el significado de** «Solo pisé el lagar, y de los pueblos nadie fue conmigo. Los pisé con mi ira, y los hollé con mi furor; y su sangre salpicó mis vestidos**, y ensucié todas mis ropas**» (Isaías 63:3).

«¿Desde Bosra, vestido de púrpura?» (Isaías 63:1)**, porque salieron de allí para hacer la guerra a Jerusalén y empezaron quemando el templo mientras los hijos de Edom destrozaban las paredes y arrancaban las piedras de los cimientos. Éste es el sentido de «Acuérdate, oh Eterno, de los hijos de Edom en el día de Jerusalén; quienes decían: arrasadla, arrasadla hasta los cimientos»** (Salmos 137:7). **Es lo que está escrito: El Eterno vendrá de Bosra,** porque de allí salieron los ejércitos del mundo para hacer guerra contra Jerusalén y comenzaron a quemar el Templo y los hijos de Edom derribaron los muros y destruyeron los cimientos. Dios será **«glorioso en su vestimenta»**, sus vestiduras de venganza, y **«marchando en la grandeza de su fuerza»** (Isaías 63:1). **«Marchando en la grandeza de su fuerza» es decir destrozando según está escrito** «Tus saetas agudas *con que* **caerán pueblos debajo de ti**, *penetrarán* en el corazón de los enemigos del Rey» (Salmos 45:5)**. Dijeron los** hijos **de Israel a Isaías**: **«¿Quién es el que hará todo esto?» Abrió el versículo: «Yo que hablo en justicia,** potente para salvar»**. Por esta razón, el Santo, bendito sea, hizo que se pusieran prendas de venganza, según está escrito:** «Los pisé con mi ira, y los hollé con mi furor; y su sangre salpicó mis vestidos, **y ensucié todas mis ropas»** (Isaías 63:3)**. Él es poderoso** a la hora **de salvar.**

¿Y por qué todo esto? Porque obligó a la asamblea de Israel, que es la Shekinah, **a permanecer en el polvo y en el exilio y a caer en lo más bajo según está escrito: «por su hermana una virgen que está cerca de él, que no tuvo marido»** (ver Amós 5:2)**, y por esta razón, el Santo, bendito sea los cubrirá con ropajes de venganza para no contaminarlos con los muertos según está escrito: «y ensucié todas mis ropas»** (Isaías 63:3). **¿Y por qué todo esto? Porque está escrito «o por su hermana virgen, a él cercana, la cual no haya tenido marido,** por ella se contaminará» (Levitico 21:3), **que es la parte de Esaú y no tiene el destino de aquel sobre el que ha sido dicho «fue varón sabio en la caza, hombre del campo»** (Génesis 25:27). **«...por ella se contaminará»** (Levítico 21:3), por su bien, **con esas prendas de venganza que estarán contaminadas entre la multitud** de los muertos. **Según está escrito: «para que no sea contaminada», por su bien, porque ella está en el polvo del exilio y quiere levantarse. Éste es el significado de «Levántate, resplandece; que viene tu luz...»** (Isaías 60:1).

«No se harán tonsura (*Ikruh*) **en la cabeza,** ni se rasurarán los bordes de la barba, ni se harán sajaduras en su carne» (Levítico 21:5). **Rabbí Iosi dijo: ¿Por qué *Ikruh*** (tonsura) **aparece con una** letra ***He* al final? Contestó: la explicación es que en la cabeza del Sumo Sacerdote está el santo óleo de unción los siete días** de la inauguración del Templo**, y hemos aprendido «porque por siete días seréis consagrados»** (Levítico 8:33). **Este santo óleo, si fuera quitado, causaría tonsura y sería mancillada su cabeza. Porque la cabeza del sumo sacerdote es ese santo óleo. Por esta razón, el sacerdote no ha de estar contaminado, como ya hemos visto, y por esto *Ikruh*** (tonsura) **aparece con una** letra ***He* al final.**

Abrió el versículo **y dijo: «Cuando El Eterno haga tornar la cautividad de Sión, seremos como los que sueñan»** (Salmos 126:1). **«Cuando El Eterno haga retornar» fue dicho durante el exilio de Babilonia y sólo permanecieron setenta años en ese exilio, según está escrito «Cuando en Babilonia se cumplieren los setenta años, *yo* os visitaré,** y despertaré sobre vosotros mi buena palabra, para tornaros a este lugar» (Jeremías 29:10). **Y «como los que sueñan». ¿Qué quiere decir «como los que sueñan»? Los compañeros** de estudio **señalan que algunos sueños (89b) duran setenta años.**

Ven y **ve: está escrito:** «De la puerta del tabernáculo del testimonio no saldréis en siete días, hasta el día que se cumplieren los días de vuestras consagraciones; **porque por siete días seréis consagrados»** (Levítico 8:33). **¿Cuáles son esos siete días? Ha sido dicho que el lugar más elevado incluye a los otros seis** días**,** o sea Binah que incluye a Jesed, Gueburah, Tiferet, Netzaj, Hod y Yesod, **y es lla-**

mado «siete días» y también «arrepentimiento». Hemos aprendido que aquel que ayuna en Shabbat, su veredicto de setenta días es roto.

Los setenta años son los siete rostros del Rey, las siete sefirot que acabamos de ver y cada una de las cuales incluye diez, sumando setenta**. Y a pesar de estar en su contra, el veredicto es roto. ¿Por qué? Porque** aquel que ayuna **está vinculado con el día que los incluye a todos,** Binah**, que es llamado «siete» y que es llamado «arrepentimiento»** o sea el Shabbat. **De este modo está atado a todos** los setenta días **cuando se arrepiente y cualquier veredicto en contra suya es roto. Por lo tanto hay ciertamente setenta días en un sueño. De un modo similar, el sacerdote será coronado con siete,** o sea Binah**, llamados los siete días. Si** el sacerdote **mancilla su cabeza, estos siete,** las siete sefirot**, lo hacen calvo,** lo privan **de toda la santidad que hay en él. Por esta razón eran muy cuidadosos y no provocaban calvicie en sus cabezas ya que esto los volvían defectuosos en todo. Por esta razón el sacerdote debía permanecer en la perfección más que los demás y aún más el Sumo Sacerdote.**

Dijo Rabbí Abba: la letra ***He* inferior aquí y la** letra ***He* superior allí. El Sumo sacerdote, superior, depende de la** letra ***He* superior,** o sea Binah**, según está escrito «sobre cuya cabeza fue derramado el aceite de la unción, y que fue consagrado»** (Levítico 21:10)**. «Que fue consagrado» se refiere** a Binah**, según está escrito «porque por siete días seréis consagrados»** (Levítico 8:33)**. Los otros sacerdotes dependen de** la letra ***He* inferior,** que corresponde a Maljut**, según está escrito: «No se harán tonsura en la cabeza,** ni se rasurarán los bordes de la barba, ni se harán sajaduras en su carne» (Levítico 21:5) **y lo que sigue «y no ensuciarán el nombre de su Dios». Este nombre es conocido** como Maljut, la letra *He* inferior. **Así está escrito: «Y el sumo sacerdote entre sus hermanos, sobre cuya cabeza fue derramado el aceite de la unción, y *que* fue consagrado para vestir las vestimentas, no descubrirá su cabeza, ni romperá sus vestidos»** (Levítico 21:10)**. Y mientras es santo a semejanza de lo de Arriba, está escrito: «Y no saldrá del santuario** ni ensuciará el santuario de su Dios; porque la coro-

89b

na del aceite de la unción de su Dios está sobre él. Yo *soy* el Eterno» (Levítico 21:12).

Rabbí Abba abrió el versículo **y dijo: «Tuya es, Eterno, la justicia, y nuestra la confusión de rostro, como el día de hoy** *es* **a todo hombre de Judá, y a los moradores de Jerusalén,** y a todo Israel, a los de cerca y a los de lejos, en todas las tierras adonde los has echado a causa de su rebelión, con que contra ti se rebelaron» (Daniel 9:7). **Dichosos** los de **Israel, que el Santo, bendito sea, ha escogido de entre las naciones paganas. Por amor hacia** los de Israel, **les entregó la Torah de verdad para que conocieran el camino del Rey Santo. Aquel que se ocupa de la Torah es como si se ocupara del Santo, bendito, sea, ya que toda la Torah es un nombre del Santo, bendito sea. De este modo, aquel que se dedica a**l estudio de **la Torah se ocupa de ese nombre, y aquel que está lejos de la Torah, está lejos del Santo, bendito sea.**

Ven y **ve: «Tuya es, El Eterno, la justicia»** (Daniel 9:7), se parece **a «Tuyos son, el Eterno, la magnificencia y el poder»** (I Crónicas 19:11). **¿Qué es la justicia? Es el lugar al que están vinculados todos los rostros resplandecientes y que está vinculado con todo lo que mora en él,** o sea Maljut, **y «nuestra la confusión de rostro» es el lugar del que huyen todos los rostros,** el otro lado, **y en el que se avergüenzan. La justicia es la verdad dispuesta, la luz total, la iluminación del rostro y la alegría de todo. Porque cada vez que uno es avergonzado, es porque la verdad, que es la justicia, se ha apartado de él, retirándole el brillo a su rostro.**

Ven y **ve: el Sacerdote de Arriba,** el Sumo Sacerdote, **necesita tener una hermosa apariencia y más alegría que nadie**, dado que él simboliza el grado más elevado. **No se le ha de ver triste o enfadado, sino** ha de ser **en todo en semejanza a lo de Arriba. Dichosa su parte ya que a propósito de él está escrito «Yo** ***soy*** **tu parte y tu heredad** en medio de los hijos de Israel» (Números 18:20) **y «El Eterno es su heredad»** (Deuteronomio 18:2). **Por lo tanto, ha de verse completo en todos los aspectos, en su persona, en sus ropas, para no traer descrédito sobre sí mismo en absoluto, como hemos aprendido.**

89b

RAIA MEHEMNA

«Y tomará una mujer con su virginidad» (Levítico 21:13). **Abrió el Pastor Fiel** este versículo **y dijo: es una *Mitzvah* para el Sumo Sacerdote tomar mujer según está escrito «viuda, o repudiada, o infame, o ramera, éstas no tomará; mas tomará virgen de su pueblo por mujer»** (Levítico 21:14). **¿Por qué hemos de tomar a una mujer sin mancha? Porque la mujer es** como la **copa de la bendición, sin defecto, y el sacerdote que hace sacrificios ante El Eterno ha de estar completo y sin defecto. Completo con un miembro sin defecto y sin defectos que descalifiquen a los sacerdotes. Completo en el cuerpo, completo en la mujer, para que en él se cumpla el versículo «Toda tú eres hermosa, oh compañera mía y en ti no *hay* mancha»** (Cantar de los Cantares 4:7). **Porque es el sacrificio de Minjá e Israel ha de enviar Minjá al Rey de los hombres completo, ya que es lo contrario del otro lado, al cual enviarían un regalo por medio del nombre mancillado según está escrito: «Y echará suertes Aarón sobre los dos machos cabríos; una suerte por el Eterno, y la otra suerte por Azazel»** (Levítico 16:8). **Porque los otros dioses son todos defectuosos en el norte y la mayoría de casas de idolatría son defectuosas por** la influencia **del lado femenino, Lilit, la destructora.**

Y el Pastor Fiel es la *Vav* y no la *He*, y en este orden: *He, Iod, Vav*. La otra *He* es recipiente lleno de bendiciones del Eterno, del lado de la derecha, y del lado del rigor es la justicia, la Shekinah que se escribe *He, Vav, Iod, He*, según está escrito «he aquí que la mano de El Eterno estará sobre tu ganado que está en el campo, sobre los caballos, sobre los asnos, sobre los camellos, sobre los vacunos y sobre las ovejas: una peste muy grave» (Éxodo 9:3). **Se levantó el pastor fiel, se postró ante él y dijo: ¡dichosa mi parte porque el Amo y la Reina son mi ayuda!**

Fin del Raia Mehemna

89b - 90a

«**Y** (el Sumo Sacerdote) **tomará una mujer con su virginidad»** (Levítico 21:13). **Rabbí Shimon abrió** el versículo **y dijo: «y, he aquí, él le pone tachas de algunas cosas,** diciendo: no he hallado tu hija virgen; pero, he aquí las *señales* de la virginidad de mi hija. Y extenderán la sábana delante de los ancianos de la ciudad. **Y le han de multar en cien *siclos* de plata**, los cuales darán al padre de la joven, **por cuanto esparció mala fama sobre *una* virgen de Israel**; y la ha de tener por mujer, y no podrá despedirla en todos sus días»(Levítico 22:17 a 19). Entonces Rabbí Shimon pregunta **y ella es la virgen de su padre o esposo, ¿por qué dice aquí «la virgen de Israel?** ¿No pertenece una virgen a su padre o a su madre? (90a) Porque es la hija de Jacob, llamado Israel y responde: **éste es el significado de** «pregunta a tu padre, que él te declarará; a tus viejos, y ellos te dirán» (Deuteronomio 32:7). Según los comentaristas esto se refiere al incidente de Dinah, la hija de Jacob, llamado también Israel. **Aquí también el sacerdote a semejanza de arriba «tomará una mujer con su virginidad», es decir** una virgen **que no saldrá de cuando en cuando del patio** de su casa, **como ha sido explicado.**

Rabbí Shimon estaba andando por el camino junto con Rabbí Iehuda, Rabbí Iosi y Rabbí Ezequías. Rabbí Shimon abrió el versículo **y dijo: «Dio mantenimiento a los que Le temen;** para siempre se acordará de su pacto» (Salmos 111:5). **«Dio mantenimiento a los que Le temen» se refiere a los justos que son temerosos del Santo, bendito sea, porque aquel que Le teme está considerado como si fuera de la familia del Rey y a propósito de él está escrito: «Bienaventurado el varón que teme a El Eterno,** y en sus mandamientos se deleita en gran manera» (Salmos 112:1)

Preguntó, **¿cuál es el significado de «Dio mantenimiento a los que Le temen»** y contestó **esto se parece a las palabras** que dicen: **«Se levantó aun de noche, y dio comida a su familia,** y ración a sus criadas» (Proverbios 31:15). Lo cual nos enseña que mientras los justos están en sus casas reciben mantenimiento. **Hemos aprendido, a propósito de esto, que aquellos que estudian Torah por la noche y se levantan a medianoche cuando la asamblea de Israel se levanta para poner orden en la casa del Rey, como un hombre**

toma su ración de ella y se considera como si formase parte de la casa del Rey, y éste es el significado de «Se levantó aun de noche, y dio comida a su familia, y ración a sus criadas» (Proverbios 31:3). «Mantenimiento», literalmente «comida» se refiere a la sefirá de Jojmá mientras que ración se refiere a la Torah. **¿Y quiénes son «su familia»? Aquellos que se juntan para estudiar Torah por la noche se consideran su casa y** los miembros de **su familia, según está escrito: «Dio mantenimiento a los que Le temen».**

Y preguntó **¿qué es mantenimiento?** Contestó **es comida de verdad** (*Teref*)**. Porque se recibe de un lugar lejano, según está escrito «trae su pan de lejos»** (Proverbios 31:14)**. Y ¿quién obtiene este pan? Lo vemos al final del versículo** que dice: **«para siempre se acordará de Su pacto»** (Salmos 111:5). Es **aquel que se esfuerza en la Torah compartiéndola por la noche,** ya que la Torah se llama pacto**. Por otra parte, el Santo, bendito sea tiene otro Justo supremo y este hombre** que estudia la Torah **se asocia con él y heredan** juntos **los bienes prometidos a Israel, según está escrito: «**Y tu pueblo, todos ellos *serán* **justos, para siempre heredarán la tierra**; serán renuevos de mi plantío, obra de mis manos, para glorificarme» (Isaías 60:21)**.** Esto quiere decir que el justo que estudia la Torah por la noche y el Justo supremo heredarán Maljut, denominada «Tierra».

Y prosigue con el versículo: «Y no ensuciará su simiente en su pueblo; porque yo el Eterno *soy* el que los santifico» (Levítico 21:15)**. Ven** y **ve: a aquel que arroja su semilla sin propósito, nunca se le permitirá estar en presencia de la Shekinah, y a alguien así se lo denomina malvado, según está escrito «Porque tú no *eres un* Dios que ame la maldad: el malvado no habitará junto a ti»** (Salmos 5:5)**.** Esto se refiere a **alguien que practica onanismo con su propia mano o con la de otro o la descarga en una vasija inadecuada** o sea se acuesta con una mujer indigna**. Puedes argumentar que aquel que eyacula dentro de una mujer y ésta no concibe también es considerado como si emitiera su semilla en vano, pero no es así. Sólo** es así en los casos que **hemos mencionado.**

Por lo tanto, el hombre ha de pedirle al Santo, bendito sea que le proporcione un recipiente digno, una mujer digna y adecuada,

90a - 90b

a fin de no mancillar su semilla. Ya que el que vierte su semilla en un recipiente indigno impurifica su semilla, su descendencia. **¡Ay de aquel que hace impura su semilla! Y si esto es cierto para los hombres comunes, cuánto más lo será si se trata del sacerdote que está abajo y que corresponde a la imagen del que está Arriba en suma santidad.**

Éste es el significado de «entre su pueblo» (Levítico 21:1) **a la luz de lo que está escrito** anteriormente **«viuda, o repudiada, o infame, o ramera, éstas no tomará; mas tomará virgen de su pueblo por mujer»** (Levítico 21:14) **y «Y no ensuciará su simiente en su pueblo; porque yo el Eterno *soy* el que los santifico»** (Levítico 21:15). **Debería decir «entre ellos» y no «en su pueblo». ¿Por qué** entre su pueblo**? Sería una desgracia, una mancha entre su pueblo. Por eso está dicho «mas tomará virgen de su pueblo por mujer»** (Levítico 21:14). **Todo es según la imagen de arriba, «porque Yo soy El Eterno que lo santifica** (Levítico 20:8). **¿Qué es «santifica»?** Y él responde **son los que se santifican cada día. Así no debe mancillar su semilla y él ha de estar sin mancha «porque Yo soy El Eterno que lo santifica** (Levítico 20:8) **y deseo santificarlo para que él sea santificado en todos los aspectos y para que lo que es santo haga uso de lo que es santo.**

Ven y **ve: el Santo, bendito sea** (90b)**, hará uso del sacerdote, que es un hombre santo cuando realiza el servicio. Y ya que el Santo, bendito sea, hará uso del sacerdote, éste será ayudado por un hombre puro, santificado por su propia pureza. Se trata de los levitas. Otro hombre** el sacerdote **será ayudado por otro hombre,** el levita, **y ambos estarán en la santidad de servir al Santo, bendito sea. Dichosos los** hijos **de Israel en este mundo y en el mundo venidero, ya que a propósito de ellos está escrito: «**Habéis, pues, de serme santos, porque yo el Eterno soy santo, **y os he apartado de los pueblos, para que seáis míos»** (Levítico 20:26). **Israel fue separado por la santidad en todos los aspectos a fin de servir al Santo, bendito sea. Éste es el significado de «Santificaos, pues, y sed santos, porque yo *soy* el Eterno vuestro Dios»** (Levítico 20:7).

90b

De nuevo abrió el versículo **y dijo: «La Salvación es del Eterno; que la bendición sea sobre su pueblo»** (Salmos 3:9). **«La Salvación es del Eterno», como hemos aprendido, dichoso Israel porque cuando se halla en el exilio la Shekinah lo acompaña. Por eso, cuando los** de **Israel salgan del cautiverio, ¿quién será liberado? ¿Israel o el Santo, bendito sea? Hemos establecido una relación entre ambos versículos. Aquí: «la salvación es del Eterno»**, **ciertamente. ¿Pero cuándo será eso? Cuando** tu «**bendición sea sobre su pueblo». Cuando el Santo, bendito sea cuida de Israel con bendiciones, a fin de sacarlos del exilio y los ayuda, entonces «la salvación es del Eterno»,** porque entonces la Shekinah sale de su exilio. **Hemos aprendido que el Santo, bendito sea regresará del exilio con Israel. Éste es el sentido de «el Eterno también volverá tu cautividad, y tendrá misericordia de ti,** y volverá a recogerte de todos los pueblos a los cuales te hubiere esparcido el Eterno tu Dios» (Deuteronomio 30:3).

«Habla a Aarón, y dile: **el varón de tu simiente en sus generaciones, en el cual hubiere falta, no se acercará para ofrecer el pan de su Dios»** (Levítico 21:17). **Rabbí Isaac dijo:** esto es así **porque es defectuoso y al ser defectuoso no está cualificado para servir en un lugar santo. Ya hemos explicado que un hombre defectuoso no tiene fe, lo cual vuelve impuro su testimonio. Y aún más en un sacerdote, que ha de estar completo y lleno de fe más que el resto** de personas. **Esto ya lo hemos explicado.**

Rabbí Eleazar estaba sentado en la habitación de su suegro diciendo que había que hallar un remedio para una fuga de agua que había en el techo **de la habitación. Entretanto, apareció un hombre que tenía un defecto en un ojo. El suegro dijo: tomemos consejo de él. Rabbí Eleazar dijo que estaba defectuoso y** por lo tanto **no era digno de confianza.** Pero **el suegro dijo: pongámoslo a prueba y le preguntó: ¿Quién es el más feliz en el mundo? Y, ¿qué contestó** ese hombre**? Los ricos son los más felices, pero cuando se les arrebata su riqueza, ¡ay de ellos! Muchos de ellos cuando pierden sus riquezas son los más miserables** del mundo. **Rabbí Eleazar dijo:** a partir **de sus palabras se entiende que ni tie-**

90b

ne fe ni es digno de confianza, ya que piensa que un hombre rico puede ser más feliz que uno justo. **Ven** y **ve: el Santo, bendito sea, ha sido dicho: «Porque ningún varón en el cual hubiere falta, se acercará:** varón ciego, o cojo, o falto, o sobrado» (Levítico 21:18), **ya que la santidad suprema no habita en un lugar donde hay imperfección.**

Abrió y dijo: «¡A la ley y al testimonio! Si no dijeren conforme a esto, *es* porque no les ha amanecido» (Isaías 8:20). **«¡A la ley y al testimonio!« ¿Cuál es la Ley** (Torah) **y cuál es el testimonio** (*Teudah*)**? La Ley es la Torah escrita y el Testimonio es la Torah oral. La Torah oral no puede habitar en un lugar mancillado pues reposa sobre la Torah escrita. Está escrito** que: **«Ata el testimonio, sella la ley entre mis discípulos»** (Isaías 8:16). **«Ata el testimonio» se refiere a la Torah oral donde está anudada la vida y el testimonio es el nudo de Arriba, y todo es una misma cosa.**

Desde allí hacia abajo los caminos se separan y divergen en todos los mundos, según está escrito: «Y salía *un* río de Edén para regar el huerto, **y de allí se repartía en cuatro cabezas»** (Génesis 2:10).

«Sella la Ley (Torah)**» se refiere al sellado de la Torah, la Torah escrita. ¿Dónde ocurre esto? «entre mis discípulos» los profetas, tal según está escrito:** «Estas columnas puso enhiestas en el portal del templo. Y cuando hubo enhestado **la columna de la mano derecha, le puso por nombre Jaquín y** enhestando **la columna de la mano izquierda, le puso su nombre Boaz»** (I Reyes 7:20 y 21). **Y de esta manera se extienden a los fieles profetas y soportan el cuerpo con seis luces. Éste es el sentido de: «Sus piernas,** *como* **columnas de mármol** fundadas sobre basas de fino oro; su vista *como* el Líbano, escogido como los cedros» (Cantar de los Cantares 5:15). **Todo se mantiene únicamente por medio de la perfección y toda su santidad permanece en ellos cuando están en santidad. Porque cuando están unidos el uno con el otro, como un todo, todo es uno y no hay ningún lugar defectuoso. Por lo tanto la Asamblea de Israel es llamada «todo», según está escrito: «Y Melkisedek, rey de Salem»** (Génesis 14:18), ya que Salem significa «paz», pero también «completo» y corresponde a la sefirah de Maljut **y «Y en Salem está su tabernáculo**, y su habitación en Sión» (Salmos 76:3).

Por lo tanto, todo habita en un lugar completo y «Porque ningún varón en el cual hubiere falta, se acercará: varón ciego (91a), o cojo, o falto, o sobrado...» (Levítico 21:18). **Del mismo modo, un sacrificio impuro no podrá ser ofrecido, ya que está escrito** «Ninguna cosa en que haya falta ofreceréis, **porque no será acepto por vosotros»** (Levítico 22:20). **Pero podrías decir que el Santo, bendito sea, sólo habita en un lugar roto, en una vasija rota, según está escrito** «Porque así dijo el Alto y Sublime, el que habita en eternidad, y cuyo nombre *es* El Santo, que tengo por morada la altura y la santidad; **y con el quebrantado y abatido de espíritu *habito***, para hacer vivir el espíritu de los abatidos, y para hacer vivir el corazón de los quebrantados» (Isaías 57:15). **Este lugar es el más saludable porque uno se humilla a fin de permitir que lo más alto, lo más excelso more en él. Alguien así se llama «todo». Pero no dice «varón ciego, o cojo, o falto, o sobrado**...» (Levítico 21:18), **sino «con el corazón quebrantado y abatido de espíritu», porque el Santo, bendito sea levanta al que se humilla.**

Sin embargo, el sacerdote que está abajo en correspondencia a Arriba ha de ser completo en todos los aspectos, más que ningún otro, y no tener defecto. Por esta razón, a los sacerdotes de abajo **se les advierte que «El varón de tu simiente en sus generaciones, en el cual hubiere falta,** no se acercará para ofrecer el pan de su Dios» (Levítico 21:17).

Y abrió el versículo **y prosiguió: «Y cuando ofrecéis el *animal* ciego para sacrificar, ¿no es malo? Asimismo cuando ofrecéis el cojo o el enfermo, ¿no es malo?»** (Malaquías 1:8). **¿Fue el Santo, bendito sea, el que dijo que no era malo? Entonces es bueno. El final del versículo nos enseña que en aquel tiempo Israel empleaba sacerdotes impuros y** realizaba sacrificios impuros **en el altar y para servir en el Templo, y dijo: ¿Qué le importa al Santo, bendito sea si es el uno o el otro?**

Es lo que solían decir, que no era incorrecto, y el Santo, bendito sea, respondió con las mismas palabras que ellos utilizaron,

91a

diciendo «Israel, dices que no hay mal en que personas impuras hagan sacrificios para Mí». ¿Qué le preocupa al Santo, bendito sea, si es éste o es este otro?

El final de este versículo dice: «Preséntalo, pues, a tu príncipe; ¿acaso se agradará de ti, o le serás acepto?» (Malaquías 1:8). **Si un hombre de entre vosotros desea hacer las paces con el Rey y le ofrece un regalo, ¿le enviará uno estropeado? Por otra parte, cuando me presentas a un hombre que trae una ofrenda defectuosa, esta ofrenda se arroja a los perros. Porque ciertamente un hombre impuro es impuro en todos los aspectos, y es impuro en su fe. Por eso se ha dicho: «El varón de tu simiente en sus generaciones, en el cual hubiere falta, no se acercará para ofrecer el pan de su Dios»** (Levítico 21:17).

Dijo Rabbí Iosi: el Santo, bendito sea, hará a los hijos de **Israel completos, con los que serán completos en todos los aspectos y no habrá nadie** entre los de **Israel que sea deforme. Llegará la rectificación para el mundo y para los recipientes y las vestiduras del hombre, con la rectificación del cuerpo, según está escrito:** «Trasmudándose como lodo de sello, **y parándose como vestidura»** (Job 34:14).

Ven y **ve: cuando se despierten del polvo** en el momento de la resurrección, **se levantarán igual que estaban** cuando entraron en la tumba. **Si entraron cojos o ciegos,** se levantarán **cojos o ciegos, con el mismo vestido**, el cuerpo, **de manera que nadie podrá decir a nadie que fue otro el que se levantó. Pero después Dios los curará y ellos serán completos ante Él y el mundo será completo. Entonces, «en ese día el Eterno será uno, y uno será su nombre** (Zacarías 14:9).

«El buey, o el cordero, o la cabra, cuando naciere, siete días estará mamando de su madre; mas desde el octavo día en adelante será acepto para ofrenda de sacrificio encendido al Eterno» (Levítico 22:27). **Rabí Iosi abrió** la discusión **con «Tu justicia como los montes de Dios, tus juicios abismo grande: Oh Eterno, al hombre y al animal conservas»** (Salmos 36:7). **Hemos de examinar el versículo** detenidamente. **Por lo tanto, ven** y **ve: la rectitud es una se-**

firah santa y excelsa, Maljut. **«Como los montes» significa como las montañas sagradas superiores denominadas «montañas del árbol de bálsamo auténtico»,** o sea Binah. **Y dado que** Maljut **se alza para alcanzarlas arriba, todos sus juicios son iguales y no contienen misericordia. «Tu ley *está* en medio de mis entrañas»** (Salmos 40:9)**, la ley, que es la misericordia, desciende hasta este grado,** Maljut**, para corregir el mundo, y tiene compasión de todo y ejecuta el juicio con misericordia en igual medida.**

Dado que es la misericordia, «Oh Eterno, al hombre y al animal conservas» (Salmos 36:7) **igualmente. En relación con el hombre y los animales, se ha explicado en referencia a un hombre que se comporta como una bestia. Pero «al hombre y al animal» significa que se aplica la misma ley al hombre y a la bestia. Para el hombre: «Y de edad de ocho días será circuncidado en vosotros** todo macho por vuestras generaciones: el nacido en casa, y el comprado a dinero de cualquier extranjero, que no fuere de tu simiente» (Génesis 17:12)**. Para las bestias: «**El buey, o el cordero, o la cabra, cuando naciere, **siete días estará mamando de su madre; mas desde el octavo día en adelante será acepto para ofrenda de sacrificio encendido al Eterno»** (Levítico 22:27)**.** Esto es **para que pasara al menos un Shabbat. Y esto ya ha sido explicado.**

Rabbí Jía abrió el versículo **y dijo: «Cuando saliste de Seir, oh Eterno, cuando te apartaste del campo de Edom, la tierra tembló, y los cielos destilaron, y las nubes gotearon aguas»** (Jueces 5:4). **Ven** y **ve: dichosos** los hijos de **Israel en este mundo y en el mundo venidero ya que el Santo, bendito sea, los escogió y se unirá a ellos y se denominarán una nación santa. Por otra parte, los ha elevado a un grado supremo denominado santidad, según está escrito «Santidad *era* Israel al Eterno, primicias de sus nuevos frutos.** Todos los que le devoran pecarán; mal vendrá sobre ellos, dice el Eterno» (Jeremías 2:3)**. Como ya explicamos, esto es así porque Israel se unirá con Él a partir del octavo día y están grabados con Su nombre y se vuelven Suyos, según está escrito «¿Y quién como tu pueblo, como Israel, en la tierra?** Una gente por *amor de* la cual Dios fuese a redimírsela por pueblo, y le pusiese nombre, e hiciese con vosotros, grandes y espantosas obras en tu tierra, por causa de tu pueblo que tú te redimiste de Egipto, de los gentiles y de sus dioses» (II Samuel 7:23). **Las naciones no se adhieren a Él** ni se adaptan a sus reglas **y la huella santa está ausente de ellos por lo que se adhieren al otro lado,** que no es santo (91b).

Ven y **ve: cuando el Santo, bendito sea deseó entregar la Torah a Israel, antes de hacerlo convocó a los hijos de Esaú y les dijo: ¿Deseáis recibir la Torah? En ese momento la tierra tembló y estuvo a punto de entrar en la caverna del gran abismo. Y dijo ante Él: Señor del Universo, ¿acaso aquello que fue cosa de deleite durante dos mil años antes de** que fuera **creado el universo**, o sea la Torah, **ha de ser presentado a los incircuncisos que no están grabados con tu pacto?**

El Santo, bendito sea, les dijo: «Trono, trono, o sea Maljut, **que mueran mil de estas naciones antes de que se les presente el pacto de la Torah. Éste es el significado de «Cuando saliste de Seir, oh Eterno, cuando te apartaste del campo de Edom, la tierra tembló,** y los cielos destilaron, y las nubes gotearon aguas» (Jueces 5:4), **porque la Torah no ha de ser dada más que a aquellos que llevan sobre sí mismos el pacto sagrado,** ya que la Torah es denominada pacto. **Y aquel que enseña Torah al incircunciso** está en **falso en dos pactos, el pacto de la Torah y el pacto del justo** ya que el lugar del pacto también recibe el nombre de «justo», **y el pacto con la asamblea de Israel. Porque la Torah fue entregada a ese lugar,** el pacto, que corresponde a la sefirah de Iesod, **y no a otro.**

Rabbí Aba dijo: es falso en tres lugares de Arriba aquel que enseña Torah a incircuncisos. **Es falso en la Torah, es falso en los Profetas y es falso en los Escritos. Es falso en la Torah, según está escrito «Ésta, pues, *es* la ley que Moisés propuso delante de los hijos de Israel»** (Deuteronomio 4:44), o sea que no la propuso delante de los incircuncisos. **Es falso en los Profetas, según está escrito «Y todos tus hijos *serán* enseñados del Eterno**; y multiplicará la paz de tus hijos» (Isaías 54:13) **y no otros. También está escrito «**Ata el testimonio, **sella la ley entre mis discípulos**» (Isaías 8:16), **entre ellos y no entre otros. Es falso en los Escritos, según está escrito:**

«Él estableció testimonio en Jacob, y puso ley en Israel; las cuales mandó a nuestros padres que las notificasen a sus hijos» (Salmos 78:5) **y también «Ciertamente los justos alabarán tu Nombre;** los rectos morarán en tu presencia» (Salmos 140:14). **¿Quiénes son los justos? El que es justo y la asamblea de Israel. Porque aquel que no ha sido circuncidado o no ha aceptado el pacto no dará las gracias a Su Santo Nombre, que es la Torah. Rabbí Jía dijo: cuando el Santo, bendito sea, se reveló en el Sinaí para entregar la Torah a Israel, la tierra se reclinó y descansó cómoda, como está dicho:** «Desde los cielos hiciste oír juicio; **la tierra tuvo temor y quedó suspensa»** (Salmos 76:8).

Ven y **ve: cuando un hombre nace, no es designada desde Arriba una fuerza para cuidar de él hasta** el día en **que es circuncidado. Cuando el niño es circuncidado, desde Arriba se despierta su espíritu,** Nefesh. **Si merece dedicarse al estudio de la Torah, recibe un despertar adicional,** el de Ruaj. **Y si es capaz de cumplir con los preceptos de la Torah, este despertar adicional es incrementado por encima de él** y es la luz de la Neshamah. **Si es digno de casarse y engendrar hijos y enseñarles los caminos del Rey Santo,** entonces **es un hombre completo** en todos los sentidos.

Pero cuando nace una bestia, sea cual sea la fuerza que haya en ella, desde el mismo **momento de su nacimiento está bajo la misma supervisión toda su vida. Es lo que está escrito: «El buey, o el cordero, o la cabra, cuando naciere,** siete días estará mamando de su madre; mas desde el octavo día en adelante será acepto para ofrenda de sacrificio encendido al Eterno» (Levítico 22:27) **porque posee al final** de su vida **lo mismo que cuando nació.**

«Siete días estará mamando de su madre» (Levítico 22:27) **a fin de que esa fuerza se asiente sobre él y exista en él. Más tarde, cuando esta fuerza exista en él, según está escrito «será acepto para ofrenda de sacrificio encendido al Eterno»** (Levítico 22:27), **tras haber vivido un Shabbat. Más adelante, cuando esta fuerza esté en él se cumplirá lo que está escrito:** «ofrenda encendida de olor muy aceptable al Eterno» (Levítico 1:13), **por medio de el Shabbat que vivió.**

En cuanto al hombre, al someterse a un Shabbat, el despertar de este mundo y de su fuerza, o sea Nefesh, **está establecido. Después de ser circuncidado, tiene lugar el despertar de un espíritu de Arriba y la asamblea de Israel pasa por encima de él y lo ve con una huella santa. Entonces sale a su encuentro y el espíritu de ese mundo santo mora en él. Esto es lo que está escrito:** «Y *yo* pasé junto a ti, **y te vi sucia en tus sangres, y te dije: en tus sangres vivirás; te dije: en tus sangres vivirás»** (Ezequiel 16:6).

Cuando Israel salió de Egipto, había entre ellos sangre del sacrificio Pascual y sangre de la circuncisión. Por lo que está escrito: «en tus sangres vivirás», lo que significa que hay dos sangres. **Pero, ¿por qué «en tu sangre» en este caso?** ¿Se trata únicamente de la sangre de la circuncisión? Responde: **una la de la circuncisión y una la del descubrimiento de la corona,** o sea dos. **La sangre de la circuncisión es de la asamblea de Israel, mientras que la del descubrimiento de la corona es la del justo, fundamento** (Iesod) **del mundo.** La sefirah de Iesod. **A través de estas dos sangres se alcanza la vida del mundo venidero, y éste es el significado de «en tus sangres vivirás».**

Radio Shimon dijo: «El secreto del Eterno es para los que le temen; y a ellos hará conocer su pacto» (Salmos 25:14). **«El secreto del Eterno es para los que le temen». Se refiere a la asamblea de Israel y «a ellos hará conocer su pacto», se refiere al justo, fundamento del mundo** (92a) **y ambos son uno.**

La letra ***Iod*** está formada por **tres letras que son la perfección total. El principio de todo, lo más superior. La** letra ***Vav*** **que está dentro es la columna central, que es la perfección en todas las** seis **direcciones,** pues su valor numérico es 6. **Completa a todos los espíritus y la fe depende de ella. Es el jardín, el haz de la vida. Esta** letra ***Dalet*** **es más pequeña y es la perfección de todo.**

Esta letra *Iod* **está cerrada por todos los lados. Cuando emerge,** o sea cuando se revela, **lo hace como un Rey con sus soldados, y entonces la** letra ***Iod*** **vuelve a sí misma y los asuntos que estaban en su interior salen** afuera, a fin de ser revelados. **Es al mismo tiempo oculta y revelada.**

La letra *He* del Tetragrama**, es la perfección en general que está Arriba y está abajo. Hemos aprendido que esta** letra *He* **es conocida** como Binah**. La** *Alef* **es** ***Iod, Vav, Dalet*****. Completa las tres letras de arriba que están** contenidas **ocultas en la letra** ***Iod*** del Tetragrama**. Esto ya ha sido explicado y es lo mismo, ya que la totalidad del Santo Nombre es totalidad Arriba y abajo. Es esa la razón por la cual toma la** letra *Alef* **cuando está coronada.**

Ven y **ve: cada letra del Santo Nombre refleja la perfección de todo el Nombre. La** letra ***Iod*** del Tetragrama **ya ha sido explicada como la perfección total. La** letra *He* del Tetragrama **es la acción total, incluso cuando no está deletreada completa con la** letra *Alef***,** **sino únicamente con la** letra *He***, como ya aprendimos que existe la perfección total en la forma de** la letra ***He*****,** ya que se forma con las letras *Iod, Vav* y *Dalet* **es la perfección total en ambos sentidos.** ***Vav He*** **es la mayor, que lo corona todo. Por lo tanto, todo es uno, y los amigos** cabalistas **ya lo han explicado.**

Ven y **ve: «**El buey, o el cordero, o la cabra, cuando naciere, **siete días estará mamando de su madre**; mas desde el octavo día en adelante será acepto para ofrenda de sacrificio encendido al Eterno» (Levítico 22:27). **«Estará»** *Vehaiah,* se escribe *Vav He Iod He***. Las letras de** ***Vehaiah*****, están escritas** ***Iod, Vav, Dalet; He, Alef; Vav, Alef, Vav; He, Alef.*** **Los siete días están incluidos en** ***Vav He*** **juntas.** ***Iod He*** **son siete días ya que Iod es una que lo incluye todo.** ***He*** **es tres junto con sus dos hijos. Y los dos padres están incluidos en el hijo. Por lo tanto, son cinco y la hija hembra, que es una. Por lo tanto son seis. Por lo que la** ***He*** **superior incluye a los seis. por lo tanto son siete y éste es el secreto de las Sefirot. Éste es el significado del versículo** «por siete días y otros siete días, esto es, por catorce días» (I Reyes 8:65).

«Siete días estará mamando de su madre;» debajo de su madre, los siete días estaban adornados, según está escrito «Tuya es, oh Eterno, la magnificencia, y el poder» (I Crónicas en 29:11)**. Por lo tanto, hay siete días, la gloria de la madre suprema, «debajo de su madre».** Éste **es el significado de las palabras «**Los saciados se alquilaron por pan, y cesaron los hambrientos; **hasta dar a luz sie-**

92a
te la estéril, y la que tenía muchos hijos enfermó» (I Samuel 2:5). **Esto significa que el pilar de toda casa,** la sefirah de Binah, **«ha dado a luz a siete», que son los siete días de la fiesta de Sukoth, «la que tenía muchos hijos enfermó», que se refiere a los sacrificios de Sukoth, que disminuyen cada día.**

Ven y **ve: estos** siete días de Sukoth, **ascienden mientras que estos otros,** los 70 bueyes, **descienden cada vez más bajo. Eso está establecido en «Si te encaramares como águila, y si entre las estrellas pusieres tu nido, de ahí te derribaré, dijo el Eterno»** (Abdías 1:4). **Pero** los hijos de **Israel se elevan de abajo hacia Arriba, según está escrito «Y será tu simiente como el polvo de la tierra,** y *te* multiplicarás al occidente, y al oriente, y al aquilón, y al mediodía; y todas las familias de la tierra serán benditas en ti y en tu simiente» (Génesis 28:14). , **«Y multiplicaré tu simiente como las estrellas del cielo,** y daré a tu simiente todas estas tierras; y todos los gentiles de la tierra serán benditos en tu simiente» (Génesis 26:4). **Entonces ellos se levantan por encima de todo y se unen al lugar más elevado, según está escrito: «Mas vosotros que os allegasteis al Eterno vuestro Dios,** todos *estáis* vivos hoy» **(Deuteronomio 4:4). «Y *sea* buey o carnero, no degollaréis en un día a él y a su hijo»** (Levítico 22:28). **Rabbí Iosi dijo: siguiendo el Targum,** la traducción aramea, **leemos «a ella y a su hijo» en vez «de a él y a su hijo», porque pertenece a la madre conocer a su hijo y él la sigue a ella y no al padre, que no sabemos quién es.**

«...No degollaréis en un día a él y a su hijo» (Levítico 22:28). **Rabbí Iehuda pregunta por qué. Si dijeras que es porque sería preocupante para el animal, podríamos matar a uno en una casa y a otro en otra casa, o en momentos diferentes. Él les dijo que algunos lo permiten, pero no es así ya que** está escrito **específicamente «en un día».**

Ven y **ve: hemos aprendido que un ayuno es bueno para evitar un mal sueño como lo es el fuego para consumir el lino. El ayuno es válido únicamente en el mismo día no en cualquier otro día. La razón es que cada día** que hay **abajo tiene otro día Arriba que lo rige. Hemos aprendido que cuando uno ayuna para evitar un**

mal **sueño, el decreto** celeste **se anula antes de que acabe el día. Si se pospone hasta otro día, entonces se está bajo la jurisdicción de otro día y ningún día se mezcla con el día de al lado. Del mismo modo, hay un día supremo encima de cada día, y cada cual ha de ser cuidadoso de no dañar cualquier día de que no quede defectivo en relación a los otros días.**

Hemos aprendido que una acción aquí abajo despierta una acción Arriba. (92b) **Si un hombre lleva a cabo una acción correcta aquí abajo, la fuerza de Arriba también se despierta. Si un hombre hace actos de bondad en el mundo, la bondad de Arriba permanece en ese día, que está coronado con ella gracias a él. Si un hombre actúa misericordiosamente aquí abajo, se despierta misericordia en ese día, que es coronado con ella gracias a él. Entonces ese día se coloca para protegerlo en momentos de necesidad.**

Lo mismo ocurre en el caso contrario. Si un hombre actúa con crueldad, despierta crueldad en ese día y hace que ese día sea defectuoso. Entonces está por encima de él para ser cruel con él y destruirlo. La medida con la cual el hombre mide lo medirá a él.

Hemos aprendido que hay menos crueldad en Israel que en el resto de las naciones, y que ningún acto de crueldad **va a aparecer entre ellos, ya que hay muchos que están listos para denunciarlo. Dichoso aquel que realiza un acto digno aquí abajo, porque el despertar de algo** Arriba **depende absolutamente de este acto.**

Rabbí Shimon abrió el versículo: **«Y viendo Jacob que en Egipto había alimentos, dijo a sus hijos: ¿Por qué os estáis mirando?»** (Génesis 42:1). **Este versículo contiene el secreto de la sabiduría y hemos de examinarlo** cuidadosamente **porque su principio se contradice con su final**. ¿Qué tiene que ver que haya alimentos en Egipto con que se miren los unos a los otros?

Pero ven y **ve: cuando el Santo, bendito sea, quiso condenar al mundo a pasar hambre, no lo hizo a través de un pregonero. Todos los demás castigos los pronuncia en el mundo a través de un pregonero, pero de éste no se encarga un pregonero ya que es al mismo Santo Bendito sea el que lo anuncia y grita. Éste es el significado de** «porque el Eterno ha llamado el hambre» (II Reyes

92b

8:1). **Porque a partir de entonces los otros ministros son llamados fuera del mundo a causa del decreto de hambruna.**

Un hombre que está saciado no ha de manifestarlo completamente, esto indicaría una mancha Arriba y rechazaría la palabra del Rey que decretó hambruna. **Es como si apartara a los ministros del Rey de su posición. Por lo tanto, Jacob dijo a sus hijos «¿Por qué os estáis mirando?»** (Génesis 42:1), **o sea porque hay un defecto abajo y Arriba y negáis la declaración del Rey y todos aquellos que él ha designado como pregoneros.**

Pero, «He aquí, *yo* he oído que hay alimentos en Egipto; descended allá, y comprad de allí para nosotros, para que podamos vivir, y no nos muramos» (Génesis 42:2). **Ahora parecéis saciados, pero no rechazareis la comitiva celeste. Ven** y **ve: Jacob tuvo mucho trigo, pero no quiso comerlo excepto cuando regresaron** de Egipto **por lo cual su acción no se considera errónea.**

Abrió de nuevo el versículo **y dijo: «Después alzó Aarón sus manos hacia el pueblo y los bendijo;** y descendió de hacer la expiación, y el holocausto, y el sacrificio de la paz» (Levítico 9:22). **Hemos aprendido que «manos» se pronuncia sin** la letra ***Iod***, lo cual nos enseña **que se puede tratar de la mano derecha o de la mano izquierda. ¿Por qué? Para enseñarnos que una acción abajo provoca una acción Arriba.**

Está escrito: «Entonces harás un tocar el *Shofar* en el mes séptimo a los diez del mes; el día de las expiaciones haréis pasar la trompeta por toda vuestra tierra» (Levítico 25:9). **¿Por qué suena el *Shofar*? El *Shofar* rompe las cadenas de los presos y** libera a **aquellos que están en esclavitud. Uno debe tocar un *Shofar* sencillo, no curvado a fin de indicar la libertad para todos que se produce en ese día. Siempre le corresponde a uno hacer una acción abajo para provocar una acción Arriba. Por lo tanto, el *Shofar* se utiliza como acuerdo para indicar un lugar llamado *Shofar*.**

Dichosos los hijos **de Israel en este mundo y en el mundo venidero, ya que saben cómo apegarse al Rey Santo y despertar la fuerza de su Maestro, por lo que está dicho** «Bienaventurado tú, *oh* Israel, ¿Quién como tú, **pueblo salvo por el Eterno, escudo de**

tu socorro, y cuchillo de tu excelencia? *Así que* tus enemigos serán humillados, y tú hollarás sobre sus alturas» (Deuteronomio 33:29). **Y también: «Mas vosotros que os allegasteis al Eterno vuestro Dios, todos *estáis* vivos hoy»** (Deuteronomio 4:4).

INTRODUCCIÓN DEL RAIA MEHEMNA

«Guardad pues mis mandamientos, y ponedlos por obra. Yo *soy* el Eterno» (Levítico 22:31). **Hemos aprendido** a propósito **de** las **Mitzvot** (los preceptos) **del Dueño del universo «Guardad pues mis mandamientos, y ponedlos por obra». Si hay que guardarlos, ¿por qué dice** también **«ponedlos por obra»? Por otra parte, todos los preceptos de la Torah tienen dos rostros que son uno solo, «recuerda» y «guarda». «Recuerda» es el macho y «guarda» es la hembra. Y ambos están unidos en uno solo. Si «guarda» es para la hembra, ¿por qué está escrito: «Guardad pues** todos **mis mandamientos»?**

Todo se encuentra el versículo: «Guardad pues mis mandamientos» se refiere a «guarda», y «ponedlos por obra» se refiere a «recuerda». Todo esto pertenece a un mismo secreto. Recordar es hacer. Aquel que menciona algo aquí abajo hace que ese secreto se produzca Arriba. Existen seiscientos preceptos en la Torah, que son el conjunto de lo masculino y femenino, que son la totalidad del macho y de la hembra, y todos ellos pertenecen al mismo secreto.

RAIA MEHEMNA

«Y no ensuciéis mi Santo Nombre, y *yo* me santificaré en medio de los hijos de Israel. Yo *soy* el Eterno que os santifico «(Levítico 22:32). **Este precepto es la santificación diaria para elevar su**

92b

santidad de abajo hacia arriba así como Él es Santo abajo. De este modo su santidad se elevará hasta los padres y los hijos. Éste es el secreto de «y *yo* me santificaré en medio de los hijos de Israel», abajo y Arriba. Santidad por encima de Arriba en un único secreto, santidad abajo en tres grados y Arriba en tres grados.

A propósito de la santidad hemos hablado en distintos lugares. Pero así como hay santidad Arriba, también hay santidad en el medio y santidad abajo. Cada uno sigue al que está debajo. La santidad superior pertenece a un secreto. La santidad del medio y la santidad de abajo se dividen en tres grados que son uno.

Santo es el aspecto más elevado que podemos encontrar en el principio de todos los grados. Y a pesar de que se trata de un aspecto oculto denominado «santidad» de él emerge una expansión que brilla a través de un sutil camino oculto. Cuando brillaba sobre el grado medio, una cierta letra *Vav* fue impresa brillando en la santidad y fue considerada santa. A partir de esta luz fluye una expansión, que es el último de los grados. Cuando está brillando sobre el final una cierta letra *He*, es impresa dentro de la luz denominada santidad. Esto ya ha sido explicado.

Y aquello que es llamado «santo, santo, santo» debería haber sido llamado «santidad». Porque el secreto de todo lo santo procede de allí. En este caso, ¿por qué es llamado Santo Arriba, si no hay una letra *Vav*?

El secreto de esto es el siguiente: porque Israel santifica lo que hacen Arriba los ángeles celestes, según está escrito: «Y el uno al otro daba voces, diciendo: Santo, Santo, Santo, el Eterno de los ejércitos; toda la tierra *está* llena de su gloria» (Isaías 6:3). Cuando los hijos de Israel santifican, el de abajo eleva hacia arriba la gloria excelsa, hasta la letra *Vav*, en el secreto de los cielos más elevados. Y cuando los cielos se alzan, entonces santidad brilla sobre ellos. Entonces lo de arriba es llamado Santo. Más tarde, están celestial brilla en el trono que son los cielos, que regresan a su lugar. Se sientan entonces en la luz y esto es llamado Santo. La luz desciende hasta que un justo celestial la recibe, y se trata de un crea-

dor precioso que santifica todo lo de abajo. Entonces recibe todo lo que es llamado Santo. Éste es el secreto general.

Y aquel que es consciente durante la recitación de «santo, santo, santo», **hace bien. Aquel que es consciente de los tres grados de los patriarcas, como si fueran uno solo, para unirse a ellos a través de esta santificación, incluso si no puede ser consciente más que de eso, hace bien. El propósito de todo esto es** hacer **bajar la santidad más alta hacia abajo, para que cada persona se santifique a sí misma con esa santidad y la mantenga, y** pueda **difundir la expansión de la santidad en sí mismo. Éste es el secreto de «**Y no ensuciéis mi Santo Nombre, **y *yo* me santificaré en medio de los hijos de Israel.** Yo *soy* el Eterno que os santifico» (Levítico 22:32). **Entonces «**Y no ensuciéis mi Santo Nombre, y *yo* me santificaré en medio de los hijos de Israel. **Yo *soy* el Eterno que os santifico»** (Levítico 22:32).

¿Cuándo ha de santificarse uno a sí mismo con esta santidad a fin de incluirse dentro de ella? Cuando uno alcanza el Santo Nombre, el Eterno Tzevaot que es pronunciado después del tercer «santo». **Aquí se encuentra el secreto de «Yo *soy* el Eterno que os santifico»** (Levítico 22:32). **Encontré este secreto en los libros antiguos. Pero ahora no lo hacemos de esta manera y decimos únicamente «el Eterno Tzevaot». Entonces, cuando uno llega a «**Y el uno al otro daba voces, diciendo: Santo, Santo, Santo, el Eterno de los ejércitos; **toda la tierra *está* llena de su gloria»** (Isaías 6:3)**, uno ha de incluirse a sí mismo dentro de esta santidad para ser santificado a continuación en la gloria de abajo. Éste es el significado secreto de «**Y allí testificaré de mí a los hijos de Israel, **y *el lugar* será santificado con mi gloria»** (Éxodo 29:43). **Entonces lo hará específicamente. De este modo, todo va a ser santificado. Cualquier cosa que hagamos está en correspondencia con los ángeles celestiales que dicen «santificada la gloria del Eterno desde Su lugar», que es la gloria suprema. Entonces decimos «el Eterno Reinará para siempre», lo cual es la gloria de abajo.**

En su libro, Rabbí Iesa Saba, declara: **«santo, santo, santo» se refiere a la santidad con la que es santificada la *Torah* escrita. En-**

tonces, pronuncian una oración diciendo: «bendita es la gloria de el Eterno», refiriéndose a los libros de los **profetas. «El Eterno Reinará para siempre», que está a continuación significa que necesitamos santidad, una bendición y** la sefirah de **Maljut ha de estar presente en esta santificación, con lo que todos están juntos. «Santidad» como está dicho: «Santo», que significa bendito. «Santificada la gloria de el Eterno desde Su lugar». Maljut está en «El Eterno Reinará para siempre». Por lo tanto hemos de hacerlo todo completo. Por esta razón uno ha de meditar y ser consciente de ello cada día.**

Fin del Raia Mehemna

(93a) «Habla con los hijos de Israel y diles: las fiestas del Eterno, a las cuales haréis convocación general de todo el pueblo, éstas serán mis fiestas» (Levítico 23:2)**. Rabbí Isaac abrió** el versículo: **«Y llamó Dios a la luz Día**, y a las tinieblas llamó Noche; y fue la tarde y la mañana un día» (Génesis 1:5)**. Hemos aprendido que aquella luz que estaba presente al principio solía brillar desde un extremo del mundo al otro** (*Véase* Zohar I-7 a)**. Cuando el Santo, bendito sea, vio que el mal se establecería en el mundo, reservó** aquella luz **para los justos en el mundo venidero. Éste es el sentido de: «mas la luz de los impíos es quitada de ellos,** y el brazo enaltecido es quebrantado» (Job 38:15)**, y** también de **«Luz *está* sembrada para el justo,** y alegría para los rectos de corazón» (Salmos 97:11)**.**

Ven y **ve: «Y llamó Dios a la luz Día**, **y a las tinieblas llamó Noche**; y fue la tarde y la mañana un día» (Génesis 1:5)**. Según hemos aprendido, este «hágase la luz»** (Génesis 1:3) alude **a la luz que ya existía. Si dijeras que «Y llamó Dios a la luz Día» se refiere únicamente al día,** el texto **continúa diciendo que Dios creó la noche al mismo tiempo que el día. Puedes argumentar que están separados, porque continúan: (93b) «y fue la tarde y la mañana un día»** (Génesis 1:5), literalmente «día uno»**. Y únicamente se llaman uno cuando están unidos. El Santo, bendito sea, y la asam-**

blea de Israel también son llamados uno. Pero el uno sin el otro no son llamados uno.

Ven y **ve: dado que la asamblea de Israel se encuentra actualmente en el exilio, no se la considera «uno», por decirlo de algún modo. ¿Cuándo puede ser llamada «uno»? Cuando Israel salga del exilio y la asamblea de Israel regrese a su lugar para unirse con el Santo, bendito sea. Éste es ese unificado de «**Y el Eterno será Rey sobre toda la tierra. **En aquel día el Eterno será uno, y su nombre uno»** (Zacarías 14:9). **Porque el uno sin el otro no pueden ser llamados «uno».**

Ven y ve: «las fiestas del Eterno, a las cuales haréis convocación general de todo el pueblo, éstas serán mis fiestas» (Levítico 23:2), **es decir para convocar en un único lugar. Por tanto, todo será completado por el secreto del uno. Y cuando Israel esté abajo, «una nación en la tierra»** (II Samuel 7:23). **Es cierto que el Santo, bendito sea, unido a la asamblea de Israel es llamado uno, sin embargo cuando Israel está abajo, ¿cómo podría llamarse uno?**

En la Jerusalén terrestre, Israel es llamada uno. ¿De dónde aprendemos esto? De las palabras «una nación en la tierra». Ciertamente en la tierra son una sola nación y se la llama «uno», pero sólo cuando Israel está en su tierra. «¿Y quién como tu pueblo, como Israel, en la tierra?» (II Samuel 20:23) **debería haber bastado. Pero es que se les llama «uno» únicamente de la tierra cuando está unida a ella. Por esta razón todo está interconectado en una unión. Dichosa la parte de Israel. «Seis días trabajarás»** (Levítico 23:3). **Esto ya lo aprendimos y explicamos.**

Rabbí Iosi y Rabbí Jaia iban por el camino. Mientras marchaban, Rabí Iosi le dijo a Rabí Jía: esforcémonos en los asuntos de la Torah, en los asuntos que corresponden con el misterio del Anciano de Días.

Rabí Jía abrió su enseñanza acerca de este asunto **y** para explicarlo **dijo** este versículo: **«pero Sarai era estéril y no concebía»** (Génesis 11:30). **¡Ay del tiempo en que Hagar dio a luz a Ismael! Rabbí Iosi le dijo: ¿por qué? Ella dio a luz y nació un hijo de estirpe**

93b

sagrada. Le dijo ven y ve: **así lo escuché de boca de Rabbí Shimon y lloré. Pero Sara tardaba en quedarse embarazada según está escrito: «Dijo, pues, Sarai a Abram: he aquí ahora el Eterno me ha vedado de dar a luz; te ruego que entres a mi sierva;** por ventura tendré hijos de ella. Y oyó Abram al dicho de Sarai» (Génesis 16:2). **Por eso fue el momento propicio para que Hagar heredara de su dueña y engendrara un hijo para Abraham.**

Y Abraham dijo: «Deseo que Ismael viva delante de ti» (Génesis 17:18). **Aunque el Santo, bendito sea le anunció la llegada de Isaac, Abraham se apegó a Ismael hasta que el Santo, bendito sea le contestó: «Y por Ismael, *también* te he oído**: he aquí *que* le bendeciré, y le haré fructificar y multiplicar mucho en gran manera: doce príncipes engendrará, y le pondré por gran gente» (Génesis 17:20). **Más tarde fue circuncidado y entró en el pacto sagrado antes de que Isaac llegara al mundo.**

Ven y **ve: durante cuatrocientos años el ángel de los hijos de Ismael estuvo ante el Santo bendito sea. Le dijo: aquel que ha sido circuncidado posee una parte en tu nombre. Le contestó: ciertamente. Le dijo: he aquí que Ismael está circuncidado, ¿por qué no posee una parte en ti como Isaac? Le dijo: no es así de fácil, uno fue bien circuncidado, de un modo apropiado, y el otro no. Unos se apegan a Mí de un modo apropiado al octavo día mientras que otros no.** El ángel **prosiguió: ¿no será recompensado** Ismael **por haber sido circuncidado?**

¿Qué hizo el Santo, bendito sea? Separó a los hijos de Israel del yugo celestial y les entregó una parte de la tierra Santa abajo, merced a su circuncisión. Los hijos de Ismael están destinados a gobernar la tierra Santa durante mucho tiempo, cuando está vacía, como su circuncisión que es una circuncisión vacía y defectuosa. Y los hijos de Israel tardarán en volver a su lugar hasta que su mérito sea completo. Los hijos de Ismael provocarán grandes guerras en el mundo y los hijos de Edom se unirán contra ellos haciéndoles la guerra, una en el mar, una en tierra firme y otra cerca de Jerusalén. Y gobernarán el uno al otro pero la tierra Santa no será entregada nunca **a los hijos de Edom.**

93b

Entonces, una nación de los confines de la tierra se alzará contra la Roma maligna y le hará a la guerra durante tres meses. Las naciones se juntarán ahí y todos los hijos de Edom de todos los lugares del mundo se reunirán con ella. Entonces el Santo, bendito sea, se levantará contra ellos. Éste es el significado de: «Llena está de sangre la espada del Eterno, engrasada está de grosura, de sangre de corderos y de cabritos, de grosura de riñones de carneros; **porque el Eterno tiene sacrificio en Bosra,** y grande matanza en tierra de Edom» (Isaías 34:6)**. Después está escrito «para que ocupe los fines de la tierra**, y que sean sacudidos de ella los impíos?» (Job 38:13)**.** El Santo, bendito sea, **destruirá a los hijos de Ismael y no quedará Arriba ningún poder sobre el pueblo Eterno, excepto el poder de Israel. Éste es el sentido de:** «El Eterno *será* tu guardador; **el Eterno *será* tu sombra a tu mano derecha»** (Salmos 121:5)**. Porque el nombre sagrado está a la derecha y la Torah está en la derecha. Todo parte de la derecha y hemos aprendido que tenemos que levantar la derecha sobre la izquierda, según está escrito** «Y dijo: el Eterno vino de Sinaí, y de Seir les esclareció; resplandeció del monte de Parán, y vino con diez millares de santidad**; a su diestra la ley de fuego para ellos»** (Deuteronomio 33:2)**, en el mundo por venir «Líbranos con tu diestra, respóndeme** para que tu pueblo amado quede a salvo» (Salmos 108:6)**. A propósito de ese tiempo está escrito** «Porque entonces volveré *yo* a los pueblos el lenguaje puro, para que todos invoquen el nombre del Eterno, para que de un *solo* consentimiento le sirvan» (Sofonías 3:9) **y «en ese día el Eterno será uno y su nombre será uno»** (Zacarías 14:9)**.**

¡Bendito sea Eterno por toda la eternidad, amén, amén!

«Éstas son las fiestas del Eterno, las convocaciones santas, a las cuales convocaréis en sus tiempos *determinados*» (Levítico 23:4)**. Rabbí Isaac abrió el versículo «Mi corazón *me* ha dicho de ti: buscad mi rostro. Tu rostro buscaré, oh Eterno»** (Salmos 27:8)**. Este versículo ya ha sido explicado en diversos lugares, pero hemos aprendido su sentido de otros modos: David dijo «mi corazón me ha dicho»**

93b

que se refiere **a la asamblea de Israel más que al Rey Santo. Lo que hizo decir «mi corazón me ha dicho» por tu bien. Mi corazón habla a las personas del mundo y mi corazón les advierte. Está escrito «Buscad Mi rostro» refiriéndose al Rey supremo. Todo eso se refiere a las coronas del Rey, a las que él está atado y que están atadas a él. Éste Su nombre y él y su nombre son lo mismo. De ahí que David dijera: «Buscad al Eterno, y su fortaleza; buscad su rostro siempre»** (Salmos 105:4).

Ven y **ve: es conveniente para el rey David, más que para nadie en el mundo, recitar poesía para la asamblea de Israel y transmitir las palabras de la asamblea de Israel al Rey, ya que está unido a ella,** la asamblea de Israel.

Otra explicación. «Mi corazón *me* ha dicho de ti: buscad mi rostro. Tu rostro buscaré, oh Eterno» (Salmos 27:8). **Esto significa que le ha dicho a la gente «buscad mi rostro» refiriéndose a las fiestas y los días festivos con el fin de coronar a cada uno de ellos, cada uno en su propio día, cada uno en su estación del año, a fin de que puedan sacar de la profundidad de lo profundo lo que emerge de manantiales y arroyos. De este modo está escrito: «reuniones de santidad», porque están convocadas desde ese lugar denominado «santidad», para ser adornadas por él y sacar de él, con lo que todo será santificado. Y la alegría abundará entre ellos.**

Rabbí Abba dijo: «reuniones de santidad» significa convocados por la santidad de Arriba. Cuando son convocados a ese lugar que es un río que fluye. La cosa se parece a un Rey que llama a los invitados a su fiesta y se les entrega distintos manjares así como un vino perfumado bueno para beber. Así, los llamados desde la santidad son aquellos que son invitados a la fiesta del Rey. Por lo que está escrito que «las convocaciones santas» significa que ya están invitados a la fiesta del Rey y también se les invita a beber el vino conservado desde la creación del mundo, **hermoso y digno. Por lo que está escrito: «**Éstas son las fiestas del Eterno, las convocaciones santas, **a las cuales convocaréis en sus tiempos *determinados*»** (Levítico 23:4).

«A las cuales convocaréis en sus tiempos *determinados*» (Levítico 23:4). Por lo tanto, **está escrito: «Y habéis de serme varones santos**; y no comeréis carne arrebatada *de las fieras* en el campo; a los perros la echaréis» (Éxodo 22:31). Los de **Israel de abajo son denominados «varones santos» porque están invitados a la santidad de Arriba. Tenéis que preparar una comida y alegraros porque os beneficia ya que sois llamados «varones santos». Todo el mundo está invitado por la santidad de abajo y por la santidad de Arriba (94a).**

Otra explicación. «Éstas son las fiestas del Eterno». ¿Qué son las fiestas del Eterno? Rabbí Shimon dijo: del Eterno, que está vinculado al mismo tiempo con abajo y con Arriba. Todos están unidos a él y todos están adornados y vinculados juntos con el Rey. La razón es que al igual que el Rey hereda de Aba e Ima, se une con la santidad y es coronado, así también lo son todos aquellos que están unidos al Rey. Y alcanzan un lugar superior denominado santidad donde todos están unidos como uno. Por lo tanto se las llama «las fiestas del Eterno», y «las convocaciones santas», a través de las cuales pueden ser coronados por el Rey.

«A las cuales convocaréis en sus tiempos *determinados*» (Levítico 23:4). **Israel tiene dos partes: desde el lado del Rey tienen una parte superior en él, según está escrito: «Mas vosotros que os allegasteis al Eterno vuestro Dios, todos *estáis* vivos hoy»** (Deuteronomio 4:4) **y también: «Porque la parte del Eterno *es* su pueblo; Jacob el cordel de su heredad»** (Deuteronomio 32:9). **Desde el lado de la santidad excelsa, Israel tiene una participación excelsa, según está escrito: «Y habéis de serme varones santos**; y no comeréis carne arrebatada *de las fieras* en el campo; a los perros la echaréis» (Éxodo 22:31). **Y también: «Santidad *es* Israel para el Eterno**, primicias de sus nuevos frutos. Todos los que le devoran pecarán; mal vendrá sobre ellos, dice el Eterno» (Jeremías 2:3). **Por lo tanto, el Eterno dijo: «Tenéis que preparar una comida y alegraros porque os beneficia ya que sois llamados «varones santos».**

Aquel que invita a alguien ha de mostrarle alegría y recibirlo con buen semblante; también ha de decorar el camino de los in-

94a **vitados** como haría **un Rey que invita a un huésped muy especial. Le dice a su pueblo que cada día irá a casa de uno, uno haciendo su trabajo, otro acarreando mercancías y otro caminando por sus campos. Este día para mí es un día excepcional, ya que todos estáis invitados a compartir mi alegría porque acabo de invitar a un huésped muy especial. No quiero que en ese día uno haga su trabajo, otro acarree mercancías y otro esté caminando por sus campos. Quiero que todos vengáis a alegraros conmigo en ese día. Preparaos para recibir a mi invitado con buen semblante, alegría y cantos y preparad para él un banquete delicioso ya que será mi invitado en todos los aspectos**

Porque el Santo, bendito sea, dijo a Israel: hijos míos, todos los días estaréis con vuestros trabajos y vuestras mercancías, excepto en mi día. He invitado a un huésped muy especial. Invitadlo, preparadle comidas deliciosas y disponed mesas como corresponde a un día como éste. Según está escrito: «Éstas son las fiestas del Eterno, las convocaciones santas, **a las cuales convocaréis en sus tiempos *determinados*»** (Levítico 23:4).

Ven y **ve: cuando Israel se alegra en esas fiestas, alaba al Santo bendito sea, dispone mesas y se arreglan con vestidos de gloria, y entonces los ángeles celestiales se preguntan: ¿por qué Israel hace esto? El Santo, bendito sea, ha dicho: en este día tengo un huésped muy distinguido. Entonces,** los ángeles **dicen: ¿acaso no es tuyo desde ese lugar denominado santidad? Y él les contesta: ¿acaso no son los** hijos **de Israel? Ellos son denominados «santidad». Son dignos de invitar a mi huésped ya que son mis devotos, desde mi Aspecto y desde el aspecto de la santidad, ya que está escrito «Santidad *es* Israel para el Eterno**, primicias de sus nuevos frutos. Todos los que le devoran pecarán; mal vendrá sobre ellos, dice el Eterno» (Jeremías 2:3). **Ya que los** hijos **de Israel son denominados «santidad», éste es su huésped ya que el huésped es huésped de la santidad, según está escrito «las convocaciones santas»** (Levítico 23:4). **Todos comenzaron a decir «Bienaventurado el pueblo que tiene esto**; bienaventurado el pueblo cuyo Dios *es* el Eterno» (Salmos 144:15).

Tres son los invitados de la santidad, y no son más. Pesaj (la fiesta de las Matzot)**, la fiesta de Shavuot y la fiesta de Sukot. Rabbí Aba le dijo: ¿Acaso no es el Shabbat el invitado de la santidad? Contestó: No. Por dos razones. Una porque está escrito «Así que guardaréis el sábado, porque santo** *es* a vosotros; los que lo profanaren, de cierto morirán; porque cualquiera que hiciere obra *alguna* en él, aquella alma será cortada de en medio de su pueblo» (Éxodo 31:14)**. Otra** sostiene que **no. Pues el Shabbat hereda y no es invitado. Por esta razón todos los invitados se adhieren al Shabbat y** se **coronan con éste y a través de esto** el Shabbat **es coronado. Por lo tanto el Shabbat no es invitado.**

Todo esto se parece al **hijo que entra en casa de su padre y de su madre y come y bebe allí cada vez que lo desea.** La cosa se parece a **un Rey que tenía un hijo al que amaba** con ternura **y que también le amaba a él. Le dio un compañero para protegerle y hacerle compañía. Un día el Rey dijo: «sería cosa buena invitar a los compañeros de mi hijo y manifestarles mi afecto y mi estima e invitarlos a mi casa. Pero el hijo no necesitaba invitación ya que podía entrar en la casa de su padre y comer y beber allí cuando deseara.**

Es lo que está escrito: «¿Quién como tú, oh Eterno, entre los dioses? ¿Quién como tú, magnífico en santidad, terrible en loores, hacedor de maravillas?» (Éxodo 15:11)**.** Está escrito **«Glorioso en santidad» como un hijo al que sus padres ayudan como en Shabbat, y no** está escrito **es «invitado en santidad» (94b).**

«Seis días se trabajará, y el séptimo día será sábado de reposo, convocación santa; ninguna obra haréis; sábado es del Eterno en todas vuestras habitaciones» (Levítico 23:3)**. ¿Cuáles son estos seis días? Rabbí Iosi dijo: está escrito que «el Eterno hizo los cielos y la tierra seis días»** (Éxodo 20:11)**, pero no está escrito «en seis días». Ya ha sido explicado que** cada uno de eso **seis días hizo su trabajo por lo que son llamados «días de trabajo»** (profanos)**.**

Dijo Rabbí Isaac: si es así, ¿por qué son llamados seis días profanos? Respondió Rabbí Iosi: actualmente el mundo es conducido por medio de sus mensajeros, por eso son llamados seis días profanos.

94b

Rabbí Jaia dijo: dado que está permitido hacer labores en ellos, no se consideran «santidad». Porque aquellos que no son considerados «santidad» son considerados profanos. Y los compañeros han establecido la separación entre lo sagrado y lo profano, la Havdalah. **¿Qué tiene que ver** la Havdalah **con todo esto? La santidad es algo** que está **aparte,** sin mezclarse con nada, **y el resto sale de ella. Por lo tanto, esos** días profanos **están destinados al trabajo mientras que esos días** de santidad **son para ser guardados. ¿Cuándo? Cuando en ellos caen festividades.**

Dijo Rabbí Iehuda: la alegría y el guardar el día de Shabbat son superiores a todo. Porque este día es coronado con el padre y la madre y, a diferencia de los otros días profanos**, es investido de una santidad adicional** que se agrega a su propia santidad. **Por eso es un día de alegría para los seres de abajo y de Arriba. Todos se alegran con él y dado que llena de bendiciones todo el mundo, todos son corregidos por este día que es descanso para los seres de abajo y los seres de Arriba. En este día hay descanso para los malvados en la Guehena,** el infierno.

La cosa es como **un Rey que celebra una fiesta para su único hijo y lo corona con una corona de Arriba y le confía el mando de todo. En ese día hay alegría para todo** el mundo. **El gobernador de una prisión, encargado de las personas que van a ser ejecutadas y de los condenados a flagelación, los deja en libertad en honor a la alegría del Rey.**

Así es el día de la fiesta de la alegría del Rey y de la Reina, del gozo del Aba e Ima (el padre y la madre). **De esto se alegran los** habitantes **de Arriba y los** habitantes **de abajo. En el gozo del Rey todos se alegran y no hay sufrimiento. Sobre esto está escrito:** «Si retrajeres del sábado tu pie, de hacer tu voluntad en mi día santo, y **al sábado llamares delicias**, santo, glorioso *día* del Eterno, y lo venerares no haciendo tus caminos, ni buscando tu voluntad, ni hablando *tus propias* palabras» (Isaías 58:13). **¿Qué significa «delicias»** (*Oneg*, literalmente «placer»)**? El placer únicamente existe Arriba donde mora la santidad celestial, según está escrito «Entonces te deleitarás en el Eterno**: y *yo* te haré subir sobre las alturas de la tierra, y te haré comer la heredad de Jacob tu padre, porque la boca del Eterno ha hablado» (Isaías 58:14). **Porque este placer está en el Eterno. En ese día, la fiesta del Rey, éste es coronado con esa corona de delicias** literalmente «placer». **Éste es el sentido de «al sábado llamares delicias», lo cual no ocurre con los demás días.**

En ese día los hijos del Rey han de preparar tres comidas en honor a él y arreglar las mesas como ya ha sido establecido. Cuando una fiesta tiene lugar en una festividad o en un día santo, no hay que arreglar dos mesas para cada comida, una para el Shabbat y otra para el huésped, ya que está escrito «Y moraba Mefi-boset en Jerusalén, **porque comía perpetuamente a la mesa del rey**; y era cojo de ambos pies» (II Samuel 9:13). **Porque la mesa del Rey basta para aquellos que vienen. Por ello, hay que arreglar una mesa completa para el Rey y él da de ella a su huésped.**

Dijo Rabbí Eliezer a su padre: si un huésped llega en la tercera comida de Shabbat, ¿la tomamos en cuenta o no? Si la tomamos en cuenta, el huésped es excluido de la mesa del Rey porque no le queda hambre**, si no la tomamos en cuenta es deficiente.**

Le dijo Rabbí Shimon, su padre: la cosa se parece a **un Rey al que vino a visitar un huésped y tomó de su comida y la puso delante de él, de modo que aunque el Rey no comió con él, este último comió de la comida del Rey y así el Rey le dio alimento. Todo esto es así porque es huésped del Rey. Sin embargo en casa de Rabbí Amnuna el anciano no acostumbraban prestar atención al huésped en este caso, pero más tarde ya prepararon comida para el huésped.**

En ese día están prohibidas las conversaciones banales**, según está escrito** «Si retrajeres del sábado tu pie, de hacer tu voluntad en mi día santo, y al sábado llamares delicias, santo, glorioso *día* del Eterno, y lo venerares **no haciendo tus caminos, ni buscando tu voluntad, ni hablando *tus propias* palabras»** (Isaías 58:13). **Aprendimos que está escrito: «buscando tu voluntad», ya que la fe total se encuentra adherida a ese día.**

Le dijo Rabbí Eleazar: pero, ¿cómo es posible no dar de la comida del Rey al huésped?, Cuando el decimocuarto día del mes

95a **de Nisán cae en Shabbat, se pospone la comida del Rey para el huésped y es pasado por alto en favor de Pesaj.**

Le contestó: (95a) **hay muchas razones por las cuales la comida del Rey es pasada por alto merced a Pesaj. Es diferente porque la tercera comida del Shabbat puede ser pospuesta por varias razones. La primera es que uno ha de tener apetito para comer pan ácimo y hierbas amargas, y otra es que en Pesaj no puede haber pan** con levadura **después de mediodía, y se considera que una mesa sin pan no es** una mesa **completa.**

Pero pueden decir que se puede cumplir **por medio del vino, y ciertamente así es, por medio del vino, porque éste produce hambre en el corazón. Sin embargo, durante toda mi vida yo mismo no acostumbré a pasar por alto la tercera comida del Shabbat, incluso cuando el Shabbat era víspera de Pesaj. Porque en ese día del Shabbat son bendecidas las manzanas santas, y son bendecidos los seres de arriba y de abajo y ese día es el nudo de la Torah.**

Dijo Rabbí Aba: así hubiera hecho Rabbí Shimon: cuando llegaba el momento de la tercera comida de Shabbat, solía arreglar su mesa y entregarse al estudio de la obra de la Carroza, el capítulo primero del libro de Ezequiel, **y solía decir: comparte conmigo. Por consiguiente, el Shabbat es superior a todas las festividades y a todo tiempo o día santo. Por eso es llamado Santo más que huésped de la santidad.**

Rabbí Iehuda: llamamos a todos los días santos «reuniones de santidad», excepto a Rosh haShannah y Iom Kippur, porque en ellos no hay alegría y son días de juicio. Pero estos tres, Pesaj, Shavuot y Sukot, **son huésped es de la santidad para el deleite de todos, ante el Santo, bendito sea. Éste es el significado de «y *os* alegraréis delante del Eterno vuestro Dios, vosotros, y vuestros hijos,** y vuestras hijas, y vuestros siervos, y vuestras siervas, y el levita que *estuviere* en vuestras puertas; por cuanto no tiene parte ni heredad con vosotros. « (Deuteronomio 12:12) **y también de: «**y ofrecerás sacrificios de paz, y comerás allí; **y te alegrarás delante del Eterno tu Dios»** (Deuteronomio 27:7). **En el día de Shabbat, toda tristeza, enfado y turbación son eliminados del mundo entero, ya que éste es**

el día de los esponsales del Rey, cuando es entregada a los hombres un alma adicional, a semejanza del mundo venidero.

Rabbí Isaac le dijo a Rabbí Iehuda: «Te acordarás del día de Shabbat para santificarlo» (Éxodo 20:8). **Hemos aprendido que hay que recordarlo con vino. ¿Por qué con vino? Le dijo. Porque el vino es la alegría de la Torah y el vino de la Torah es la alegría de todo. Y este vino corona al Rey con coronas. Éste es el sentido de: «Salid, oh doncellas de Sión, y ved al Rey Salomón con la corona con que le coronó su madre** el día de su desposorio, y el día del gozo de su corazón» (Cantar de los Cantares 3:11). **Hemos aprendido que en todo el hombre ha de presentar obras abajo porque la santidad se halla únicamente en el vino según está escrito: «**¡Oh!, si él me besara con besos de su boca**! Porque mejores *son* tus amores que el vino**»(Cantar de los Cantares 1:2), porque el amor es **bueno porque es vino, o «**Atráeme en pos de ti, correremos. El Rey me ha metido en sus cámaras; nos gozaremos y alegraremos en ti; **nos acordaremos de tus amores más que del vino**. Los rectos te aman» (Cantar de los Cantares 1:4). **Por esta razón, el Kiddush del Shabbat** se hace a través del **vino. Y esto ya lo explicamos y lo dijimos.**

«En el mes primero, a los catorce del mes, entre las dos tardes, pascua al Eterno» (Levítico 23:5). **Rabbí Jía abrió** el versículo: **«Yo duermo, pero mi corazón vela *por* la voz de mi amado que toca** *a la puerta*: ábreme, hermana mía, compañera mía, paloma mía, perfecta mía; porque mi cabeza *está* llena de rocío, mis cabellos de las gotas de la noche» (Cantar de los Cantares 5:2). **La asamblea de Israel dijo: yo duermo en el exilio de Egipto cuando mis hijos eran cruelmente oprimidos, pero mi corazón velaba para protegerlos y que el exilio no acabara con ellos.**

«La voz de mi amado que toca» se refiere al Santo, bendito sea, que ha dicho «Y asimismo yo he oído el gemido de los hijos de Israel, a quienes hacen servir los egipcios, y **me he acordado de mi pacto**» (Éxodo 6:5).

«...**Ábreme**, hermana mía, compañera mía, paloma mía, perfecta mía; porque mi cabeza *está* llena de rocío, mis cabellos de las gotas de la noche» (Cantar de los Cantares 5:2). **Significa que me abras una**

95a

abertura no mayor que el ojo de una aguja, y yo abriré para ti las puertas celestiales. «...**Ábreme, hermana mía...**» **porque tú eres la puerta en la que está la abertura para entrar en mí y mis hijos entrarán a través de ti. Si no abres la puerta, me quedo afuera y no puedo ser encontrado. Por lo tanto,** «...**Ábreme**... **Ábreme**». **Así, cuando David quiso ir a ver al Rey, dijo «Abridme las puertas de la justicia, entraré por ellas, alabaré a Iah**» (Salmos 118:19-20). **Se trata de una abertura a través de la cual se puede llegar al Rey. Es la puerta del Eterno, para encontrarlo y apegarse a Él. Por lo que** «...**Ábreme, hermana mía**, compañera mía, paloma mía, perfecta mía; **porque mi cabeza *está* llena de rocío**, mis cabellos de las gotas de la noche» (Cantar de los Cantares 5:2)**, para apegarme a ti y estar eternamente en paz contigo.**

Ven y **ve: cuando el Santo, bendito sea mató a los primogénitos de Egipto en la medianoche, hizo bajar los grados superiores y en ese mismo momento los hijos de Israel entraron en el pacto de la santa señal circuncidándose y uniéndose con la asamblea de Israel, por medio de la sangre del dintel de las puertas. Hay dos tipos de sangre, la del sacrificio del cordero pascual y la sangre de la circuncisión, y la señal de la fe estaba impresa en el dintel, una por un lado y otra por otro, y otra entre las dos. También ha sido dicho: «**Y tomarán de la sangre, **y pondrán en los dos postes y en el dintel** de las casas en que lo han de comer» (Éxodo 12:7)**, para mostrar la fe.**

«En el decimocuarto día», aprendimos que entonces la levadura y el pan con levadura son evitados y los hijos de Israel salieron de la esfera de un poder extraño y se unieron al pan sin levadura, que es un lazo santo. Después de ser circuncidados entraron en este lazo santo hasta que descubrieron la corona y les fue revelada su impresión. Entonces les fue entregado el lazo santo y después se unieron a un reino más elevado de la fe denominado cielo. Según está escrito: «Y el Eterno dijo a Moisés: **he aquí yo os lloveré pan del cielo;** y el pueblo saldrá, y cogerá para cada día, para que *yo* le pruebe si anda en mi ley, o no» (Éxodo 16:4)**, y esto ya ha sido explicado.**

Ven y **ve: «En el decimocuarto día», cuando la luna se une perfectamente con el sol, las sefirot no resisten en el mundo. Porque cuando la luna se renueva abundan los entes malignos y se propagan por el mundo. Pero cuando la luna está completamente en la luz del sol, todos** los entes malignos **se juntan en un lugar mientras que las cosas santas son despertadas. Entonces «Ésta es noche de guardar al Eterno**, por haberlos sacado *en ella* de la tierra de Egipto. Esta noche *deben* guardar al Eterno todos los hijos de Israel por sus edades» (Éxodo 12:42)**, ya que está presente la unión santa, lo cual es vigilancia total.**

Rabbí Aja dijo: ésta es la razón por la que la novia está asociada a este día y por la noche es tranquilizada la casa. ¡Ay de aquellos que no pertenecen a la familia en el momento en que vienen a unirse la dos Torah (la escrita y la oral)**! ¡Ay de aquellos que** la Torah **no reconoce! Por esta razón el Israel santo rectifica un hogar en ese día y a través de ellos aquellos que han de entrar, entran. Y ellos están alegres y cantan. ¡Justos son los** hijos **de Israel en este mundo del mundo por venir!**

Dijo Rabbí Iosi: ¿por qué hemos de preocuparnos de este modo? Hay un versículo entero para que esa noche la alegría sea despertada y esté presente. Éste es el significado de lo que está escrito: «noche de vigilancia» (Éxodo 12:42)**. ¿Por qué está escrito «vigilancia», de este modo?** O sea en plural. Porque son **dos, la unión de la luna con el sol, «para todos los hijos de Israel en sus generaciones»** (Éxodo 12:42)**. De ahora en adelante,** los hijos de **Israel estarán unidos y vinculados con el Santo nombre. Por esta razón, se preparan el día decimocuarto y queman todo el *jametz* entre ellos y entran en un dominio santo** (95b)**. Entonces, el gobierno anuncia que son coronados con las coronas de la madre celestial y el hombre ha de mostrarse a sí mismo como un ser libre.**

Dijo Rabbí Iosi: ¿Cuál es el significado de las cuatro copas de vino **que se beben en esa noche? Rabbí Abba contestó: los compañeros han explicado que corresponden a las cuatro expresiones de la redención: «y lo sacaré, y los liberaré, y redimiré, y los tomaré»** (Éxodo 6:6-7)**. Sin embargo podemos encontrar una expli-**

cación en el libro de Rabbí Yesa el anciano, quien dijo que dado que la unión santa tiene lugar en noche en todas direcciones, se consuma en cuatro uniones o cuatro grados que son inseparables. La unión tiene lugar. Y entonces despertamos con alegría porque las alcanzamos y nos vinculamos con ella. Ésta es la razón por la cual esta noche es distinta de todas las otras noches y nos corresponde formar el nombre en todas, y alegrarnos esa noche ya que es alegría para arriba y para abajo.

También dijo que esas cuatro son llamadas redenciones porque este último grado se llama «redentor», se trata del **ángel redentor. Y sólo es llamado redentor otro grado más elevado que lo ilumina y brilla sobre él. Éste ilumina sobre éste por medio de los dos grados de Arriba, de este modo las cuatro** copas de vino **son las cuatro redenciones** (96a).

Rabbí Judá preguntó a Rabbí Aba: está escrito «Por siete días no se hallará levadura en vuestras casas, porque cualquiera que comiere leudado, así extranjero como natural de la tierra, aquella alma será cortada de la asamblea de Israel» (Éxodo 12:19)**, ¿por qué no decimos en ellos,** los siete días de Pesaj**, el Halel completo como** ocurre **en Sukot,** cuando cada día se recita con alegría completa?

Le contestó: bien dices. Pero es conocido que aquí los hijos de **Israel no están tan ligados** con el mundo superior **en la misma medida en que lo estarían después. Porque en noche,** la primera noche de Pesaj**, cuando tiene lugar la unión y hay alegría completa y** los hijos de **Israel están unidos a ella, nosotros entramos la perfección y el Halel se completa. Pero después no lo decimos entero porque los** hijos **de Israel aún no están unidos con esos cuatro grados más elevados y no han descubierto la corona que ha revelado el signo santo. No habían recibido la Torah como ocurrió más tarde. Por esta razón, en la** festividad **de Sukot todo estaba completado y la alegría era total. Pero aquí, en la festividad de Pesaj, habría sido alcanzado y no había perfección. A pesar de que los siete estaban presentes, aún no habían sido revelados y los** hijos **de Israel no estaban todavía unidos a ellos.**

Así, pues, hay una alegría que es **total y el Halel es recitado en su totalidad durante esa noche** (la primera noche de Pesaj), **porque los** hijos **de Israel están vinculados con esa porción. Y la razón es porque esa porción se halla allí esa noche** (la primera noche de Pesaj), **y todo el mundo está presente en esta unión, aunque no del lado de Israel. Cuando se realiza la unión, los grados se hallan situados en ella. Cuando están presentes, la totalidad del cuerpo está con ellos. Entonces todo está completo y con alegría total y en paz, y el Halel es recitado completo porque entonces la luna con todo. Pero después no así porque los hijos de Israel todavía no se han unido a ellos cada día. De este modo el Halel no se encuentra completo como en los demás tiempos.**

Les dijo Rabbí Iehuda: esto es correcto y sin duda es así. Lo escuché en otro tiempo dicho de esta manera, pero lo había olvidado. Ahora quisiera saber algo más. Vemos que en Pesaj hay siete días **y que en Sukot hay siete** días, **con la totalidad de la alegría en otro día. ¿Por qué no hay siete** días **en Shavuot si es más merecedor que todos los demás?**

Abrió el versículo diciendo: «**¿Y quién como tu pueblo, como Israel, en la tierra?** Una gente por *amor de* la cual Dios fuese a redimírsela por pueblo, y le pusiese nombre, e hiciese con vosotros, grandes y espantosas obras en tu tierra, por causa de tu pueblo que tú te redimiste de Egipto, de los gentiles y de sus dioses» (II Samuel 7:23). **¿Cuál es la razón por la cual Israel es llamado «único» más que otros lugares** (otras naciones)**? Es porque el texto habla aquí en alabanza de Israel ya que es un orgullo para Israel ser único. La razón es que lo que está ligado con lo que está Arriba y está abajo se llama Israel. Y está vinculado con la asamblea de Israel y por lo tanto es llamado uno y está ahí completa la unión santa y celestial.**

Ésta es la razón por la cual en ese día el lazo de la fe lo ata todo. También está escrito: «Ella *es* árbol de vida a los que de ella echan mano; y bienaventurados son los que la mantienen (Proverbios 3:18), **y es un árbol llamado «uno». Por esta razón, están unidos a este lugar, y son llamados «uno». Porque el árbol de Vida**

96a
también es llamado «uno» ya que todo se encuentra unido a él, y su día también es uno ya que lo ata todo y es el centro de todo.

Éste es el sentido de: «Había también hecho producir el Eterno Dios de la tierra todo árbol deseable a la vista, y bueno para comer, **y el árbol de vida en medio del huerto**, y el árbol de *la* ciencia del bien y del mal» (Génesis 2:9). **Está en su interior, en el centro, incluyendo todas las perfecciones y estando unidos a ellos. Por consiguiente Pesaj, Sukot y Shavuot entre ellas. Es el centro de todo y es el día de honor de la Torah, el de la fe y la unión de todas las cosas. Rabbí Iehuda dijo: bendito sea el misericordioso porque pregunté y comprendí estas palabras.**

Dijo Rabbí Isaac: con alegría y cantos para Israel al Santo, bendito sea, pues esa alabanza que Israel recita en la víspera de Pesaj cuando la asamblea de Israel fue favorecida con la santidad del Rey, según está escrito: «Vosotros tendréis canción, como en noche *en la cual* se celebra Pascua; y alegría de corazón, como el que va con flauta, para venir al Monte del Eterno, al Fuerte de Israel» (Isaías 30:3) **y «noche *en la cual* se celebra Pascua», es exacta, como lo es la unión. Bendito sea el Eterno por la eternidad, amén y amén.**

«Además, el día de las primicias, cuando ofreciereis presente nuevo al Eterno en vuestras semanas cumplidas, tendréis santa convocación; ninguna obra servil haréis» (Números 28:26) **Rabbí Shimon abrió** el versículo **diciendo: «Entonces cantarán los árboles de los bosques delante del Eterno, porque viene a juzgar la tierra»** (I Crónicas 16:33). **¡Dichosa la porción de aquellos que día y noche se apegan a la Torah, conocen los caminos del Santo, bendito sea y se unen a su nombre santo! ¡Ay de aquellos que no se apegan a la Torah pues no tienen porción en el nombre santo y no se unen a él, ni en este mundo ni en el mundo venidero** porque no se dedicaron al estudio de la Torah**! Es como hemos aprendido:** «y tu paladar como el buen vino, que se entra a mi amado suavemente, **y hace hablar los labios de los que duermen**.» (Cantar de los Cantares 7:9)**, incluso estando en ese mundo,** el mundo venidero, **sus labios siguen pronunciando** palabras de **Torah.**

Ven y **ve: hasta este momento** (Pesaj) **los** hijos **de Israel ofrecieron el grano de la tierra** (el omer) verdaderamente. **Estaban en esto y estaban unidos e incluso cuando había juicio estaban en paz** y no les afectaba. **Ofrecían cebada, que es el primero de todos los tipos de grano y estamos obligados a ofrecer lo primero y no lo que viene después. El Santo, bendito sea, dijo:** «Y el Eterno dijo a Moisés: **he aquí yo os lloveré pan del cielo**; y el pueblo saldrá, y cogerá para cada día, para que *yo* le pruebe si anda en mi ley, o no» (Éxodo 16:4)**; mientras que vosotros me ofrecéis cebada.**

Y el secreto de estas palabras es el siguiente: **«Ésta** *es* **la ley de los celos,** cuando la mujer errare *estando* en poder de su marido, y se contaminare «(Números 5:29), escrito **deficiente**, o sea sin la letra *Vav* de *Kinaot,* «celos». **Se trata de una advertencia a aquellas mujeres que van con otros que no son sus maridos. El grano de cebada está preparado para ser ofrendado. Deducimos una cosa a partir de la otra. ¡Dichosa la porción de** los hijos de **Israel, pues la asamblea de Israel nunca es mentirosa ante el Rey de los mundos. La asamblea de Israel se sorprende y dice: «cuando la mujer errare** ***estando*** **en poder de su marido, y se contaminare»** (Números 5:29), **y por esta razón el castigo de esta mujer viene de ese lugar, a propósito del que está escrito: «Mujer valiente, ¿quién la hallará? Porque su valor pasa largamente** ***al de*** **piedras preciosas»** (Proverbios 31:10) **y también «La mujer virtuosa es corona de su marido**; mas la mala, como carcoma en sus huesos» (Proverbios 12:4).

Y ese grano de cebada que ofrece la mujer se llama ofrenda del grano de los celos, deficiente (96b), o sea sin la letra *Vav* de *Kinaot,* «celos», **ya que la asamblea de Israel también** es llamada así. **Por esta razón está escrito a propósito de Pinjas** «y tendrá él, y su simiente después de él, el pacto del sacerdocio perpetuo; **por cuanto tuvo celo por su Dios**, y reconcilió los hijos de Israel» (Números 25:13). **Porque los celos son despertados para castigar a aquel que miente con respecto al pacto. Por esta razón lo celosos pueden pegarle. Ven** y **ve: de ese grano de cebada se extrae la décima parte por medio de trece tamices.**

96b

Y éste es el sentido de: «Y os habéis de contar desde el siguiente *día* del sábado, desde el día en que ofrecisteis el omer de la ofrenda mecida**; siete semanas cumplidas** serán» (Levítico 23:15)**. Después de que pasen siete semanas, el Rey Santo viene a unirse con la asamblea de Israel y se entrega la Torah. Y entonces el Rey es coronado con la unión completa y es uno para los de Arriba y para los de abajo. Y es el momento de la llegada de la Torah y todos los árboles que producen sus frutos primerizos comienzan a cantar. ¿Y qué cantan? «El Eterno afirmó en los cielos su trono; y su reino domina sobre todos»** (Salmos 103:19)**. Como está dicho: «Eterno, hasta los cielos *es* tu misericordia**; tu verdad hasta las nubes» (Salmos 36:5)**. Y también está escrito:** «Porque con alegría saldréis, y con paz seréis vueltos; los montes y los collados levantarán canción delante de vosotros, **y todos los árboles del campo *os* aplaudirán con las manos**» (Isaías 55:12).

Y prosiguió: «Salmo. Cantad al Eterno canción nueva, porque ha hecho maravillas; su diestra lo ha salvado, y el brazo de su santidad» (Salmos 98:1)**. Esto se considera una «canción nueva», por lo que está escrito:** «Además, el día de las primicias, **cuando ofreciereis presente nuevo al Eterno en vuestras semanas *cumplidas*,** tendréis santa convocación; ninguna obra servil haréis» (Números 28:26)**. Allí es un presente del grano de los celos mientras que aquí es un presente nuevo. Y es nuevo porque aquí la novia es renovada en un nudo Arriba y abajo que es el nudo de la fe. Porque Jacob está completo, adornado con coronas y es entregada la Torah.**

Y cuando las primicias eran llevadas ante el sacerdote, los hijos de los hombres tenían que decir y explicar estas cosas aludiendo a ese árbol cuya completitud es similar a la de Arriba, en las doce regiones y la setenta ramas. Y cuando Labán el arameo quiso destruirlo para que el mundo fuera mancillado por culpa de esto, el Santo, bendito sea salvó el mundo y fue coronado con sus hijos, como ha sido explicado. Porque el nudo de la fe viene de ese árbol y una nueva ofrenda de grano. Esto es porque los seres de Arriba, los de abajo y la luna se alegran allí. Cada vez que es luna nueva, se unen la fe con su alegría.

96b

La cosa se parece **a un Rey que tenía hijos y una hija, y preparó una cena para todos sus hijos, pero la hija no se sentó** con ellos **en la mesa. En cuanto llegó le dijo** la hija **al Rey: invitaste a todos mis hermanos y a todos les diste una ración, pero** a mí **no me has dado una ración.** El Rey **le dijo: ¡por mi vida, hija** mía, **tu ración será del doble ya que cada uno** de tus hermanos **te dará de la suya. De este modo ella tuvo doble ración, más que ninguno** de sus hermanos. **Así la asamblea de Israel tuvo las raciones de cada uno. Por consiguiente, es llamada novia porque la novia lo incluye todo como una esposa a la que obsequian con vestidos, porciones y alhajas. Así es renovada en todo la asamblea de Israel y todos le regalan raciones y raciones.**

Ven y **ve: en el momento en el que el Rey Santo sale coronado, la asamblea de Israel se alegra. Y cuando la Torah fue entregada, fue coronada la asamblea de Israel con coronas de Arriba. Y ya que todo el mundo de la fe está anudado** (unido) **con este árbol, se le considera un día, según está escrito «Y será un día, el cual** *es* **conocido del Eterno**, que ni será día ni noche; mas acontecerá que al tiempo de la tarde habrá luz» (Zacarías 14:7). **Ciertamente es un día, ya que la asamblea de Israel es un día vinculado con Arriba.**

La unión de Arriba es la cabeza, o sea **el cráneo y el cerebro; la otra unión son los dos brazos y el cuerpo, y están unidos al cerebro por medio de la cabeza. Rav Amnuna lo explicó** relacionándolo **con los tres nudos de los patriarcas. Primero, los dos pilares que fluyen con el aceite de la unción en dos peldaños, en dos ríos para reunir simiente y para sacarlos el otro grado en la boca del miembro. Este árbol y su cuerpo que está en medio, unido a todos, y todos están unidos a él, de modo que todo es uno. Y cuando la Reina está unida con éste, entonces es uno. Y esto ya ha sido explicado.**

Ven y **ve: está escrito «El octavo día tendréis solemnidad;** ninguna obra servil haréis:» (Números 29:35). **¿Qué es «solemnidad»? El lugar donde todo está conectado junto es llamado «solemnidad». ¿Qué significa «solemnidad»? Es una reunión. Y se puede preguntar por qué es llamada una reunión aquí, a través de los**

97a

días de Sukot **estuvieron los días de las ramas del árbol,** (97a) **con los setenta toros. Después de esto, llega la alegría del árbol mismo. Porque en ese día de alegría de la Torah, la alegría del árbol, que es el cuerpo, hay una asamblea.**

Y por lo tanto, no hay porción en este día, Shemini Atzeret, **sino para al Santo, bendito sea, y la asamblea de Israel. Por esta razón «El octavo día tendréis solemnidad;** ninguna obra servil haréis:» (Números 29:35). **Tendréis vosotros y no los demás, porque cuando está presente el Rey, todo está con él. Hemos aprendido en relación al fruto del árbol,** que es **Shemini Atzeret. Esto ya ha sido explicado y por esta razón él es llamado uno, unido con Maljut, por lo que debe ser llamado uno como ya dijimos.**

Ven y **ve lo que está escrito: «De vuestras habitaciones traeréis** *dos* **panes para ofrenda mecida, que serán de dos décimas de flor de harina, cocidos con levadura**, *por* primicias al Eterno» (Levítico 23:17). **¿En qué se diferencia aquí la levadura** de la asamblea de Israel? **Dado que todo está unido al árbol y que las ramas están unidas al árbol y las hojas están unidas al árbol, y hay muchos juicios por todos los lados, todo está en éste ya que el árbol expía por la mala inclinación que está en la casa del hombre.**

Dijo Rabbí Eleazar: de este árbol se nutren todos los árboles que están abajo, y tiene sus raíces en un río profundo y influyente, cuyas aguas nunca dejan de fluir. A propósito de esto está escrito «Porque él será como el árbol plantado junto a las aguas, que junto a la corriente echará sus raíces, y no verá cuando viniere el calor, y su hoja será verde; y en el año de sequía no se fatigará, ni dejará de hacer fruto» (Jeremías 17:8). **Por consiguiente,** de **la Torah** se ha dicho**: «Ella** *es* **árbol de vida** a los que de ella echan mano; y bienaventurados son los que la mantienen (Proverbios 3:18),**»** (Proverbios 3:18). **¿Pero qué quieren decir con** «Ella *es* árbol de vida a los que de ella echan mano; **y bienaventurados son los que la mantienen** (Proverbios 3:18)? **Esto ya ha sido explicado, y «y bienaventurados son los que la mantienen» se puede comparar con «Y dijo Lea: para hacerme bienaventurada; porque las mujeres me dirán bienaventurada**; y llamó su nombre Aser» (Génesis 30:13).

RAIA MEHEMNA

«El cual mecerá el omer delante del Eterno, para que seáis aceptos; el siguiente día del sábado lo mecerá el sacerdote» (Levítico 23:11). **Es un precepto ofrecer el sacrificio del omer y todo este sacrificio está unido Arriba y abajo, lo que nos enseña que la Reina y sus hijos están juntos. Y esto nos dice que Israel realiza este sacrifico del omer con pureza. Y este sacrificio se realiza con cebada para** atraer el **amor entre la mujer y su marido.**

La mujer meretriz se distancia de ellos porque no puede permanecer entre ellos. **La mujer valiente que se acerca al sumo sacerdote es pura de verdad:** «Mas si la mujer no fuere inmunda, sino que estuviere limpia, **ella será libre, y será fecunda»** (Números 5:28), pues ella añade fuerza y amor a su marido. **La mujer meretriz huye del templo para no acercarse de él, porque si se acercara a la mujer valiente cuando están revisando** las aguas del adulterio, **sería maldita. Se niega a acercarse al templo y se aleja, y los** hijos de **Israel permanecen dignos y sin mezcla en el secreto de la fe.**

El secreto que se encuentra detrás de esto es que hay dos hermanas, y cuando una huele de la otra, se le hincha el vientre y le cae la guarnición del muslo. Porque la revisión de la mujer valiente se parece a un veneno para la mujer meretriz. Y éste es el consejo que da el Santo, bendito sea, a sus hijos: hacer este sacrificio a la mujer valiente, a fin de que la mujer meretriz se aleje. E Israel permanecerá sin mancha. ¡Dichosos ellos en este mundo y en el mundo venidero!

Fin del Raia Mehemna

Rabbí Aba y Rabbí Jía andaban por el camino. Rabbí Jía dijo: está escrito «Y os habéis de contar desde el siguiente *día* del sábado, desde el día en que ofrecisteis el omer de la ofrenda mecida; siete semanas cumplidas serán; (Levítico 23:15). **«Y os habéis de contar**

97a - 97b

desde el siguiente *día* del sábado, desde el día en que ofrecisteis el omer de la ofrenda mecida; siete semanas cumplidas serán; (Levítico 23:15). **¿Este precepto** consiste en **contar la cuenta del omer estando de pie. Y este secreto Israel según Pesaj, y fue impureza. Y no hubo ni completitud ni pureza. Y por lo tanto, no se canta el Halel completo en el día de Pesaj, y hasta ahora esta medida no ha sido completada. ¿Qué nos enseña esto? Le dijo: tendieron una trampa a los amigos, pero ven** y **ve: cuando** los hijos de **Israel estaban en Egipto, se encontraban debajo de otro poder y estaban vinculados con la impureza como una mujer en los días de impureza. Después de ser circuncidados, entraron en el lugar santo que se llama «alianza»** (97b) **y entonces la impureza se marchó de ellos.** La cosa se parece **a una mujer a quien le cesa la regla. Después de que le ha cesado, está escrito:** «Y cuando fuere limpia de su flujo, **se ha de contar siete días**, y después será limpia» (Levítico 15:28). **Y también aquí, cuando entraron en el lugar sagrado** (literalmente la porción santa)**, su impureza cesó y el Santo, bendito sea. Dijo: «De aquí en adelante será un cálculo para la pureza».**

RAIA MEHEMNA

«Y os habéis de contar desde el siguiente *día* del sábado, desde el día en que ofrecisteis el omer de la ofrenda mecida; siete semanas cumplidas serán; (Levítico 23:15). **«Os», exactamente, según está escrito «se ha de contar siete días», o sea para ella. ¿Por qué es esto así? Para** poder **ser purificada en las aguas santas de Arriba y después vendrán a unirse al Rey y recibir su Torah.**

Está escrito «... se ha de contar siete días, y después será limpia» (Levítico 15:28)**, mientras que aquí dice «siete semanas cumplidas serán...** « (Levítico 23:15). **¿Por qué son necesarias siete semanas cumplidas? Para ser merecedores de ser purificados por las aguas del río que emerge y que fluye, llamadas aguas vivas. De este río surgen siete semanas y por ello estas siete semanas son como la mujer en la noche de purificación cuando se une con su esposo.**

Así está escrito: «Y cuando descendía el rocío sobre el campamento de noche, el maná descendía sobre él» (Números 11:9)**. Está escrito «sobre el campamento», y no «el rocío descendía de noche», sino «sobre el campamento». Esto es así porque cae de ese punto encima de los cuarenta y nueve días denominados «campamento». Cuando Israel se acercó al Monte Sinaí, el rocío que desciende del punto superior bajó completamente y los purificó, ya que la impureza se retiró de ellos y se unieron al Rey y a la asamblea de Israel y recibieron la Torah. Esto ya ha sido explicado. En ese momento, en verdad, «Los ríos todos van al mar,** y el mar no se llena; al lugar de donde los ríos vinieron, allí vuelven para correr de nuevo» (Eclesiastés 1:7) **para ser lavados y purificados, y todo se une al Rey Santo.**

Ven y **ve: cualquier hijo de hombre que no realizó esta cuenta, estas siete semanas completas, para ganar pureza, no es llamado «puro» y no está en la clase de «puro», ni es digno de tener una porción en la Torah. Aquel que llega puro a ese día y no dejó de contar, es preciso que esté ocupado con la Torah y se una a ella y preserve la pureza especial que ha alcanzado en esa noche, de modo que es purificado.**

Y hemos aprendido (98a) **que la Torah que ha de ser estudiada en esa noche es la Torah oral para que sean purificados juntos por el río profundo y después, durante el día, la Torah escrita puede venir y unirse a ella de modo que puedan estar unidas Arriba. Entonces se hace una proclamación concerniente a él, diciendo: «Y éste será mi Pacto con ellos, dijo el Eterno: el Espíritu mío que *está* sobre ti; y mis palabras, que puse en tu boca, no faltarán de tu boca,** y de la boca de tu simiente, y de la boca de la simiente de tu simiente, dijo el Eterno, desde ahora y para siempre» (Isaías 59:21)**.**

Por lo tanto, los primeros piadosos no solían dormir en esa noche, sino que acostumbraban a estudiar la Torah y decir: «adquiramos una heredad santa para nosotros y nuestros hijos en los dos mundos». En esa noche, la asamblea de Israel es coronada y los hijos de Israel se unen con el Rey Santo, y ambos son Corona para las cabezas de aquellos que lo merecen.

Entonces, cuando se reunieron los amigos cabalistas, **Rabbí Shimon dijo: «vayamos y preparemos los ornamentos de la novia, para que mañana pueda aparecer ante el Rey debidamente enjoyada y vestida. ¡Dichosa la parte de los amigos** cabalistas **cuando el Rey pregunte a la Reina quién preparó sus joyas, aderezó sus adornos e iluminó sus coronas! Porque no hay nadie en el mundo que sepa hacerlo como los amigos** cabalistas. **¡Dichosa es su parte en este mundo y en el mundo venidero!**

Ven y ve: los amigos cabalistas **adornan a la novia en esa noche, y la engalanan con coronas para el Rey, ¿pero quién prepara al Rey en esa noche para que esté con la novia y se una con la Reina? El río santo, el más profundo de todos los ríos, que es la madre de Arriba, como está dicho: «Salid, oh doncellas de Sión, y ved al Rey Salomón con la corona con que le coronó su madre** el día de su desposorio, y el día del gozo de su corazón» (Cantar de los Cantares 3:11). **Después de haber preparado al Rey y haberlo coronado, irá a purificar a la Reina y a aquellos que están con ella.**

La cosa se parece a **un Rey que ha tenido un único hijo al que ha unido en matrimonio con una Reina de Arriba. ¿Qué hace su madre? Durante toda la noche va a las cámaras del tesoro y saca de allí una corona de Arriba rodeada de setenta** (98b) **piedras preciosas para coronarlo con ella. Saca vestidos de seda y lo viste con ellos y lo embellece con arreglos reales.**

La madre **fue entonces a casa de la novia y sus doncellas preparaban su corona, sus escritos y sus joyas. Les dijo: he aquí que he preparado en mi casa un baño, un lugar con agua fresca y con toda suerte de aromas suaves para purificar a la novia. Que venga la novia, la Reina de mi hijo, que venga junto con todas sus doncellas para que pueda purificarse en el baño que preparé con agua fresca. Después, que la adornen con todos sus ornamentos, que la vistan con todas sus ropas y que le pongan sus coronas. Mañana, cuando mi hijo venga para desposar a la Reina, preparará un palacio para todos y su morada estará entre vosotros.**

Así ocurre con el Rey Santo y la Reina que lo preparó todo y el Rey Santo, la Reina y los compañeros vivirán unidos y nunca se

separarán, según está escrito: «Eterno, **¿quién habitará en tu tabernáculo?** ¿Quién residirá en el monte de tu santidad? **El que anda en integridad, y obra justicia**, y habla verdad en su corazón» (Salmos 15:1-2). **¿Quién es el que anda en integridad y obra justicia? Son aquellos que preparan a la Reina con sus joyas, sus vestidos y sus coronas. Cada uno de ellos se considera que ande en integridad. Rabbí Jía dijo: si yo hubiera venido a este mundo únicamente para escuchar estas palabras, me sería suficiente. ¡Dichosa la porción de aquellos que estudian la Torah y conocen los caminos del Rey Santo, cuyo deseo está en la Torah! A propósito de ellos ha sido escrito: «Por cuanto en mí ha puesto su voluntad, *yo* también lo libraré; lo pondré en alto,** por cuanto ha conocido mi Nombre. Me invocará, y *yo* le responderé; con él *estaré* yo en la angustia; **lo libraré, y le glorificaré»** (Salmos 91:14-15).

«Y os habéis de contar desde el siguiente *día* del sábado, desde el día en que ofrecisteis el Omer de la ofrenda mecida; siete semanas cumplidas serán;» (Levítico 23:15). **Es una *Mitzvah* hacer la cuenta del Omer, como ya hemos explicado. Y éste es un secreto porque los** hijos **de Israel, a pesar de haber sido purificados para realizar el sacrificio de Pesaj, todavía no estaban totalmente completos y puros. Por esta razón el Halel no se recita completo como en Pesaj porque todavía no han sido completados como se debe.**

La cosa se parece a **una mujer que sale de su impureza. En cuanto sale,** «Y cuando fuere limpia de su flujo, **se ha de contar siete días**, y después será limpia» (Levítico 15:28). **Y así también, cuando salieron de Egipto los hijos de Israel, también se limpiaron de la impureza y celebraron Pesaj, comiendo en la mesa de su padre. A partir de entonces, antecede el cálculo para atraer a la esposa cerca de su esposo, a fin de que se puedan unir. Y estos son los cincuenta días de la purificación cuyo propósito es entrar en el secreto del mundo venidero y recibir la Torah, y atraer a la esposa el esposo.**

Y puesto que estos días son días del mundo masculino sólo le corresponde contar a él. Y por lo tanto esta cuenta ha de realizarse estando de pie, pues pertenece al mundo de abajo. Éste es el

98b

secreto de la oración de la Amidá (de *Omed,* estar de pie)**, y de la oración que se hace sentados.**

En lo que se refiere a estos cincuenta, cuarenta y nueve suman todos los rostros de la Torah**, mientras que el día número cincuenta es el secreto de la Torah misma. Durante estos cincuenta días hay un año sabático y un jubileo. Se puede preguntar cómo es que hay cincuenta días** cuando en realidad hay cuarenta y nueve**, y lo que ocurre es que uno está oculto y es el que sostiene al mundo. En el día número cincuenta, lo que está oculto es revelado y ocultado** de nuevo **en éste.** La cosa se parece a **un Rey que va a casa de su amigo para quedarse allí. También es el día número cincuenta pero ya explicamos este secreto.**

La *Mitzvah* siguiente es celebrar la fiesta de Shavuot, según está escrito «Y harás la fiesta solemne de las semanas al Eterno tu Dios; de la abundancia voluntaria de tu mano *será* lo que dieres, según el Eterno tu Dios te hubiere bendecido» (Deuteronomio 16:10). **Recibe el nombre de Shavuot porque Israel ya ha entrado en el secreto del día cincuenta, o sea siete semanas. A través de la ofrenda del Omer, la Mala Inclinación es apartada y huye de la mujer valiente. No se acerca y los** hijos **de Israel se adhieren al Santo, bendito sea, y,** la Mala Incllinación, **es borrada Arriba y abajo.**

Y por esta razón recibe el nombre de Atzeret: para anular a la Mala Inclinación y acabar con ella**. Por esto no está escrita aquí ninguna ofrenda de pecado como ocurre con otras festividades, en los cuales sí está escrita. Y entonces,** todas **las luces se juntan para la mujer valiente y por eso es Atzeret.**

Está escrito Shavuot (semanas) **y no dice cuántas son. En todas partes hay indeterminación. El nombre nos dice que son siete, según está escrito: «Siete semanas te contarás**; desde que comenzare la hoz en las mieses comenzarás a contar las siete semanas» (Deuteronomio 16:9)**. ¿Por qué sólo dice «semanas»** cuando hay siete**? Debía haber escrito sencillamente «semanas» a fin de incluir** las de Arriba y las de abajo**. Porque cuando éstas, se despiertan abajo, éstas se despiertan Arriba. Hasta que llegó** el Rey Salomón **y las especificó según está escrito: «**En aquel tiempo Salomón hizo fiesta, y con él todo Israel, una gran asamblea, desde donde entran en Hamat hasta el río de Egipto, delante del Eterno nuestro Dios, **por siete días y otros siete días,** esto es, por catorce días» (I Reyes 8:65), **y esto es especificación.**

En otros tiempos, estaban ocultos en las semanas en general, porque ningún hijo de hombre (nadie) **los había especificado hasta el tiempo del Rey Salomón. Porque los siete días de abajo no brillaron totalmente hasta que llegó** el Rey Salomón **y entonces la luna estuvo llena durante siete días. Pero aquí es la festividad de Shavuot justamente, porque los de abajo están incluidos en los de Arriba y no brillaban completamente.**

La siguiente *Mitzvah* es el acercamiento (ofrecimiento) **de los dos panes; como ya ha sido explicado, los dos panes** corresponden a **las dos Shekinah, la de Arriba y la de abajo, respectivamente. Les corresponden dos panes en Shabbat, por lo que está escrito** «En el sexto día recogieron doblada comida, **dos omer para cada uno**; y todos los príncipes de la asamblea vinieron a Moisés, y se lo hicieron saber» (Éxodo 16:22)**: Verdaderamente son «para cada uno» porque entraban como uno en el lugar, llamado «uno». ¿Y cuál es este** lugar? **Es «La voz es la voz de Jacob»** (Génesis 27:22), **que recibe dos panes como uno** (juntos) **de Arriba y de abajo. Esto es así porque Shabbat es un secreto de Arriba y de abajo y todo ello es Shabbat, los dos panes.**

La siguiente *Mitzvah* es el orden del pan y del incienso y la oferta de Omer, según está escrito: «Y el día que ofrezcáis el Omer, ofreceréis un cordero de un año, sin defecto, en holocausto al Eterno. Con su presente, dos décimas de flor de harina amasada con aceite en ofrenda encendida al Eterno para olor aceptable; y su libación de vino, la cuarta *parte* de un *hin*» (Levítico 23:12 y 13). **Y también** es **ofrecer dos panes, y en todos los días festivos** (literalmente «buenos») **ofrecer un sacrificio adicional. Porque en cada festividad hay que ofrecer un sacrificio y también para el añadido que hay. Esto se parece a un añadido en la *Ketuvah*** (contrato matrimonial) **y los regalos que ofrece el novio a la novia. Y la Reina del Shabbat es como una novia y todos los días festivos ne-**

98b
cesita de un añadido, que son los sacrificios que se añaden, y de ofrendas, que son las ofrendas del sacerdocio.

Y en Shavuot tuvo lugar la entrega de la Torah, las dos tablas de la Torah desde el árbol de la vida. Es preciso ofrecer dos panes, que corresponden a las dos letras *He* del Tetragrama**, porque ellas son el pan de la Torah a propósito del cual ha sido dicho: «Ven y come de mi pan»** (Proverbios 9:5)**. Las dos** letras ***He* son las de** la bendición del pan**, *haMotzi Lejem min haAretz*.**

Y éste es el alimento del hombre, que es *Iod-Vav-Dalet, He-Alef, Vav-Alef-Vav, He-Alef,* guematria 45, como Adam, «hombre»**. «Ésta *es* la ley cuando algún hombre** muriere en la tienda: cualquiera que entrare en la tienda y todo lo que estuviere en ella, será inmundo siete días» (Números 19:14)**.** «Habla a los hijos de Israel, y diles: **cuando alguno de entre vosotros ofreciere ofrenda al Eterno** de animales, de ganado vacuno u ovejuno haréis vuestra ofrenda» (Levítico 1:2)**. Mas el Omer de cebada es una comida de animales, que son las *Jaiot* santas, que hay que ofrendar. Según está escrito: «ofrenda al Eterno de animales», los cuernos del carnero en la Mishnah y no la** explicación **sencilla. «Del ganado vacuno», son los de la Mishnah, y «del ovejuno», o sea del resto de la gente en quienes el sacrificio es la plegaria y de los que se ha dicho: «Y vosotras, ovejas mías, ovejas de mi pasto, hombres sois,** y yo vuestro Dios, dijo el Eterno Eterno» (Ezequiel 34:31)**.**

Porque los maestros de la cábala y los maestros de las cualidades (*Midot*) son **del lado del árbol de la vida,** mientras **que el resto** de los hombres son **del lado del árbol del conocimiento del bien y del mal,** que es **lo que está permitido y lo que está prohibido. Y de este lado «de animales» comen un Omer de pan de cebada,** «Y le dijo *a ella* : llega el lienzo que *traes* sobre ti, y ten de él. Y teniéndolo *ella,* **él midió seis *medidas* de cebada, y se las puso a cuestas**; y *ella* se fue a la ciudad» (Ruth 3:15)**. Es la Torah oral de los seis órdenes de la Mishnah. Pero aquellos del árbol de la vida, son los hombres cuya Torah es el pan del Santo, bendito sea. Esto es lo que significa «Ven, come de mi pan»** (Proverbios 9:5), **o sea de los dos panes,** la Toral oral y la Torah escrita**. Todos los Ta-**

naitas y los Amoraitas se alegraron y dijeron: ¿Quién se puede poner de pie ante el monte **Sinaí?**

«Habla a los hijos de Israel, y diles: **en el mes séptimo, al primero del mes** tendréis sábado, una conmemoración al son de trompetas, y una santa convocación» (Levítico 23:24). **Rabbí Isaac abrió** el versículo **diciendo: «Tocad la trompeta en la nueva luna, en el tiempo señalado, en el día de nuestra fiesta solemne»** (Salmos 81:3). **¡Dichosos son los hijos de Israel, puesto que el Santo bendito sea los acercó desde un lugar lejano, más que a las otras naciones del mundo y los eligió! Éste es el sentido de:** «Y dijo Josué a todo el pueblo: Así dice el Eterno, Dios de Israel: **vuestros padres habitaron antiguamente al otro lado del río,** *es a saber,* Taré, padre de Abraham y de Nacor; y servían a dioses extraños» (Josué 24:2), **para enseñarnos que los trajo desde un lugar lejano y los acercó a él. También está escrito: «Y *yo* tomé a vuestro padre Abraham del otro lado del río,** y lo traje por toda la tierra de Canaán, y aumenté su generación, y le di a Isaac» (Josué 24:3). **Estos versículos merecen ser examinados. ¿Acaso no conocía Josué a la totalidad de los** hijos **de Israel?**

Toda la Torah está oculta y revelada al mismo tiempo, así como también ocurre con **el Santo Nombre** que también **está oculto y revelado. Esto es así porque toda la Torah es el Santo nombre, que está oculto y revelado. Si** los hijos de **Israel** (99a) **y Josué conocían esto, ¿por qué está escrito «así dice el Eterno»? Sin duda el sentido interior es éste: el Santo bendito sea mostró gran bondad hacia Israel al elegir a los patriarcas y hacer de ellos una carroza santa para su gloria. Los trajo del río precioso de Arriba, la luminaria de todas las luminarias, para poder ser coronado con ellos. Éste es el sentido de: «vuestros padres habitaron antiguamente al otro lado del río», y el río es ese río concretamente.**

El versículo dice «antiguamente» *olam,* que también significa mundo. **¿Qué quiere decir? Esto indica a Jojmá en el otro lado del río, en el otro lado del mundo, ya que ese río también es llamado mundo. Por esta razón: «vuestros padres habitaron antiguamente al otro lado del río», para mostrarnos la bondad y la virtud que**

el Santo, bendito sea, hizo para con los hijos de **Israel. «Y *yo* tomé a vuestro padre Abraham del otro lado del río,** y lo traje por toda la tierra de Canaán, y aumenté su generación, y le di a Isaac» (Josué 24:3) **Porque Abraham no se unió a ese río como lo hizo Isaac que estaba unido a su propio aspecto para obtener fuerza.**

Ven y **ve: este río no está fundamentado en el rigor, aunque los juicios,** *dinim,* **proceden de su lado y son reforzados en éste. Cuando Isaac se apega a sus hijos, los ángeles de arriba y abajo se reúnen para el juicio y es preparado el trono del juicio y el Rey Santo toma asiento sobre él y juzga y juzga,** vuelve a juzgar, **al mundo. Entonces es el tiempo para «Tocad la trompeta en la nueva luna, en el tiempo señalado, en el día de nuestra fiesta solemne»** (Salmos 81:3). **¡Dichosos son los hijos de Israel porque saben cómo apartar el trono del juicio y preparar el trono de la misericordia! ¿De qué modo? Por medio de la trompeta,** el *Shofar.*

Rabbí Aba estaba sentado estudiando Torah **junto a Rabbí Shimon. Le dijo: en muchas ocasiones me he preguntado a propósito del** significado de tocar el ***Shofar,* pero nunca he obtenido una respuesta** realmente **satisfactoria. ¿Me puedes aclarar este asunto** tan complejo**?** Rabbí Shimon **le dijo: la verdadera explicación es ésta. Los** hijos de **Israel necesitan usar un *Shofar* en este día y no en otro día, y no un cuerno** de un toro **a fin de no despertar el juicio. Pues, como hemos aprendido, por medio de las palabras y las acciones hemos de despertar las cosas ocultas.**

Ven y **ve: cuando el *Shofar* de Arriba, en el que están todas las luces, se aparta y no arroja luz sobre los hijos** de Israel**, entonces es despertado el juicio y son erigidos tronos para juicio. El *Shofar* es llamado «cuerno de Isaac», la fuerza de Isaac** (99b), que corresponde al juicio**, lo cual fortalece a los patriarcas. Cuando el *Shofar* está ausente y no arroja luz sobre los hijos** de Israel**, Isaac se fortalece y se prepara para el juicio del mundo.**

Y cuando este *Shofar* es despertado y los hijos de los hombres se arrepienten de sus pecados, es preciso que el sonido del *Shofar* suene abajo y ascienda Arriba a fin de despertar al *Shofar* de

Arriba. Entonces aparece la misericordia y desaparece el juicio. Uno ha de despertar al otro y a todos los sonidos de Arriba que están incluidos en el *Shofar* de Arriba.

Por medio de los sonidos de abajo los hijos de Israel otorgan fuerza a la misericordia de Arriba. Por consiguiente, el *Shofar* ha de ser tocado ese día, para poner en orden los sonidos, y de este modo despertar el otro *Shofar*, en el que están incluidos todos los sonidos de Arriba

Primero, un sonido suena, coronado Arriba. Hace su camino hacia Arriba, hacia los cielos, atravesando altas montañas hasta que llega a Abraham, sobre cuya cabeza descansa. Allí es coronado, despertado y preparado el trono. Aprendimos en el libro de la Hagadah que cuando se eleva el primer sonido, Abraham, el primero de los patriarcas, se despierta y el trono es adornado, y son convocados el padre y la madre.

Mientras tanto, suena con fuerza el segundo sonido para derribar la ira, los juicios severos, y son quebrados todos los castigos que hay en su camino hasta que se elevan al lugar donde se encuentra Isaac, el segundo de los patriarcas correspondiente al atributo de rigor. Cuando Isaac se despierta y ve a Abraham preparando el trono y permanecer ante él, también él es derribado y quebrado el castigo severo. Aquel que toca el *Shofar* debe concentrar su mente de modo a quebrar la fuerza del juicio severo. Éste es el sentido de: «Dichoso el pueblo que sabe jubilar, (literalmente *Truah*); andarán, oh Eterno, a la luz de tu rostro» (Salmos 89:15). En verdad, ellos conocen la *Truah*, el segundo sonido del *Shofar*.

En tercer lugar, suena y se eleva el sonido del *Shofar*. Se adhiere a todos los firmamentos y se despierta la misericordia, y el sonido alcanza la cabeza de Jacob (100a). Y Jacob se despierta y ve a Abraham, su abuelo, en el otro lado. Los dos toman a Isaac, uno por un lado y otro por el otro, y su fuerza no puede estallar. Estos tres sonidos son un único sonido.

El otro sonido es una voz que sale y asciende y saca a Abraham de su lugar y lo lleva a donde prevalecen los poderes de Isaac y coloca a Abraham en medio de ellos.

El segundo sonido es un sonido quebrado, no tan fuerte como el primero. No porque sea más débil, sino porque no se acerca a Isaac como el anterior. Este sonido está dirigido al patio inferior, donde el juicio **es más débil, y todos** los juicios **ven a Abraham delante de ellos y se sienten humillados.**

A continuación viene el tercer sonido, que se eleva hasta formar una corona sobre la cabeza de Jacob, que corresponde a la verdad, **y hace descender a los poderes del juicio. Abraham se coloca a un lado y Jacob en el otro. Entonces se vuelven más misericordiosos, y es otro sonido.**

El último sonido los devuelve a sus lugares y coloca a Isaac entre ellos como antes. Es necesario colocarlo en su lugar para que no lo abandone a través de la fuerza de los juicios. **De esta manera los juicios son humillados y la misericordia despertada. Ésta es la razón por la que es necesario meditar en el corazón y concentrarnos en estos sonidos,** todo ello **acompañado de arrepentimiento hacia el Eterno. De este modo, cuando los** hijos **de Israel hacen sonar el *Shofar* con la devoción apropiada, el *Shofar* de Arriba** responde **otra vez y corona a Jacob de modo que todo está ordenado apropiadamente. Entonces es colocado un trono distinto y la alegría se difunde por todo el mundo y el Santo, bendito sea, tiene misericordia del mundo. ¡Dichosa la porción de los** hijos **de Israel que saben cómo dirigir** (100b) **y atraer la misericordia a su señor y corregir todos los mundos!**

Ven y **ve: en frente de** (en correspondencia con) **esto hay tres libros que se abren en ese día. Y así como es despertada la misericordia y restringidos los juicios, y devueltos a su lugar Arriba,** también **así los castigos más severos son dominados y apartados del mundo. De este modo son inscritos y sentenciados a muerte. Dijo Rabbí Aba: ciertamente éste es el significado claro y verdadero de este asunto. ¡Bendito sea el misericordioso porque pregunté y comprendí estas palabras!**

Dijo Rabbí Iehuda: está escrito «Habla a los hijos de Israel, y diles: en el mes séptimo, al primero del mes tendréis sábado, **una conmemoración al son de trompetas**, y una santa convocación» (Levítico 23:24). Esto nos recuerda que hemos de dirigir el corazón y la voluntad. Los hijos de Israel hacen un memorial abajo mediante el acto de tocar el *Shofar*, a fin de despertar una reacción Arriba.

Dijo Rabbí Eleazar: está escrito «en la luna cubierta (llena pero tapada), en nuestro día de fiesta», porque la luna aún está cubierta. ¿De qué modo está cubierta? Cuando hay una nube y el sol no brilla, la luna está cubierta. Por lo tanto, si por culpa de las nubes se encuentra escondido y el sol no puede brillar, más aún la luna también se encuentra escondida y no puede brillar. Por eso «cubierta, en nuestro día de fiesta». ¿A través de qué, entonces, brillará? A través del arrepentimiento y del sonido del *Shofar*, según está escrito: «Dichoso el pueblo que sabe jubilar; andarán, oh Eterno, a la luz de tu rostro» (Salmos 89:16) y también: «Dichoso el pueblo que sabe jubilar; andarán, oh Eterno, a la luz de tu rostro» (Salmos 89:16).

RAIA MEHEMNA

«Habla a los hijos de Israel, y diles: en el mes séptimo, al primero del mes tendréis sábado, una conmemoración al son de trompetas, y una santa convocación» (Levítico 23:24). Esta *Mitzvah* es tocar el *Shofar* en el día de Rosh haShanah. Porque es un día de juicio para el mundo, como ya hemos explicado. Explicamos las palabras «Tocad la trompeta en la nueva luna, en el tiempo señalado, en el día de nuestra fiesta solemne». (Salmos 81:3). Porque en ese día la luna está cubierta y el mundo está bajo la influencia del juicio. Porque en ese día el ángel acusador cubre, esconde y encierra la entrada al Rey y es un lugar en el que habita el juicio para exigir justicia en el mundo.

Y se pueden preguntar cómo se le dio al ángel acusador permiso para cubrir y reclamar un juicio. Y ciertamente, el Santo, bendito sea, dio permiso al ángel acusador para pedir justicia en todo el mundo. Es un día concreto en el cual pedir todos los

100b

juicios en el mundo, porque el Santo, bendito sea lo hizo y lo colocó delante él mismo, y así el temor del Santo, bendito sea, aumente y descanse en todos. Éste es el secreto de: «He entendido que todo lo que Dios hace, esto será perpetuo; sobre aquello no se añadirá, ni de ello se disminuirá; **porque Dios *lo* hace, para que delante de él teman *los hombres*»** (Eclesiastés 3:14)**. ¿Qué significa «lo hace»?** Significa que **Él hizo al** ángel **acusador y lo hizo delante de sí mismo para ser como una espada sobre todo el mundo, ya que todos han de temer al Santo bendito sea.** Este ángel **supervisa y acusa los pecados de los hombres, solicita castigo para los hombres, los condena a muerte y los ejecuta, todo como fue decidido en el juicio.**

Esto es lo mismo que ocurre con un tribunal de aquí abajo, que fue autorizado a mencionar que tal persona hizo tal cosa y tal otra y contravino otra cosa, y puede solicitar castigo. Hemos aprendido que al encargado del tribunal le fue dado permiso para cerrar la puerta del tribunal hasta que fueran dados los veredictos a toda su acusación. No le está permitido al tribunal declinarlo porque «Porque yo, el Eterno, *soy* amador de la justicia, aborrecedor del latrocinio para holocausto, que confirmaré en verdad su obra, y haré con ellos pacto perpetuo» (Isaías 61:8)**, y él desea que el mundo se mantenga por el juicio y que se conozca que hay juicio y que hay juicio** abajo y Arriba**.**

Lo mismo ocurre con el Santo bendito sea. Puso delante de él a ese ángel acusador **que reclama que haya juicio ante el Rey para todas las personas del mundo. Y en ese día le es dado permiso para cubrir la puerta del Rey, y la luna se oculta dentro hasta que es impuesto el castigo a todos los** hijos **del mundo. Y aunque todo está revelado ante el Santo bendito sea él no desea otra cosa que el juicio.**

Arriba y abajo todo funciona del mismo modo. En ese día, establece el trono del juicio y el ángel **acusador viene y pide justicia para todos los actos de la gente del mundo, cada uno de acuerdo con sus comportamientos y sus actos. Vienen los testigos y testifican sobre todos los actos de las personas del mundo, y los ojos**

del Eterno que se pasean a través del mundo entero ven todos los actos de la gente del mundo.

¡Ay de aquellos que no obran según los dictados de su **corazón ni observan lo que hacen, porque los** ángeles **testigos del Rey están a su lado observando y viendo las cosas que hacen o dicen! Se elevan y testifican ante el Rey. El** ángel **acusador está de pie delante del Rey pidiendo castigo: fulano ha transgredido la ley y mengano hizo aquello. Y** los ángeles testigos **vagan por el todo el mundo y muestran al mundo todos los actos de los hijos de los hombres del mundo.**

Y todo es anotado en trozos de papel delante del Rey. En la casa del Rey hay un palacio y este palacio está lleno de fuego blanco que se enrolla en un círculo con chispas de fuego que no se apaga nunca. Dentro de este palacio hay otro palacio, lleno de fuego negro, que no se apaga nunca. Los escribanos están de pie delante del Rey. Durante todo el proceso los testigos testifican ante el Rey. Los escribanos toman el fuego blanco y escriben sobre él con el fuego negro.

Y entonces el Rey sostiene el resultado del juicio por un tiempo, esperando que mientras tanto los malvados **se arrepientan. Si lo hacen, entonces los trozos de papel son rotos. Si no es así, el Rey se sienta** en el trono de juicio **y todos los** ángeles **defensores se ponen de pie delante de él. El heraldo se levanta y proclama: fulano hizo esto, ¿quién va a defenderlo? Si hay quien lo defienda, tanto mejor. Y si no lo hay, es entregado al alguacil** para ser juzgado.

Pero el Santo, bendita sea, que todo lo sabe, ¿por qué necesita hacer todo esto? Es para que los hombres (literalmente los hijos del mundo) **no vengan con excusas para** eludir el juicio **y enseñarles que Él lo hace todo en un camino de verdad** (rectamente) **y descansa cuando uno es salvado de Su castigo. ¿De dónde sabemos esto? De** las enseñanzas de **los sabios. Incluso aquellos que no saben pero desean conocer pueden ver lo que es proclamado y conocer lo que está oculto. Porque todo lo que el Santo, bendito sea, hace en la tierra, todo ello es como es Arriba.**

100b

El día de Rosh haShanah es un día de juicio y el Rey se sienta en el trono del juicio. El alguacil viene y guarda la puerta del Rey y pide castigo. Aunque el Santo, bendito sea ama la justicia, según está escrito: «Porque yo, el Eterno, amo la justicia» (Isaías 61:8)**, el amor hacia sus hijos es mayor que su amor por la justicia. Cuando el alguacil se pone de pie para hablar sobre ellos, ordena tocar el *Shofar* para despertar Arriba el amor que hay abajo por medio del *Shofar*.**

Entonces se elevan el sonido, el fuego, el viento y el agua que se confunden en un mismo y único **sonido. Otro sonido de Arriba es despertado delante de éste. Cuando este sonido está despertado Arriba y abajo, todas las acusaciones de los acusadores son confundidas.**

En el día de Rosh haShanah sale Isaac y llama a Esaú para darle platos de comida del mundo entero, de acuerdo con sus acciones. Porque en ese momento «Y aconteció *que* cuando Isaac envejeció, **y sus ojos se oscurecieron de vista,** llamó a Esaú, su hijo el mayor, y le dijo: Mi hijo. Y él respondió: heme aquí» (Génesis 27:1) **Pues aquel que oscurece los rostros de la gente** (el ángel Samael, que corresponde al otro lado) **sale de él** (de la energía de Isaac)**. Está separado y acostado en el lecho del juicio, y llama a ese, según está escrito:** «Toma, pues, ahora tus armas, tu aljaba y tu arco, y sal al campo, **y cógeme caza; y hazme guisados,** como yo amo, y tráemelo, y comeré; para que te bendiga mi alma antes que muera» (Génesis 27:3 y 4) **«y tráemelo»** (Génesis 3:4)**.**

«Entonces Rebeca habló a Jacob su hijo, diciendo: he aquí *yo* he oído a tu padre que hablaba con Esaú tu hermano, diciendo: (Génesis 3:6)**, el amado de su alma, su hijo amado, que le fue dado desde el día en que fue creado el mundo. Y le ordenó que se despertara con sus propios guisos. Y Jacob despertó abajo, se puso a orar y hacer peticiones** «Y se acercó Jacob a su padre Isaac; y él le palpó, y dijo: **la voz *es* la voz de Jacob**, mas las manos *son* las manos de Esaú» (Génesis 27:22)**, con el *Shofar* de Arriba. Jacob despertó y se acercó hacia Isaac** «Y dijo: acércamela, y comeré de la caza de mi hijo, para que te bendiga mi alma; **y él *se* la acercó, y comió**; *le* *trajo también vino, y bebió»* (Génesis 27:25). **Y fueron incorporados el uno dentro del otro. Y una vez que estuvo dentro de él «le trajo *también* vino,** y bebió» (Génesis 27:25). **Se trata del vino reservado** desde la creación del mundo. **El vino que alegra el corazón, el secreto del mundo venidero entonces,** «Y él se llegó, y le besó; **y olió Isaac el olor de sus vestidos,** y le bendijo, y dijo: mira, el olor de mi hijo, como el olor del campo que el Eterno ha bendecido» (Génesis 27:27). **Son las oraciones que van hacia Arriba «y le bendijo»** (Génesis 27:27), **el enfado** ha sido **tranquilizado, el corazón alegre y todo está lleno de misericordia.**

Una vez que estuvo incorporado en Jacob, los juicios severos y el enfado, se expresaron y se fueron de allí. Los hijos **de Israel salieron del juicio con alegría y bendiciones: «Y aconteció, luego que hubo Isaac acabado de bendecir a Jacob, y apenas había salido Jacob de delante de Isaac su padre, que Esaú su hermano vino de su caza»** (Génesis 27:30). **Estaba cargado con las acciones de este mundo y «E hizo él también guisados,** y trajo a su padre, y le dijo: levántese mi padre, y coma de la caza de su hijo, para que me bendiga tu alma» (Génesis 27:31), **afilando su lengua para presentar cargos y preparar testigos «y trajo a su padre, y le dijo: levántese mi padre...», con el juicio, «y coma de la caza de su hijo», o sea las muchas acciones reprobables que en el mundo hallé.**

«Entonces se estremeció Isaac con grande estremecimiento, y dijo: ¿Quién *es* el que *vino* aquí, que tomó caza, y me trajo, y comí de todo antes que vinieses? Yo le bendije, y será bendito» (Génesis 27:33), **porque no lograba separarse de Jacob, que habita en la alegría «y dijo: ¿Quién *es* el que *vino* aquí, que tomó caza, y me la trajo» a través de muchas oraciones «y comí de todo antes que vinieses... Yo le bendije». «Cuando Esaú oyó las palabras de su padre, clamó con una muy grande y muy amarga exclamación**, y le dijo a su padre: bendíceme también a mí, padre mío» (Génesis 27:34), **porque entendió que su guiso no tenía ningún valor. Entonces le dijo:** «Entonces Isaac su padre habló y le dijo: **he aquí será tu habitación en grosuras de la tierra,** y del rocío de los cielos de

100b

arriba;» (Génesis 27:39), **los hombres poderosos y las multitudes de la mezcla. Esto sería lo más duro para él y «aborreció Esaú a Jacob** por la bendición con que su padre le había bendecido» **(Génesis 27:42), persiguiéndolo y denunciándolo todo el tiempo.**

Y Jacob se marcha durante los días de Rosh haShanah y Iom Kippur huyendo para estar a salvo de Esaú. **Se arrepiente y hace ayuno hasta el día de Iom Kippur. Después de esto, los hijos de Israel se enteran de que viene Esaú con cuatrocientos hombres, todos ellos preparados para acusarlos. Inmediatamente «Entonces Jacob tuvo gran temor, y se angustió;** y partió el pueblo que tenía consigo, y las ovejas y las vacas y los camellos, en dos cuadrillas;» (Génesis 32:7), **e hizo muchas oraciones y peticiones hasta que llegó a una decisión diciendo de «Y dijo Jacob: Dios de mi padre Abraham, y Dios de mi padre Isaac**, el Eterno, que me dijiste: Vuélvete a tu tierra y a tu natural, y *yo* te haré bien» (Génesis 32:21), «Y durmió allí aquella noche, **y tomó de lo que le vino a la mano** un presente para su hermano Esaú. **Doscientas cabras y veinte machos cabríos, doscientas ovejas** y veinte carneros, treinta camellas paridas, con sus hijos, cuarenta vacas y diez novillos, veinte asnas y diez borricos» (Génesis 32:14-15).

«...treinta camellas paridas...» (Génesis 32:15), **éste es su lado,** el de los camellos y dromedarios. **Los camellos son como la serpiente** del paraíso **que era como un camello. Cuando Samael tentó a Adán, estaba a caballo sobre una serpiente que era como un camello. Hemos aprendido que aquel que ve a un camello en sueños en la cama si fue castigado desde Arriba con la muerte, es salvado de ésta** (*Véase* Talmud, Berajot 57 a). **Y todo es una sola cosa.**

Y entonces Esaú se convirtió y se erigió en defensor de Jacob, pero Jacob no quería de su miel ni de sus dientes y dijo: **«Pase ahora mi Eterno delante de su siervo,** y yo me iré poco a poco al paso de la hacienda que va delante de mí, y al paso de los niños, hasta que llegue a mi Eterno a Seir» (Génesis 33:14). **Entonces «Así se volvió Esaú aquel día por su camino a Seir»** (Génesis 33:16). **¿Cuándo? En la hora de la *Neilah*,** la oración con la que se concluye Iom Kippur, **pues entonces se separó de la nación santa y el Santo,**

bendito sea perdona sus pecados y expía por ellos. Entonces está escrito: «Y Jacob partió a Sukot, y edificó allí casa para sí, e hizo cabañas para su ganado; **por tanto llamó el nombre de aquel lugar Sukot»** (Génesis 33:17). **Y dado que los** hijos **de Israel moraron en Sukot, se salvaron del** ángel **acusador** protegidos por las cabañas **y el Santo, bendito sea, se alegró con sus hijos. ¡Dichosa es su parte en este mundo y en el mundo venidero!**

Fin del Raia Mehemna

Ven y **ve: en ese día es unificada la luna y no brilla hasta el décimo** día **del mes, cuando los** hijos **de Israel vuelven completamente arrepentidos y la madre de Arriba brilla y los ilumina. En ese día** Israel **recibe las luces de la madre y hay alegría en todo. Por consiguiente, está escrito** «Ninguna obra haréis en este mismo día; **porque es día de expiaciones**, para reconciliaros delante del Eterno, vuestro Dios» (Levítico 23:28). **Debía decir «expiación»,** en singular, **y no «expiaciones»,** en plural. **¿Qué significa «día de expiaciones»? Esto es así porque dos luces brillan como una** (las dos luminarias). **La luz de Arriba brilla sobre la luz de abajo. En ese día la luz de Arriba brilla y no brilla el sol. Por eso está escrito:** «Tocad la trompeta en **la nueva luna**, en el tiempo señalado, en el día de **nuestra fiesta solemne» (Salmos 81:4).**

Rabbí Abba hizo una pregunta a Rabbí Shimon: ¿Cuándo tendrá lugar la unión entre la asamblea de Israel y el Rey Santo? Rabbí Shimon **le contestó: «Y en verdad también** *es* **mi hermana, hija de mi padre, mas no hija de mi madre, y la tomé por mujer»** (Génesis 20:12). **Rabbí Abba tembló** de emoción ante esta respuesta **y dijo** emocionado **con voz fuerte y llorando: «¡Ay Rabbí Lámpara** (a Rabbí Shimon se lo conocía como la Lámpara Santa)**! ¡Ay cuando abandones este mundo! ¡Ay de la generación que esté en este mundo cuando tú te vayas! Estarán huérfanos de ti.**

Rabbí Jía le dijo a Rabbí Abba: esto que has dicho, ¿qué significa?

Rabbí Abba **le contestó: ciertamente el Rey y la Reina no se unen más que en el tiempo en el que** el Rey **brilla desde el Aba** (literalmente «padre») **de Arriba, cuando ella es llamada «santidad» pues ella recibe la casa de Aba. Y entonces se unen como uno. Porque el Rey es llamado «santidad», según está escrito: «Santidad *era* Israel al Eterno,** primicias de sus nuevos frutos. Todos los que le devoran pecarán; mal vendrá sobre ellos, dice el Eterno» (Jeremías 2:3), **recibiendo del lugar llamado «santidad». Entonces** «Y a la verdad también *es* **mi hermana, hija de mi padre, mas no hija de mi madre**, y la tomé por mujer» (Génesis 20:12), **porque ese nombre es de la casa de Aba y no es de la casa de mi madre. Por lo tanto, «y la tomé por mujer»** (Génesis 20:12), **para unirnos como uno en ese tiempo y no en otro tiempo, cuando ella recibe de la casa de Aba, pero no cuando recibe de la casa de Ima** (literalmente «la casa de la madre»). **En el día de Iom Kippur está esto, pues en ese día está prohibida la unión carnal, porque entonces ella recibe de la casa de Ima** (literalmente «la casa de la madre») **y no de la casa de Aba. Rabbí Jía dijo: «es cierto. ¡Dichosa la generación de Rabbí Shimon! ¡Dichosos aquellos que cada día se ponen de pie delante de él** para escuchar sus enseñanzas!

Dijo Rabbí Abba: el hombre (Adán) **fue creado en Rosh ha Shannah y se mantuvo de pie en** medio de **un juicio ante su señor** por haber comido del árbol del conocimiento del bien y del mal. **Se** (101a) **arrepintió y el Santo, bendito sea aceptó** su arrepentimiento. **Le dijo: hombre** (Adán), **serás un signo para tus descendientes** en todas las **generaciones y este día será** un día **de juicio. Y si se arrepienten, aceptaré** su arrepentimiento. **Me levantaré** un día **del trono del juicio y me sentaré en el trono de misericordia y tendré misericordia de ellos.** El rey David **solía decir: «Amo al Eterno, porque ha oído mi voz y mis súplicas»** (Salmos 116:1). **Por lo que está escrito: «Pero en ti hay perdón, para que seas reverenciado»** (Salmos 130:4) **y «Porque contigo *está* el manantial de la vida; en tu luz veremos la luz»** (Salmos 36:9).

RAIA MEHEMNA

Es una *Mitzvah* estar atormentado el día de Iom Kippur para domeñar el cuerpo y el alma por medio de cinco aflicciones que son los cinco grados de Iom Kippur pues el ángel **acusador regresa para repartir los pecados, como está dicho: «Y todos tienen arrepentimiento completo delante de su padre», todo como está dicho en varios lugares.**

Fin del Raia Mehemna

«Pero a los diez de este mes séptimo será el día de las expiaciones; tendréis santa convocación, y afligiréis vuestras almas, y ofreceréis ofrenda encendida al Eterno» (Levítico 23:27). **Rabbí Jía abrió** la conversación **con «De David: *Maskil.* Bienaventurado el perdonado de rebelión, el encubierto de pecado»** (Salmos 32:1). **Está escrito que los Salmos se recitan mediante diez tipos de cánticos: por el músico mayor, por *Maskil*** (literalmente, «el que presta atención»), **por *Mijtam*** (literalmente «epigrama»), **por el salmo, por el cántico y por «bienaventurado», por la oración, por el agradecimiento, por aleluya. El más elevado** de todos ellos **es aleluya, como ya ha sido explicado.**

El lugar de *Maskil* es conocido. ¿Qué es *Maskil*? Son aquellas aguas que vuelven sabios a aquellos que beben de ellas, que buscan el lugar que se llama *Maskil*, como en el versículo: **«El entendido** (literalmente *Maskil*) **en la palabra, hallará el bien;** y bienaventurado el que confía en el Eterno» (Proverbios 16:20). **Y dado que es llamado así, dependen de él el perdón y la libertad. Éste es el secreto de: «De David: *Maskil.* Bienaventurado el perdonado de rebelión, el encubierto de pecado»** (Salmos 32:1).

¿Qué significa «**el encubierto de pecado»? Como lo hemos explicado, se trata de ese pecado que se cometió ante el Santo bendito sea, ocultándolo de los hombres** (literalmente encubriéndolo), **y es confesado ante el Santo bendito sea. Pero, ven** y **ve: cuando**

101a

un hombre comete un pecado una, dos, tres veces y no se arrepiente de él, sus pecados son expuestos públicamente y son dados a conocer Arriba y abajo y los heraldos van delante de él y proclaman: «¡manteneos apartados de fulano! ¡Es despreciado por su señor, Arriba y abajo! ¡Ay de aquel que ha mancillado la imagen de su señor! ¡Ay de aquel que no ha considerado el honor de su señor! El Santo bendito sea, desvela su pecado Arriba. Éste es el sentido de: «Los cielos descubrirán su iniquidad, y la tierra se levantará contra él» (Job 20:27). En cambio cuando un hombre anda en el camino de su señor y se pone a su servicio, si sucede que comete un pecado, todos lo encubren, los de Arriba y los de abajo. Éste es llamado «uno cuyo pecado está cubierto».

Rabbí Abba le dijo: todavía no has llegado al meollo del asunto. Pero hablaste bien y está bien lo que digan los compañeros. Debiera haber sido dicho «el encubierto de pecado», pero, ¿por qué se dice «uno cuyo pecado está cubierto»?

Y hay dos enseñanzas de sabiduría aquí, y son las siguientes. Hemos aprendido que las buenas acciones que un hombre realiza en este mundo fabrican una preciosa y noble vestidura con la cual cubrirse. Cuando el hombre realiza las acciones, pero luego cae en malos caminos, el Santo, bendito sea, observa que sus malas acciones superan a las buenas y que él es malo, porque es culpable delante de su señor. Se queja e incluso se lamenta por todas las buenas acciones que hizo primero, y está completamente perdido para este mundo y para el mundo venidero. ¿Qué hace el Santo, bendito sea, con las buenas acciones que el pecador había efectuado primero?

El Santo, bendito sea responde: aunque el malvado esté perdido, sus buenas acciones y sus méritos no están perdidos. Hay un justo que camina por los caminos del Rey de Arriba, y ha tejido vestiduras con sus buenas acciones, pero antes de acabarlas se ha ido de este mundo. Entonces, el Santo, bendito sea completa estas vestiduras con las acciones que había dejado el pecador, para perfeccionar su vestido y lo pueda vestir en el mundo venidero. Éste es el sentido de: «la habrá preparado él, mas el justo se ves-

tirá, y el inocente repartirá la plata (Job 27:17). **El malvado las hizo** (las buenas acciones) **y el justo se cubrirá con ellas. De ahí que se pueda decir que está «encubierto de pecado», es** decir **de los pecados de malvados.**

Una cosa más. **El pecado de este** hombre **justo está oculto en las denominadas «profundidades del mar». Porque aquel que cayó en las profundidades del mar nunca puede ser encontrado porque las aguas lo cubren. Éste es el sentido de:** «El tornará, él tendrá misericordia de nosotros; él sujetará nuestras iniquidades, **y echará** (101b) **en lo profundo del mar todos nuestros pecados»** (Miqueas 7:19). **¿Qué son estas «profundidades del mar»? Se trata de un único secreto elevado que fue explicado por Rabbí Shimon.** Él **dijo: todos aquellos que vienen del lado violento y están ligados a las malas especias, a las coronas de abajo, como** el ángel **Azazel en Iom Kippur también es llamado «profundidades del mar». Es llamado «profundidades del mar», como la escoria refinada por el fuego. Es lo que significa «Quita las escorias de la plata**, y saldrá vaso al fundidor» (Proverbios 25:4).

De este modo, el ángel Azazel **pertenece a las profundidades del mar** y **es llamado «profundidades del mar», o sea las profundidades de ese mar Santo. Las profundidades** son como **la escoria de la plata. Todos los pecados de los** hijos **de Israel son arrojados allí. Por esta razón se llama «pecado». ¿Qué es el pecado? El pecado** es **disminución. Porque lo disminuye todo y reduce el cuerpo y el alma, y recibe la suciedad, que son los pecados cometidos por la Mala Inclinación, que recibe el nombre de suciedad y fealdad.**

Dijo Rabbí Iosi: hemos aprendido: «Y echará suertes Aarón sobre los dos machos cabríos; una suerte por el Eterno, y la otra suerte por Azazel» (Levítico 16:8). **Si es así, es un honor para Azazel, ya que ¿has visto alguna vez a un sirviente echara suertes con su señor? Habitualmente el sirviente públicamente toma lo que su señor le da. Pero dado que el Samael está listo para acusar y de modo a que no tenga ningún agravio, se le da la parte de esta manera.**

101b

Y esta suerte llega por sí sola. Dijo Rabbí Iehuda en nombre de Rabbí Isaac: «una cosa de Arriba (una gran maravilla) **encontré en esa suerte. Está escrito a propósito de Josué: «Conforme a la suerte** será repartida su heredad entre el grande y el pequeño» (Números 26:56)**. Y la suerte fue así: «ésta es la parte de Judá; ésta es la parte de Benjamín, etc». Y así, aquí también cuando el sacerdote impuso sus manos, la suerte estaba echada. Los dados saltaban y bajaban a sus lugares. Éste** es el sentido de «**Mas el macho cabrío, sobre el cual cayere la suerte por Azazel**, lo presentará vivo delante del Eterno, para hacer la reconciliación sobre él, para enviarlo a Azazel al desierto» (Levítico 16:10)**. Y ciertamente lo envió a Azazel. Y no únicamente esto, sino que cada vez que hay acusación preparada y es dada la autorización al ángel acusador, es preciso que pongamos ante él algo con lo que pueda ocuparse y así dejar a los** hijos **de Israel solo**s y en paz**. En ese día, el acusador está preparado para espiar fuera de la tierra, según está escrito: «Y dijo el Eterno a Satanás: ¿De dónde vienes?** Y respondiendo Satanás al Eterno, dijo: de rodear la tierra, y de andar por ella» (Job 1:7)**. Hemos aprendido que «de rodear la tierra», porque es el gran acusador que acusa a los** hijos **de Israel. Y así lo señalan los compañeros** cabalistas**, porque cuando los** hijos **de Israel estuvieron preparados para cruzar el mar y vengarse de los egipcios, éste dijo: he ido de un lado a otro por la tierra Santa y he visto que estos no son dignos de entrar en ella. Si quieres ejecutar justicia así sobre los egipcios, ¿cómo los distinguirás? O los dejas morir todos juntos o dejas que regresen a Egipto. ¿No fuiste tú quien dijo:** «Entonces dijo a Abram: ten por cierto que tu simiente será peregrina en tierra no suya, **y les servirán, y serán afligidos cuatrocientos años»?** (Génesis 15:13)**. Sólo** han pasado **doscientos diez** años de este número y no más.

Dijo el Santo, bendito sea: ¿Qué he de hacer? Éste acusador **necesita tener alguna ocupación. Yo le daré algo con lo cual ocuparse y así dejará** tranquilos **a mis hijos. Encontraré a alguien para que esté ocupado con él. E inmediatamente, dijo: «**Y el Eterno dijo al Satán: ¿**No has considerado a mi siervo Job, que no hay otro como él en la tierra,** varón perfecto y recto, temeroso de Dios, y apartado de mal?» (Job 1:8), **e inmediatamente el acusador intentó desacreditarlo diciendo:** «Y respondiendo Satanás al Eterno, dijo: ¿Teme Job a Dios de balde?» (Job 1:9).

La cosa se parece a **un pastor que estaba intentando que su rebaño cruzara para un río, cuando vio que venía un lobo y asustaba al rebaño. El pastor dijo: ¿qué haré? Mientras yo estoy conduciendo al rebaño a través del río, el lobo puede devorarlo. Entonces vio que en medio del rebaño había un macho cabrío salvaje, grande y fuerte. Dijo: lo arrojaré delante del lobo. Mientras ellos se pelean, yo cruzaré y salvaré a todo el rebaño.**

Así dijo el Santo, bendito sea: arrojaré un macho cabrío grande, poderoso y fuerte y mientras él se ocupe de él, mis hijos cruzarán el mar **sin que haya un acusador detrás de ellos** que los ataque. **Inmediatamente** «el Eterno dijo al Satán: ¿**No has considerado a mi siervo Job…?**» (Job 1:8). **Y finalmente, el Santo bendito sea los unió como uno, según está escrito: «¿En qué ayudaste al que no tiene fuerza?** ¿Has salvado con *tu* brazo al que no tiene fortaleza?» (Job2:6). **Así, mientras el Satán estaba ocupado con Job, dejó en paz a los** hijos **de Israel y no hizo acusación contra ellos. También ocurre así en el día** de *Iom Kippur*, **cuando el Satán está preparado para espiar en la tierra, y debemos enviarle algo con lo que se mantenga ocupado. Mientras esté ocupado con esto dejará a los hijos de Israel** en paz. **Hay un proverbio que dice: dale vino al sirviente del palacio del Rey, y él te alabará ante el Rey, y no te difamará** (102a) **e incluso es posible que los oficiales del Rey escuchen sus palabras.**

Dijo Rabbí Isaac: la cosa se parece a **un tonto que está en presencia del Rey. Dale un poco de vino y cuéntale todas las faltas y errores que has cometido y él vendrá y te alabará, y dirá que no hay nadie en el mundo como tú. Aquí también, el acusador está siempre ante el Rey. Los** hijos de **Israel le presentan este obsequio, una lista de todas las faltas y errores cometidos, y él viene y alaba a Israel y se convierte en su defensor, y el Santo, bendito sea, devuelve todo lo que está sobre las cabezas de los malvados de su pueblo, ya que está escrito: «porque ascuas allegas sobre su**

102a
cabeza, y el Eterno te lo pagará» (Proverbios 25:22). **Dijo Rabbí Iosi: ¡ay del pueblo de Esaú cuando Israel envía a ese macho cabrío al calumniador que les está asignado!** Samael **que viene y alaba a los** hijos **de Israel y el Santo bendito sea aparta todos los pecados a la cabeza de su pueblo, ya que está escrito: «No habitará en medio de mi casa el que hace engaño**; el que habla mentiras no se afirmará delante de mis ojos» (Salmos 101:7). **Rabbí Iehuda dijo: si los paganos supieran lo del macho cabrío, no dejarían con vida a Israel ni un sólo día.**

Ven y **ve: durante todo ese día** el acusador **está ocupado con el macho cabrío, y por eso el Santo, bendito sea perdona a los hijos de Israel y los purifica de todos sus pecados y no son acusados ante él. Después viene** el acusador **y elogia a los hijos de Israel. Entonces, el Santo bendito sea, le pregunta: ¿De dónde vienes?** «Él respondió: de dar vueltas por la tierra» (Job 2:2). **Y él contestó elogiando a los hijos de Israel y se volvió su defensor y prosiguió su camino. Entonces el Santo, bendito sea, dijo a los setenta ministros que rodean su trono: ¿habéis visto cómo este difamador siempre intenta atacar a mis hijos? Ved: hay un macho cabrío delante de él con una tabla donde registra todos los pecados, abominaciones y errores que han cometido ante mí, y él lo ha aceptado sobre sí mismo. Todos están de acuerdo en que estos pecados sean descargados sobre el pueblo.**

Dijo Rabbí Aba: todas abominaciones y pecados se adhieren a él según está escrito: «Él tornará, él tendrá misericordia de nosotros; él sujetará nuestras iniquidades, **y echará en lo profundo del mar todos nuestros pecados»** (Miqueas 7:19). **Y después vuelven sobre su cabeza según está escrito: «Y aquel macho cabrío llevará sobre sí todas las iniquidades de ellos a tierra inhabitable;** y enviará el macho cabrío al desierto» (Levítico 16:22). **En ese día, el sacerdote es coronado con coronas de Arriba y se encuentra entre los seres de Arriba y los seres de abajo, y hace expiación por sí mismo, por su familia, por los sacerdotes, el Templo y todo Israel.**

Hemos aprendido que cuando el sacerdote entraba en el Templo con la sangre del toro, concentraba sus pensamientos en el

principio más elevado de la fe, haciendo las aspersiones con su dedo, que elevaba a la altura del estómago, según está escrito: «Después degollará el macho cabrío, que era del pueblo, *para* expiación y meterá la sangre de él del velo adentro; y hará de su sangre, como hizo de la sangre del novillo, y **esparcirá sobre la cubierta y delante de la cubierta;**» (Levítico 16:15). **¿Cómo lo hacía? Solía sumergir la punta de su dedo en la sangre y salpicar, como se sacudía un látigo en el lado de la cubierta del arca. Rociaba y se concentraba y comenzaba a contar: «uno». El primer «uno» por sí mismo, que lo incluye todo, es el más valioso y la meta de todo y el comienzo de todo. Luego decía «uno y uno», unidos juntos en amor y fraternidad inseparable. Cuando llegaba a «y uno», que es la madre de todo, comenzaba a contar desde aquí por pares, diciendo «uno y dos», «uno y tres», «uno y cuatro», «uno y cinco», «uno y seis», «uno y siete», a fin de atraer y hacer descender ese «uno» que es la madre de Arriba, a través de los grados mencionados, hasta la corona de la madre de abajo, y hacer bajar ríos profundos desde su lugar hasta la asamblea de Israel. De ahí que en ese día brillen dos luces juntas que son la madre de Arriba que ilumina a la madre de abajo, por lo que está escrito en plural, como ya dijimos, *Iom haKippurim*.**

Dijo Rabbí Isaac: se ataba una cadena a los pies del sumo sacerdote antes de que entrara en el Santo de los santos para que, si moría de muerte súbita, **pudieran sacarlo. ¿Cómo sabían si había tenido éxito en sus intercesiones? Por** medio de **cierto hilo carmesí. Si su color no se volvía** blanco, **sabían que el sacerdote que estaba ahí en ese momento se hallaba en pecado. Pero si salía en paz, se lo reconocía por qué el hilo carmesí cambiaba su color a blanco. Entonces había alegría entre los de Arriba y los de abajo. Si ocurría lo contrario, todos estaban afligidos y sabían que su plegaria no había sido aceptada.**

Dijo Rabbí Iehuda: cuando entraba, cerraba los ojos para no ver lo que no tenía derecho a ver. Cuando escuchaba el aletear de las alas de los querubines cantando y haciendo alabanzas, el sacerdote **sabía que todo estaba en alegría y que saldría en paz. Y**

con esto y por medio de la oración sabía, pues sus palabras salían de su boca **con alegría y los habitantes de Arriba y los de abajo estaban llenos de alegría** (102b).

Rabbí Eleazar preguntó a Rabbí Shimon, su padre: ¿Por qué este día tiene su origen en este lugar y no en otro? Hubiera sido apropiado para él ser el grado donde mora el Rey más que en otro sitio. Le contestó Rabbí Shimon: Eleazar, hijo mío, así es, has formulado una buena pregunta.

Ven y **ve: el Rey Santo dejó su palacio y su casa en manos de la Reina, y le dejó sus hijos con ella para que los guiara, los reprendiera y residiera con ellos. Si son íntegros, la Reina entra con júbilo y honor en presencia del Rey. Si no lo son, tanto ella como ellos regresan de nuevo al exilio. Esto ya ha sido explicado según está escrito: «El que roba a su padre y ahuyenta a su madre, es hijo avergonzador y deshonrador»** (Proverbios 19:26) **y «**Así dijo el Eterno: **¿Qué es de esta carta de repudio de vuestra madre, a la** cual *yo* repudié? ¿O quiénes *son* mis acreedores, a quien yo os he vendido? He aquí, que por vuestras maldades sois vendidos; **y por vuestras rebeliones fue repudiada vuestra madre»** (Isaías 50:1). **De ahí que haya un día al año designado para mirarlos y observar** sus buenas y malas acciones. **Cuando este día llega, la Ima** (madre) **de Arriba, que tiene en sus manos todos los tipos de libertad, viene a examinar a los** hijos **de Israel, y ellos,** los hijos de Israel**, se preparan con muchos tipos de oraciones, servicios y ayunos para ser merecedores. Entonces, les llega la libertad por la mano de la Reina desde el lugar en el que reside toda libertad. Y cuando la Ima** (madre) **de Arriba ve a los hijos del rey, sus hijos que fueron confiados a sus manos, todos virtuosos, libres de pecado o culpa, entonces se une al Rey de luz con alegría, sonrisas y amor perfecto, porque educó hijos adecuados para el Rey de Arriba. Pero si en ese día no son como deben ser, ¡ay de ellos y ay de sus emisarios! Porque la Reina es separada del Rey y la Ima de Arriba se va y no llega de ella libertad alguna para los mundos. ¡Dichosos ellos, los** hijos **de Israel, a quienes el Santo, bendito sea, enseñó sus caminos para que pudieran ser libera-**

dos del juicio y ser merecedores delante de Él! Éste es el sentido de: «Porque en este día se os reconciliará para limpiaros; y seréis limpios de todos vuestros pecados delante del Eterno» (Levítico 16:30) **y «Y esparciré sobre vosotros agua limpia, y seréis limpiados de todas vuestras inmundicias**; y de todos vuestros ídolos os limpiaré» (Ezequiel 36:25).

«Habla a los hijos de Israel, y diles: **a los quince días de este mes séptimo** será la fiesta de los tabernáculos al Eterno por siete días» (Levítico 23:34). **Rabbí Iosi preguntó a Rabbí Aba y le dijo: ¿cuál es el significado de estos quince días? Le contestó: sin duda contienen un secreto de gran valor. Ven** y **ve: Arriba y abajo cada día prospera por su propia senda, se sienta a su manera y se despierta su manera para hacer lo que hace. El** primer **grupo de diez pertenece a la asamblea de Israel, ya que el décimo día está basado en el diez** (diez hombres forman el Minian, el mínimo necesario para ciertas oraciones). **Por lo tanto:** «Hablad a toda la asamblea de Israel, diciendo: **en el diez de este mes tómese cada uno un cordero por las familias de los padres, un cordero *por* familia»** (Éxodo 12:3). **Ese día es de ella,** la Reina, **mientras que los cinco días restantes son del Rey. Ese día viene sobre ella porque en los cinco días** restantes, **el Rey está sentado sobre su trono. Y en todo lugar esos** diez **días pertenecen a la madre de Arriba, los cinco que están arriba son del Rey, que es el día que va hacia ella. Ésta es la razón por la cual después de los cinco días del mes de Siván,** o sea el sexto día fue entregada la **Torah. Alguien podría argumentar que debía haber sido entregada el séptimo** día, **cuando los dos padres están unidos. Porque entonces el Rey está con ellos y entonces está adornado con todo. Y todo es una misma cosa, el quinto y el séptimo.**

Ven y **ve: el quinto es suyo como ya hemos dicho. Y entonces resplandece Aba sobre Ima, y las cincuenta puertas están iluminadas desde ella hacia el quinto. Y si dijeras que es el séptimo, es porque el Rey completa a los patriarcas. Por eso, el séptimo día es aquel en el que el Rey recibe una corona. Esto es según está escrito: «Salid, oh doncellas de Sión, y contemplad** al Rey Salomón con la corona con que le coronó su madre el día de su desposorio, y el día del gozo de su corazón» (Cantar de los Cantares 3:11). **Por esta razón el séptimo día es el día en que se corona al Rey. El Rey hereda entonces del padre y de la madre, que se hallan unidos juntos. Y así todo depende de una misma cosa.**

«...a los quince días de este mes séptimo...« (Levítico 23:34). **Rabbí Iehuda abrió** el versículo **con** «Y oyendo **el cananeo, el rey de Arad**, el cual habitaba al mediodía, que venía Israel por el camino de los centinelas, peleó con Israel, y tomó de él prisioneros» (Números 21:1). **Dijo: hemos aprendido que tres regalos de Arriba fueron entregados a Israel por tres hermanos, Moisés, Aarón y Miriam. El maná por mérito de Moisés, las nubes de gloria por mérito de Aarón y el pozo por mérito de Miriam** (103a). **Y ellos están unidos Arriba. El maná por mérito de Moisés según está escrito** «Y el Eterno dijo a Moisés: **he aquí yo os lloveré pan del cielo**; y el pueblo saldrá, y cogerá para cada día, para que *yo* le pruebe si anda en mi ley, o no» (Éxodo 16:4). **«Del cielo» se refiere a Moisés.**

Las nubes de gloria por mérito de Aarón, según está escrito: «Y dirán los habitantes de esta tierra, *los cuales* ya han oído que tú, oh Eterno, *estabas* en medio de este pueblo, **que ojo a ojo aparecías tú, oh Eterno**, y que tu nube estaba sobre ellos, y que de día ibas delante de ellos en columna de nube, y de noche en columna de fuego» (Números 14:14) **y también:** «Y pondrá el incienso sobre el fuego delante del Eterno, y **la nube del incienso cubrirá la cubierta** que está sobre el testimonio, y no morirá» (Levítico 16:13). **Como ocurre con otro versículo** que también está relacionado con el incienso**, hay siete. Porque hay siete nubes de incienso que están unidas, y la de Aarón es la más importante de estas siete nubes y está unido cada día y día a través de ésta a las primeras seis nubes. «El pozo por mérito de Miriam» porque ella también es llamada «pozo». Y en el libro de la Hagadah** podemos leer**: «Y se puso de pie *una* hermana suya *a lo* lejos, para ver** lo que le acontecería» (Éxodo 2:4). **Esto es un pozo de aguas vivas. Cuando Miriam falleció, el pozo desapareció, según está escrito: «Y no hubo agua para la asamblea**, se juntaron contra Moisés y Aarón» (Números 20:2). **Otro pozo**

que estaba con Israel también deseó irse, pero cuando Miriam **vio las seis nubes que estaban unidas a ésta, permaneció unida a ellos. Cuando Aarón falleció, las nubes se fueron y con ellas la nube del pozo. Moisés las trajo de vuelta, según está escrito.** «Subiste a lo alto, cautivaste *la* cautividad, **tomaste dones para los hombres**, y también para los rebeldes, para que habite entre ellos Iah Dios» (Salmos 68:18). **Y ciertamente «tomaste dones para los hombres», los dones que ya estaban allí, el pozo y las nubes. El pozo es el pozo de Isaac. Las nubes son las nubes de Aarón. Dijo Rabbí Isaac: ¿Cuál es la razón por la cual Aarón era digno** de las nubes**? Porque él estaba vinculado con las nubes y las unió a todas juntas cada día y día, y todas eran bendecidas por él.**

Ven y ve: a todo acto de bondad que el Santo, bendito sea, hizo con los hijos de **Israel, lo vinculó con siete nubes de gloria que también vinculó con la asamblea de Israel, que está conectada a las otras seis. Y de este modo los hijos de Israel caminaron por el desierto protegidos por todas ellas. Todas ellas forman un lazo de fe, y por eso está escrito: «En tabernáculos habitaréis siete días;** todo natural de Israel habitará en tabernáculos» (Levítico 23:42) **¿qué nos enseña esto? Está escrito: «**Como el manzano entre los árboles silvestres, así *es* mi amado entre los hijos**; bajo su sombra deseé *sentarme*, y su fruto *fue* dulce en mi paladar**» (Cantar de los cantares 2:3)**. Y el hombre puede mostrarse a sí mismo que mora a la sombra de la fe.**

Ven y **ve: mientras vivía Aarón, los hijos de Israel estaban a la sombra de la fe, bajo estas nubes. Pero cuando Aarón falleció, una nube** que estaba la derecha **se fue y el resto se fue también con ella. La debilidad de Israel fue expuesta según se explica en el versículo: «Y viendo toda la asamblea que Aarón era muerto**, le lloraron treinta días todas las familias de Israel» (Números 20:29)**. No leas *vairú*** (y viendo) **sino *vaiirau*** (y fueron vistos)**. «Y oyendo el cananeo, el rey de Arad, el cual habitaba al mediodía, que venía Israel por el camino de los centinelas**, peleó con Israel, y tomó de él prisioneros» (Números 21:1)**. ¿Qué oyó? Oyó que las nubes habían partido y el gran guía a quien estaban todas ligadas había muerto.**

103a - 103b

Dijo Rabbí Isaac: ciertamente era «el cananeo, el rey de Arad, el cual habitaba al mediodía». Cuando regresaron los espías que había enviado Moisés dijeron «Amalek habita la tierra del mediodía; y el heteo, y el jebuseo, y el amorreo, habitan en el monte; y el cananeo habita junto al mar, y a la ribera del Jordán» (Números 13:29), **para destrozarles el corazón, porque Amalek les propinó el primer golpe.**

Dijo Rabbí Abba: «Y oyendo el cananeo...» ¿Por qué se hace alusión aquí al cananeo después de que se fueran las nubes? Está escrito acerca de Canaan: «y dijo: maldito *sea* Canaán; siervo de siervos será a sus hermanos» (Génesis 9:25). **Aprendimos aquí que aquel que se excluye a sí mismo de la sombra de la fe digno es de ser «siervo de siervos». Éste es el sentido de: «peleó con Israel, y tomó de él prisioneros»** (Números 21:1) **pues él mismo tomó sirvientes de entre los** hijos **de Israel. Por lo tanto está escrito: «**En tabernáculos habitaréis siete días; **todo natural de Israel habitará en tabernáculos»** (Levítico 23:42), **porque aquel que pertenece a la raíz y a la descendencia sagrada de Israel vivirá bajo la sombra de la fe en tabernáculos. Aquel que no pertenece a la raíz y a la descendencia sagrada de Israel no vivirá en ellos porque se autoexcluye de estar bajo la sombra de la fe.**

Está escrito: «*Es* mercader que tiene en su mano peso falso, amador de opresión» (Oseas 12:7). Cananeo significa también «mercader». **Se trata de Eliezar, el sirviente de Abraham. Ven** y ve: **está escrito «maldito *sea* Canaán...»** (Génesis 9:25)». **Dado que Eliezer fue merecedor de servir a Abraham y habitó bajo la sombra de la fe, fue digno de ser liberado de la maldición de Canaan. Además, a propósito de él está escrito: «le dijo: ven, bendito del Eterno; ¿por qué estás fuera?** Yo he limpiado la casa, y el lugar para los camellos» (Génesis 24:31). **Esto nos enseña que todo aquel que mora bajo la sombra de la fe adquiere libertad para sí mismo y para su descendencia a perpetuidad y es bendecido con una bendición de Arriba. Sin embargo, aquel que se aparta de la sombra de la fe hereda el exilio para sí mismo y para sus descendientes, según está escrito «peleó con Israel, y tomó de él prisioneros»** (Números 21:1) (103b).

«En tabernáculos habitaréis siete días; todo natural de Israel habitará en tabernáculos» (Levítico 23:42). Los sabios nos enseñan que aquí *Sukot* (tabernáculos) está escrito sin una letra *Vav*, cuyo valor numérico es seis, para enseñarnos que hay una sola nube a la que están ligadas todas las otras, que son cinco. **Una sola nube a la cual están atadas, según está escrito: «Y la nube del Eterno *iba* sobre ellos de día**, desde que partieron del campamento» (Números 10:34) «**...tu nube estaba sobre ellos, y que de día ibas delante de ellos en columna de nube,** y de noche en columna de fuego;»(Números 14:14). **Es la nube de Aarón, llamada «de día», según está escrito: «De día mandará el Eterno su misericordia,** y de noche su canción *será* conmigo, oración al Dios de mi vida» (Salmos 42:8). **Una nube que recibe a otras cinco nubes, sumando seis. Otra nube a propósito de la cual está escrito: «y de noche en columna de fuego»** (Números 14:14) **brilla encima de Israel con el brillo de seis.**

RAIA MEHEMNA

«En tabernáculos habitaréis siete días; todo natural de Israel habitará en tabernáculos» (Levítico 23:42). **Habitar en un tabernáculo es una *Mitzvah*** (un precepto). **Y aquí enseñaremos que su objetivo es mostrar que Israel habita en el secreto de la fe, completamente sin temor, pues el** ángel **acusador se ha separado de ellos. Aquel que está en el secreto de la fe habita en un tabernáculo como podemos deducir de las palabras: «todo natural de Israel habitará en tabernáculos»** (Levítico 23:42). **Aquel que está en secreto de la fe de la semilla y de la raíz de Israel habita en un tabernáculo. Y este secreto aparece en varios lugares.**

La siguiente *Mitzvah* consiste en ofrecer diariamente un sacrificio, y en este sacrificio cada uno debe tomar parte, en toda la alegría de los hijos. Todos ellos están vinculados con el árbol, ya que todas las ramas que están abajo y vienen de la raíz del árbol están bendecidas gracias al árbol. Y aunque carecen de utilidad están

103b

bendecidas. Y se alegran Arriba los hijos de Israel con su padre y entregan una parte de esas bendiciones a las demás naciones para que puedan adherirse a Israel. Todos estos sacrificios se hacían para dar alimento a todos los ángeles **ministros de las otras naciones, porque por el amor que el Santo, bendito sea, tiene hacia sus hijos, desea que todos se amen. Éste es el secreto de: «Cuando los caminos del hombre son agradables al Eterno, aun a sus enemigos hacen estar en paz con él»** (Proverbios 16:7)**. Incluso todos los** ángeles **acusadores que están en contra** de Israel **se vuelven amigos de Israel. Y cuando los ejércitos de Arriba se vuelven amigos otra vez de Israel, los de abajo lo hacen aún más. Y si** alguien **dice que los sacrificios fueron ofrecidos a ellos,** a los ángeles ministros de las naciones**, la cosa no es así. Todo era ofrecido al Santo, bendito sea que reparte todos los alimentos entre las gentes de todos los lados a fin de que gozar del regalo de sus hijos y vuelvan a amar la paz. De este modo se sabrá Arriba y abajo que no hay otra nación como Israel, y que son la porción y el lote del Santo, bendito sea, y la gloria del Santo, bendito sea y se eleva como debe ser y todas las multitudes dicen: «¿Y quién como tu pueblo, como Israel, en la tierra?** Una gente por *amor de* la cual Dios fuese a redimírsela por pueblo, y le pusiese nombre, e hiciese con vosotros, grandes y espantosas obras en tu tierra, por causa de tu pueblo que tú te redimiste de Egipto, de los gentiles y de sus dioses» (II Samuel 7:23)**.**

Fin del Raia Mehemna

Rabbí Eleazar lo abrió el versículo **diciendo:** «Anda, y clama en los oídos de Jerusalén, diciendo: así dice el Eterno: **me he acordado de ti, de la misericordia de tu juventud,** del amor de tu desposorio, cuando andabas en pos de mí en el desierto, en tierra no sembrada» (Jeremías 2:2)**. Este versículo pronunciado a propósito de la asamblea de Israel para decir que cuando caminaba en el desierto con Israel, «me he acordado de ti, de la misericordia de tu juventud» es en referencia a Aarón que llevaba consigo otras cinco que se**

unían sobre ti y brillaban sobre ti. «El amor de tu desposorio», que se adhirieron a ti y brillaron para ti y te adornaron como una desposada con sus joyas. ¿Por qué? Porque iban «en pos de mí en el desierto, en tierra no sembrada».

Ven y **ve: en el momento en el que el hombre se sienta en este lugar,** en el tabernáculo**, que es la sombra de la fe, la Shekinah extiende sus alas sobre él desde Arriba y Abraham y otros cinco justos fijan su residencia con él. Dijo Rabbí Abba: Abraham y cinco justos, y con ellos** el rey David**. Es lo que está escrito «En tabernáculos habitaréis siete días**; todo natural de Israel habitará en tabernáculos» (Levítico 23:42)**. «Siete días» está escrito en lugar de «entre siete días». También de esta manera está escrito** «Señal *es* para siempre entre mí y los hijos de Israel; **porque seis días hizo el Eterno los cielos y la tierra**, y en el séptimo día cesó, y reposó» (Éxodo 31:7)**, el lugar de «en seis días». El hombre ha de alegrarse cada día festivo con los huéspedes que moran con él.**

Rabbí Abba dijo: «En tabernáculos habitaréis siete días; todo natural de Israel habitará en tabernáculos» (Levítico 23:42) **y luego** «En tabernáculos habitaréis siete días; **todo natural de Israel habitará en tabernáculos»** (Levítico 23:42). **O sea primero «habitaréis», y después «habitará». Lo primero se refiere a los huéspedes y lo segundo es para el pueblo en general. Lo primero se refiere a los huéspedes. Rabbí Amnuna el anciano, cuando entraba en el tabernáculo, solía permanecer de pie junto a la puerta, adentro, y decir: invitemos al huésped. Preparaba la mesa, y, de pie, lo bendecía. Entonces decía: «En tabernáculos habitaréis siete días». ¡Sentaos, distinguidos huéspedes, sentaos! ¡Tomad asiento, huéspedes de la fe, tomad asiento! Y entonces levantaba sus manos con alegría diciendo: ¡dichosa es nuestra parte!, ¡dichosa es la parte de Israel!, según está escrito: «Porque la parte del Eterno *es* su pueblo**; Jacob el cordel de su hereda» (Deuteronomio 32:9). **Y a continuación se sentaba.**

La segunda vez que se dice «habitará» es para el mundo, o sea para todos los seres humanos**, porque aquel que tiene una participación en el país santo y el pueblo santo, se sienta a la sombra de**

la fe para recibir a los huéspedes y alegrarse en este mundo y en el mundo venidero. (104a) **Es preciso alegrar a los pobres porque la ración de los huéspedes que él invitó debe ir a los pobres. Y si un hombre está sentado a la sombra de la fe e invita a estos huéspedes distinguidos, los huéspedes de la fe, pero no les da de su parte, todos se apartan de él y dice: «No comas pan de *hombre* de mal ojo,** ni codicies sus manjares» (Proverbios 23:6). **Y entonces la mesa que preparó es suya y no del Santo, bendito sea. A propósito de él está escrito** «He aquí, reprendo su simiente, **y esparciré el estiércol sobre vuestros rostros, el estiércol de vuestras solemnidades**, y con él seréis removidos» (Malaquías 2:3). **¡Desdichado es el hombre cuando esos huéspedes dejan su mesa! Y** también **dijo Rabbí Aba: durante toda su vida Abraham solía estar de pie en el cruce de caminos para invitar huéspedes a su mesa. Ahora bien, cuando alguien lo invita a él y a los demás justos, y al rey David pero no les da su porción, Abraham se levanta de la mesa y exclama:** «Y él habló a la asamblea, diciendo: **apartaos ahora de las tiendas de estos impíos hombres**, y no toquéis ninguna cosa suya, para que no perezcáis por ventura en todos sus pecados» (Números 16:26), **y todos se levantan y lo siguen. Isaac dice:** «El justo come hasta saciar su alma; **mas el vientre de los impíos tendrá necesidad»** (Proverbios 13:25), **y Jacob dice:** «¿Comiste tu parte? La vomitarás; y perderás tus suaves palabras» (Proverbios 23:8). **Los demás justos dicen: «Porque todas las mesas están llenas de vómito y suciedad, hasta no *haber* lugar»** (Isaías 28:8). **El rey David dijo: y él cumple con sus castigos como está dicho: «Y pasados diez días el Eterno hirió a Nabal, y murió»** (I Samuel 25:38). **¿Qué significa esto? Significa que el rey David solicitó a Nabal que lo aceptara como huésped y no fue aceptado. Y esto que lo invitó, pero no le dio de su parte. Y entonces, durante diez días, cuando el rey David ejerce juicio sobre el mundo, castiga a ese hombre porque lo recompensó aún peor que Nabal.**

Dijo Rabbí Eleazar: la Torah no reclama del hombre más de lo que puede realizar, como está dicho: «Cada uno con el don de su mano, conforme a la bendición del Eterno tu Dios, que te hubiere dado» (Deuteronomio 16:17). **Un hombre no debe decir: debo satisfacerme a mí mismo en primer lugar con alimento y bebida, y de lo que quede daré a los pobres, porque la primera parte debe ser para los huéspedes. El Santo, bendito sea, es feliz con aquel que alegra a los huéspedes y les da de beber, y Abraham proclama sobre él: «Entonces te deleitarás en el Eterno**: y *yo* te haré subir sobre las alturas de la tierra, y te haré comer la heredad de Jacob tu padre, porque la boca del Eterno ha hablado» (Isaías 58:14)**, e Isaac proclama «Toda herramienta que fuere fabricada contra ti, no prosperará;** y tú condenarás toda lengua que se levantare contra ti en juicio. Esta *es* la heredad de los siervos del Eterno, y su justicia de por mí, dijo el Eterno» (Isaías 54:17). **Dijo Rabbí Shimon: este versículo fue pronunciado por el rey David ya que todos los instrumentos reales de guerra fueron entregados al rey David. Pero Isaac dice: «Su simiente será valiente en la tierra**; la generación de los rectos será bendita. **Hacienda y riquezas *habrá* en su casa**; y su justicia permanece para siempre» (Salmos 112:2-3)

Y dijo Jacob: «Entonces nacerá tu luz, como el alba; y tu sanidad reverdecerá presto; e irá tu justicia delante de ti, y la gloria del Eterno te recogerá» (Isaías 58:8), y las letras que componen la palabra Jacob son las mismas que en hebreo componen la palabra nacerá. **Otro justo ha dicho: «y el Eterno te pastoreará siempre, y en las sequías saciará tu alma**, y engordará tus huesos; y serás como huerta de riego, y como manadero de aguas, cuyas aguas nunca faltan» (Isaías 58:11). **El rey David dijo: «Toda herramienta que fuere fabricada contra ti, no prosperará;** y tú condenarás toda lengua que se levantare contra ti en juicio. Esta *es* la heredad de los siervos del Eterno, y su justicia de por mí, dijo el Eterno» (Isaías 54:17)**, porque él fue el encargado en el mundo de todas las armas. ¡Dichosa la porción de los justos en este mundo y en el mundo venidero! A propósito de ellos está escrito: «Y tu pueblo, todos ellos *serán* justos**, para siempre heredarán la tierra; serán renuevos de mi plantío, obra de mis manos, para glorificarme» (Isaías 60:21).

104a

RAIA MEHEMNA

Es una *Mitzvah* agitar el lulav en ese día junto **con las especies. Este misterio ya fue explicado** y también **lo hicieron los compañeros. Del mismo modo que el Santo, bendito sea levanta a los** hijos **de Israel en esos días y los alegra, también los** hijos **de Israel se alegran con Él. Éste es el secreto del lulav y las especies, el secreto de la forma del hombre, y esto ya ha sido dicho.**

Fin del Raia Mehemna

»**Y tomaréis el primer día** *gajos* con fruto de *algún* árbol hermoso, ramos de palmas, y ramas de árboles espesos, y sauces de los arroyos; y os regocijaréis delante del Eterno vuestro Dios por siete días» (Levítico 23:40). **Rabbí Shimon abrió** el versículo diciendo: **«Todos *los* llamados de mi nombre; y para gloria mía los críe; los formé y los hice»** (Isaías 43:7). **Esto hace referencia al hombre, al que el Santo, bendito sea creó a través de Su nombre, según está escrito: «Y creó Dios al hombre a su imagen**, a imagen de Dios lo creó; macho y hembra los creó» (Génesis 1:27) **y lo llamó según Su nombre cuando hizo la ley y la verdad en el mundo, y es llamado Elohim, según está escrito:** «No maldecirás a los jueces, ni maldecirás al príncipe de tu pueblo» (Éxodo 22:28). **Y lo llamó según Su nombre, según está escrito: «Y creó Dios al hombre a su imagen**, a imagen de Dios lo creó; macho y hembra los creó» (Génesis 1:27). **Está bien. Ya hemos explicado que las palabras «Y dijo Dios: hagamos al hombre a nuestra imagen, conforme a nuestra semejanza;** y Eternoee en los peces del mar, y en las aves de los cielos, y en las bestias, y en toda la tierra, y en toda serpiente que *se* anda arrastrando sobre la tierra» (Génesis 1:26) **fueron dichas durante la unión de la imagen con la semejanza y** el hombre vino de la unión **de lo masculino y lo femenino.**

«Y creó Dios al hombre a su imagen, a imagen de Dios lo creó; macho y hembra los creó» (Génesis 1:27). **Encontré en el libro del**

rey Salomón que cuando tiene lugar una unión (104b) **abajo, el Santo, bendito sea, envía cierta imagen con la figura del hombre que revolotea sobre** dicha **unión, y si el ojo humano tuviera permiso para verlo, vería esta imagen inscrita en su** propia **cabeza. Por medio de ella,** esa imagen, **es creado el hombre. Y el hombre no fue creado antes de que esa imagen que envió su señor se encuentre sobre la cabeza de un hombre. Y éste es el sentido de «Y creó Dios al hombre a su imagen». Esta imagen llega** al niño **antes de que él entre en este mundo. Cuando entra** al mundo **y crece y camina en medio de esta imagen, según está escrito: «Y el hombre avanza como una imagen»** (Salmos 39:7). **Esta imagen viene de Arriba.**

Y cuando estos espíritus abandonan sus lugares, cada espíritu y espíritu permanece ante el Rey Santo con sus adornos, con el rostro que va a llevar en este mundo. Y esa forma viene de la gloria de esa imagen. Así, es la tercera cuenta del espíritu y es la primera en bajar a éste durante la unión conyugal. **Ninguna unión** conyugal **tiene lugar en el mundo sin una imagen, pero Israel es un pueblo santo y su imagen sagrada procede de un lugar sagrado, mientras que la imagen de los pueblos que practican la idolatría,** Avodah Zarah, **su imagen procede de las «malas especies», del lado de la impureza. Y ésta es la razón por la que no hay que mezclar la imagen con la de los pueblos idólatras porque una es santa y la otra impura.**

Ven y **ve** y observa **la diferencia entre Israel y las** demás **naciones idólatras.**

Las páginas que siguen son las mismas que aparecieron en el volumen 8 de esta colección entre las páginas 74 y 88.

Porque ese día es del Rey y de nadie más. Su alegría está en Israel. La cosa se parece a **un Rey que invitó huéspedes. Los de la casa los atendieron. Cuando se fueron el Rey dijo: hasta ahora vosotros y yo atendimos a los huéspedes, y** ellos **ofrecieron cada día sacrificios por las naciones. A partir de ahora nos alegrare-**

mos nosotros juntos. Éste es el sentido de «El octavo día tendréis solemnidad; ninguna obra servil haréis» (Números 29:35). **Y los invitados de la fe están siempre con el Rey y todos se reúnen ante él el día de la alegría y se quedan con él. Por eso está escrito «solemnidad» que se traduce** en arameo **como «reunión». Y en ese día Jacob fue el primero en alegrarse y los demás invitados se alegraron con él. Por eso está escrito:** «Dichoso tú, *oh* Israel, ¿Quién como tú, pueblo salvo por el Eterno, escudo de tu socorro, y cuchillo de tu excelencia? *Así que* tus enemigos serán humillados, y tú hollarás sobre sus alturas» (Deuteronomio 33:29) **y también «Y me dijo: Mi siervo eres, oh Israel, que en ti me gloriaré»** (Isaías 49:3).

«Manda a los hijos de Israel **que te traigan aceite de olivas claro, molido, para la luminaria,** para hacer arder las lámparas de continuo» (Levítico 24:2). **Dijo Rabbí Eleazar: esto ya ha sido explicado, pero ¿por qué ha colocado el Santo bendito sea esta parashah** (capítulo) **después de la parashah de las festividades? Porque todas las lámparas de Arriba, son todas lámparas que hacen que el aceite de la unción pueda arder, como ya ha sido dicho. Por medio de Israel son bendecidos los seres de Arriba y los seres de abajo, y las lámparas son encendidas. Esto es lo que explican las siguientes palabras: «El ungüento y el incienso alegran el corazón**; así la dulzura del amigo con el consejo del alma» (Proverbios 27:9) **alegra** (105a) **a los seres de Arriba y a los de abajo.**

Rabbí Aba abrió el versículo diciendo**: «Alegraos en el Eterno, y gozaos, justos;** y cantad todos vosotros los rectos de corazón» (Salmos 32:11) **y también: «Éste *es* el día que hizo el Eterno, nos gozaremos y alegraremos en él»** (Salmos 118:24). **Ha sido explicado que uno ha de alegrarse y presentarse con un semblante alegre ante el Santo, bendito sea. El hombre ha de estar alegre, porque la alegría es el Santo, bendito sea según está escrito: «nos gozaremos y alegraremos en él», o sea en el Santo, bendito sea, y todo es una misma cosa. «Alegraos en el Eterno», o sea cuando los juicios son dominados y la misericordia se despierta. Cuando ocurre así, «Alegraos en el Eterno, y gozaos, justos». El justo** que corresponde a la sefirah de Iesod **y la justicia** que corresponde a la sefirah de Maljut, **son llamados «frutos». Son bendecidos juntos, como ya aprendimos. Cuando son bendecidos así que todos se alegren** «y cantad todos vosotros los rectos de corazón» (Salmos 32:11), **lo que se refiere a los rectos de corazón, a los hijos de la fe para unirse a ellos.**

En todas las cosas **es necesaria una acción abajo para producir el despertar Arriba. Ven** y **ve: que aquel que niegue la necesidad de una acción o de pronunciar palabras por medio de la voz para producir el despertar de Arriba, exhale su último suspiro. La parashah lo demuestra por medio del encendido de las velas y del incienso, según está escrito: «El ungüento y el incienso alegran el corazón**; así la dulzura del amigo con el consejo del alma» (Proverbios 27:9). **Porque a través de esta acción, hay sentido y alegría Arriba y abajo. Dijo Rabbí Iehuda: el altar que está abajo despierta al otro altar. El sacerdote que está abajo despierta al otro sacerdote. A través de los actos de abajo es despertado lo de Arriba.**

Rabbí Iosi y Rabbí Isaac iban por el camino. Dijo Rabbí Iosi a Rabbí Isaac: está escrito: «Si retrajeres del sábado tu pie, de hacer tu voluntad en mi día santo**, y al sábado llamares delicias, santo, glorioso *día* del Eterno,** y lo venerares no haciendo tus caminos, ni buscando tu voluntad, ni hablando *tus propias* palabras» (Isaías 58:13). **Y lo honras no siguiendo tus propios caminos es correcto, pero ¿qué significa «ni buscando tu voluntad, ni hablando tus propias palabras»? ¿En qué afecta esto al Shabbat? Le dijo: hay una carencia** que afecta al Shabbat**, ya que no hay palabra o palabra que salga de la boca del hombre que no tenga sonido, y este sonido se eleva y se despierta** Arriba **otra palabra. ¿Cuál es? Es la palabra que se llama profana** y **que pertenece a los días profanos, pero cuando es despertada en un día santo, sin ninguna duda causa imperfección. El Santo, bendito sea, y la asamblea de Israel se preguntan: ¿quién es éste que quiere interrumpir nuestra unión? ¿Quién es éste que necesita de lo profano? El anciano de los días no aparece ni mora en lo profano. Por esta razón está permitida la contemplación porque la contemplación no despierta nada pues no produce ningún sonido y no se eleva. Pero después de**

105a

pronunciar palabras que están en la boca, y sus palabras se convierten en sonido y éste se adhiere a los aires y a los firmamentos elevándose para despertar. Por eso está escrito: «ni buscando tu voluntad, ni hablando tus propias palabras». Pero si alguien despierta una palabra santa de su boca, se forma un sonido de las palabras de la Torah que se eleva y despierta Arriba. Y despierta a los santos del Rey de Arriba y sus palabras **se vuelven** como **coronas sobre su cabeza y la alegría se halla Arriba y abajo. Le dijo: así es, y así yo lo escuché. Pero, ¿produce aquel que ayuna en el día de Shabbat una carencia en el Shabbat? ¿Lo hace o no lo hace? Si decís que no, incluso así las *Seudot*** (comidas de Shabbat) **de la fe son anuladas y el castigo es grande ya que la alegría de Shabbat falta en el** Shabbat. **Le dijo: he escuchado tus palabras, porque producen alegría Arriba y abajo más que toda la gente del mundo. Es una alegría que está por encima de cualquier otra alegría, una alegría que contiene a la fe íntegra. Incluso los malvados** que están **en el infierno descansan en ese día. Pero aquel hombre que no tiene ni alegría ni descansa, está en contradicción con los seres de Arriba y los de abajo. Y todo mundo le pregunta por qué está angustiado. Cuando el Anciano de los días se aparece en ese día pero ese hombre sigue angustiado aunque su oración se eleva y se alza frente a Él, entonces todos los veredictos de culpa que fueron decretados contra él son anulados. Incluso si el tribunal del Rey está en contra de él, todo es anulado, porque cuando el Anciano de los días que revelado todo es alegría en la fiesta de la alegría del Rey. Y de este modo supimos que el veredicto de setenta años es roto. ¿Qué son estos setenta años? Aunque todos, las setenta coronas del Rey, están de acuerdo en esto, todo es roto. Porque el Anciano** de los días **Santo toma a este hombre. Estas cosas se refieren al hecho de despertarlo en un sueño durante la noche de Shabbat.** La cosa se parece **a un Rey que convocó una fiesta muy alegre para su hijo y decretó que todos tenían que estar alegres. En ese día de alegría cada cual estaba alegre excepto un hombre que estaba muy triste, encadenado con argollas. Cuando el Rey acudió la fiesta, vio que todos estaban alegres tal como él lo ha-**

bía decretado. Alzó la vista y vio a ese hombre que estaba encadenado con argollas. Entonces dijo: todo el mundo se alegra con la alegría de mi hijo, pero no este hombre que está encadenado con argollas. Entonces ordenó que fuera liberado de sus cadenas. Lo mismo ocurre cuando alguien ayuna en Shabbat. Todo mundo está alegre excepto él, que está angustiado, como si estuviera atado con cadenas. Cuando el Anciano de los días **santo es revelado en este día, y el hombre que está atado con cadenas, incluso si pesa sobre él la condena de setenta años, todo es roto y ya no hay juicio sobre él** (105b). **Si en cualquier otro día es posible romper el secreto, más aún lo es en el** día de **Shabbat. Porque no hay día que no tenga una fuerza** especial y característica. **Aquel que ayuna por haber tenido una pesadilla en el mismo día en que le es roto el castigo, antes de que el día acabe, pero no han acabado los setenta días, y no es Shabbat, le es roto el castigo. Así lo que sucede en un determinado día tiene efectos sobre ese día. Así lo que no sucede en ese día, no tiene efecto en ese día. A partir de esto podemos aprender que no se puede trasladar el ayuno de un día a otro día. Y por eso aprendimos «**Éstas son las fiestas del Eterno, a las que convocaréis; santas convocaciones, para ofrecer ofrenda encendida al Eterno, holocausto y presente, sacrificio y libaciones, **cada cosa en su tiempo»** (Levítico 23:37) **y no algo que pertenece a un día a otro día.**

Ven y **ve: no fue despertado en vano por medio de una pesadilla sino para que orara para él mismo pidiendo misericordia. ¡Ay de aquel hombre que no es despertado en un sueño, por qué es llamado malvado!** (*Véase* Talmud Berajoth 55 b). **De aquí «**Porque tú no *eres un* Dios que ame la maldad: e**l malo no habitará junto a ti»** (Salmos 5:4). **Y «**El temor del Eterno *es* para vida; *el que lo tenga* vivirá satisfecho; **no será visitado de mal»** (Proverbios 19:23).

Dijo Rabbí Iosi: está escrito que: **«ni buscando tu voluntad, ni hablando *tus propias* palabras»** (Isaías 58:13). **¿Qué significa hablando tus propias palabras,** literalmente palabras vanas**? Que no son palabras de Torah. Éste es ciertamente el significado de «ni buscando tu voluntad, ni hablando *tus propias* palabras»**

105a
(Isaías 58:13). **¡Dichosos los hijos de Israel en este mundo y en el mundo venidero! A propósito de ellos ha sido escrito: «Porque dijo: ciertamente mi pueblo son, hijos *que* no mienten; y fue su Salvado**r» (Isaías 63:8).

«En aquella sazón ***el*** **hijo de *una* mujer israelita, el cual era hijo de *un* hombre egipcio, salió** entre los hijos de Israel; y el hijo de la israelita y *un* varón de Israel riñeron en el real» (Levítico 24:10). **Rabbí Judá dijo que salió de la parte de Israel, por lo que dejó de ser una parte de algo, salió de la totalidad de la fe. «Riñeron en el real», a partir de esto podemos aprender que aquel que procede de una semilla contaminada al final lo expondrá delante de todos. ¿Qué es lo que trajo? La contaminación que procede de su parte maligna, porque no tenía parte total entre los** hijos **de Israel.**

Rabbí Jía abrió el versículo diciendo**: «Honra de Dios *es* encubrir la palabra; mas honra del Rey *es* escudriñar la palabra»** (Proverbios 25:2)**. El hombre no está autorizado a revelar asuntos ocultos que no fueron abiertos por revelación, cosas que han sido ocultadas por el Anciano de los días** santo**, como ha sido dicho:** «Mas su negociación, y su ganancia será consagrada al Eterno; no se guardará ni se atesorará, porque su negociación será para los que estuvieren delante del Eterno, **para que coman hasta saciarse, y vistan honradamente»** (Isaías 3:18)**. Hasta ahí uno está autorizado, pero no más allá. Por consiguiente el Anciano que oculta es ciertamente ocultador.**

Otra explicación para «que coman hasta saciarse». Se aplica a **los compañeros, que conocen las sendas y los caminos para transitar por el camino de la fe como en la generación en la que vivió Rabbí Shimon. «Anciano que oculta» son las demás generaciones, que no son capaces de comer hasta la satisfacción o de compartir asuntos revelados. No son como el Anciano revelador de quien está escrito: «No sueltes tu boca para hacer pecar a tu carne;** ni digas delante del ángel, que fue ignorancia. ¿Por qué *harás que* Dios se aíre a causa de tu voz, y que destruya la obra de tus manos?» (Eclesiastés 5:6)**. En vida de rabbí Shimon un hombre le dijo a otro «Abre tu boca y que tus palabras den luz», pero después de su muerte**

ellos dijeron: «No sueltes tu boca para hacer pecar a tu carne» (106a). **Durante su vida «que coman hasta saciarse» pero después de que muriera «Anciano que oculta», los compañeros tartamudeaban y no lograban entender estos asuntos. «Que coman hasta saciarse»** corresponde a **las cosas reveladas y «Anciano que oculta»** corresponde a **las cosas no reveladas,** los secretos de la Torah.

«Y el hijo de la mujer israelita pronunció el Nombre, y maldijo; entonces le llevaron a Moisés. Y su madre se llamaba Selomit, hija de Dibri, de la tribu de Dan» (Levítico 24:11). **¿qué quiere decir que blasfemó? Rabbí Aba dijo: blasfemó, como en el versículo:** «Entonces el sacerdote Joiada tomó un arca, **y le hizo en la tapa un agujero,** y la puso junto al altar, a la mano derecha a la entrada del templo del Eterno; y los sacerdotes que guardaban la puerta, ponían allí todo el dinero que se metía en la Casa del Eterno» (II Reyes 12:10), **horadando aquello que está cubierto.** «Y su madre se llamaba Shlomit, hija de Dibri» (Levítico 24:11), **hasta aquí el versículo no revela el nombre de su madre. Cuando dijo «blasfemó», blasfemó el nombre de su madre. Dijo Rabbí Aba: si no fuera porque la lámpara sagrada todavía vive en el mundo, yo no tendría permiso para revelar estas cosas salvo a aquellos compañeros que figuran entre los cosechadores del campo,** los sabios cabalistas, **¡una luz maldita sobre aquellos que quieran revelar aquello que no saben!**

Ven y **ve: está escrito: «En aquella sazón *el* hijo de *una* mujer israelita, el cual era hijo de *un* hombre egipcio, salió entre los hijos de Israel; y el hijo de la israelita y *un* varón de Israel riñeron en el real»** (Levítico 24:10). **Este versículo ya ha sido explicado. El hijo de la mujer israelita es el hijo de su padre, que fue marido de Shlomit. Cuando un egipcio vino a ella en medio de la noche, su marido regresa casa y los encuentra** juntos. **Se separó de ella y dejó de de tener relaciones con ella. Se casó con otra mujer que dejó a este hombre, llamado «el hombre israelita». El otro hombre,** el que nació del egipcio, **es llamado el hijo de la mujer israelita. Si ambos lucharon entre sí, ¿por qué se menciona aquí al Santo Nombre y que el blasfemó el Santo Nombre? El hombre israelita decía palabras sobre la madre de su contrincante**, la in-

106a

sultaba. **Inmediatamente, «*el* hijo de *una* mujer israelita» blasfemó el nombre,** como en **«y le hizo en la tapa un agujero»** (II Reyes 12:10). **El sentido secreto que se oculta detrás de estas palabras es que tomó la** letra ***He* del nombre santo,** del Tetragrama **y blasfemó para defender a su madre. Y éste es el agujero que perforó y dijo el nombre santo concretamente. Se informó de esto a los cosechadores del campo,** los sabios cabalistas. **Y el secreto de estas palabras es: «Tal *es* el rastro de la mujer adúltera,** come, y limpia su boca, y dice: no he hecho maldad» (Proverbios 30:20). **¡Dichosa la parte de los justos, porque conocen este tema,** el secreto del nombre santo, **y lo mantienen oculto** de los profanos! **Por esta razón, está dicho: «Trata tu causa con tu compañero, y no descubras el secreto a otro»** (Proverbios 25:9).

La última letra *He* del Tetragrama **era la Hembra que se alimenta de los dos lados,** las dos columnas, la de rigor y la de misericordia: **por esta razón tomó las armas del Rey y se vengó, según está escrito: «Cada uno temerá a su madre y a su padre,** y mis sábados guardaréis. Yo *soy* el Eterno vuestro Dios» (Levítico 19:3). **Y vemos aquí que el respeto hacia la madre precede al del padre. ¡Dichosos los** hijos **de Israel en este mundo y en el mundo venidero!**

«Y a los hijos de Israel hablarás, diciendo: cualquier varón que dijere mal a su dios, llevará su iniquidad» (Levítico 24:15). **Dijo Rabbí Iehuda: esto ya ha sido explicado pero** ¿qué ocurre con **aquel que blasfema contra su dios? «Deberá cargar con su pecado», pero no podrá ser castigado ya que no sabemos quién es su dios, el dios que adora, y que puede ser un ángel o una estrella o uno de los que conducen el mundo.**

Dijo Rabbí Iosi: si se tratara de un justo completo, no habría despertado los poderes impuros, **pero como lo hizo creo que está tocado por la herejía. Pero no morirá a causa de esto porque se trata de una palabra callada** que no dice quién es su dios.

Dijo Rabbí Iehuda: de este modo es juzgado para bien, porque si hubiera dicho «mi dios» sería discutible. Éste es el dios que tenía hasta aquel momento pero entonces regresó para recibir la fe de Arriba. Sin embargo, si hubiera dicho «IHWH Elohim» o

«IHWH», con lo que lo hubiera mencionado por su nombre, no tendría defensa ya que ésta es la fe de todos y toda letra que compone **el nombre santo es como el nombre santo** entero.

Otra explicación; «Y el hijo de la mujer israelita pronunció el Nombre, y maldijo; entonces le llevaron a Moisés. Y su madre se llamaba Shlomit, hija de Dibri, de la tribu de Dan» (Levítico 24:11)**. Dijo Rabbí Isaac: ¿por qué blasfemó «el hijo del israelita»? Esto ya ha sido explicado. Pero era el marido de Shlomit. Rabbí Iehuda dijo: era el hijo del marido de Shlomit** que tuvo **con otra mujer. Rabbí Isaac dijo que se pelearon y él dijo** insultos **acerca de su madre y que su padre murió por medio del nombre santo como ha sido explicado en el versículo:** «Y él respondió: ¿Quién te ha puesto a ti por príncipe y juez sobre nosotros? ¿**Piensas matarme** como mataste al egipcio? Entonces Moisés tuvo miedo, y dijo: ciertamente esta cosa es descubierta» (Éxodo 2:14)**. Y así dijo estas palabras delante de él. Y esto es según está escrito «Y el hijo de la mujer israelita pronunció el Nombre, y maldijo; entonces le llevaron a Moisés**. Y su madre se llamaba Shlomit, hija de Dibri, de la tribu de Dan» (Levítico 24:11)**. Acudió a Moisés** a quejarse porque Moisés **había matado a su padre utilizando el nombre santo. Por eso «entonces lo llevaron a Moisés». Cuando Moisés se percató** de la situación**, inmediatamente «lo pusieron en la cárcel,** hasta que les fuese declarado por palabra del Eterno» (Levítico 24:12)**. De este modo, padre e hijo cayeron en manos de Moisés.**

«Y a los hijos de Israel hablarás, diciendo: **cualquier varón que dijere mal a su Dios, llevará su iniquidad»** (Levítico 24:15)**. Rabbí Isaac abrió** el versículo diciendo**: «no habrá en ti dios ajeno**, ni te encorvarás a dios extraño. Yo *soy* el Eterno tu Dios, que te hice subir de la tierra de Egipto; abre tu boca, y *yo* la llenaré» (Salmos 81:9 y 10)**. Dado que está escrito «no habrá en ti dios ajeno», ¿qué significa que «ni te encorvarás a dios extraño»? Esto significa** (106b) **que no hay que permitir que la Mala Inclinación esté dentro de uno mismo, ya que aquel que se une a la Mala Inclinación es como si un dios ajeno morara dentro de él. Porque en cuanto un hombre se une** a la Mala Inclinación**, acaba desobedeciendo** lo que dice la

106b
Torah y abandona la fe en el nombre santo. Luego viene a inclinarse ante dioses falsos. De ahí que el versículo **diga: «no habrá en ti dios ajeno». Si no hay en ti un dios ajeno, entonces no te inclinarás ante la Mala Inclinación ni transgredirás la fe en el nombre santo. Esto es lo que significa «ni te encorvarás a dios extraño», que es la mala fe en el hombre. Y por lo tanto, «cualquier varón que dijere mal a su Dios...»** (Levítico 24:15)**, puede decir que aquel a quien maldijo fue al dios ajeno. Como la Mala Inclinación descansa sobre él a veces, no podemos saber si dice o no la verdad, de ahí que «llevará su iniquidad», pero «Y el que pronunciare el Nombre del Eterno, morirá;** toda la asamblea lo apedreará; así el extranjero como el natural, si pronunciare el Nombre, que muera» (Levítico 24:16).

Dijo Rabbí Iehuda: si es así, tendría que haber dicho «su pecado será perdonado» y no «llevará su iniquidad». Él respondió: «eso es como decir mi dios», sin especificar. Rabbí Jía dijo: «cualquier varón que dijere mal a su Dios...». Está dicho en general, sin especificar. Este hombre, sin duda «llevará su iniquidad». Pero «el que pronunciare el Nombre del Eterno, morirá; toda la asamblea lo apedreará; así el extranjero como el natural, si pronunciare el Nombre, que muera» (Levítico 24:16). **Porque este nombre es la fuente para la fe de todos y no está permitido pedir nada para uno mismo.**

Dijo Rabbí Iosi: seguramente es así, porque este nombre, el Tetragrama**, es la fe de los seres de Arriba y de los de abajo, y todos los mundos están establecidos en él. Miles y miríadas de mundos de deleite están suspendidos de una letra pequeña,** la letra *Iod*, la primera del Tetragrama**, y miles y decenas de miles están suspendidos de todas y cada una de las letras, y se elevan para unirse a la fe. Todo lo que los seres de Arriba y de abajo no han captado se halla oculto en ellos. y la Torah sale de ellos y este mundo y el mundo venidero, Él,** Dios, **y Su nombre,** el Tetragrama**, son uno. Por eso está escrito: «Miraré por mis caminos, para no pecar con mi lengua;** guardaré mi boca con freno, entre tanto que el impío *fuere* contra mí» (Salmos 39:1)**, y también: «No sueltes**

tu boca para hacer pecar a tu carne; ni digas delante del ángel, que fue ignorancia. ¿Por qué *harás que* Dios se aíre a causa de tu voz, y que destruya la obra de tus manos?» (Eclesiastés 5:5).

Rabbí Izquia abrió el versículo diciendo: «**No le tocará mano, porque será apedreado o asaeteado; sea animal o sea hombre, no vivirá. En habiendo sonado** ***largamente*** la trompeta, subirán al monte» (Éxodo 19:13). **Si esto se dice del Monte Sinaí, que es una mera montaña, cuando la gloria del Rey Santo se apareció en éste, «No le tocará mano, porque será apedreado o asaeteado» ¿qué ha de ocurrirle a aquel que toca al Rey? Y si esto le sucede al que toca una montaña, como el Monte Sinaí, que cualquiera puede tocar de un modo irreverente, ¿qué le ha de suceder a aquel que toca al Rey injuriosamente?**

Rabbí Iesse abrió el versículo y dijo: «Y dijo: no te acerques aquí; quita tus zapatos de tus pies, porque el lugar en que tú estás, tierra santa ***es*****»** (Éxodo 3:5). **El versículo dice: «no te acerques»** refiriéndose **a Moisés, de quien esplendor celestial no se fue nunca desde el día en el que nació. Y le dijo: «Moisés, hasta ese momento no eres merecedor de servir a mi gloria, quita tus zapatos de tus pies». Y si esto se decía a propósito de Moisés el cual se acercaba en reverencia y santidad** a la zarza ardiente, **¿qué ha de decirse de aquel que se acerca al Rey con desdén?**

Dijo Rabbí Aba: «cualquier varón que dijere mal a su Dios...» «Llevará su iniquidad» (Levítico 24:15). **Ven** y **ve: cuando los** hijos **de Israel estaban en Egipto, estaban relacionados con dirigentes que estaban designados sobre las naciones del mundo. Cada una** de estas naciones **tenía a sus propios ídolos. Pero cuando se ligaron el lazo de la fe y el Santo, bendito sea, los acercó a su servicio, abandonaron** esos ídolos **y se acercaron a la fe santa de Arriba. Por eso está escrito «aquel que blasfema de su Dios», y a pesar de que es idolatría, dado que yo los designé como ministros para guiar el mundo, aquel que los maldice y los profana, «llevará su iniquidad», ciertamente. Pero, «Y el que pronunciare el Nombre del Eterno, morirá;** toda la asamblea lo apedreará; así el extranjero como el natural, si pronunciare el Nombre, que muera (Levítico 24:16).

Observemos que **no está escrito** a propósito de él **«llevará su iniquidad», sino «morirá». Morirá en este mundo y sin duda también morirá en el mundo venidero. En cuanto a ellos,** los que sirven a los dirigentes de las setenta naciones, **llevarán iniquidad porque se han comportado de un modo desdeñoso hacia Dios, pero no serán castigados con la muerte por culpa de ello.**

Rabbí Shimon iba por el camino junto con Rabbí Eleazar, Rabbí Aba, Rabbí Jía, Rabbí Iosi y Rabbí Iehuda. Llegaron a una corriente de agua y Rabbí Iosi entró en el agua completamente vestido. Dijo (107a)**: hubiera deseado que este canal nunca hubiera existido aquí. Rabbí Shimon le dijo: no te está permitido hablar así.** Estas aguas **sirven a la gente, y no está permitido tratar con desprecio a aquel que sirve al Santo, bendito sea. Tanto más es así estos leales servidores son verdaderos y existen de acuerdo con los decretos de la providencia de Arriba. Abrió y dijo: «Y vio Dios todo lo que había hecho, y he aquí que *era* bueno en gran manera**. Y fue la tarde y la mañana el día sexto» (Génesis 1:31). **«Y vio Dios todo lo que había hecho» de un modo general que incluye a las serpientes, los alacranes y los mosquitos. Incluso sobre aquellos** animales **que podrían hacer daño en el mundo está escrito «bueno en gran manera». A pesar de que los hombres no lo saben, ellos sirven y conducen al mundo.**

Mientras iban caminando, vieron una culebra frente a ellos. Rabbí Shimon dijo: sin duda esta criatura está allí para efectuar algún milagro para nosotros. La culebra se arrastró rápidamente frente a ellos y se enrolló alrededor de una víbora que estaba en medio del camino. Los dos animales **lucharon entre sí y** ambos **murieron. Cuando se acercaron a ellos los encontraron yaciendo muertos en medio del camino. Rabbí Shimon dijo: ¡bendito sea el Misericordioso por efectuar este milagro delante de nosotros! Porque si alguien mira esto,** la víbora, **mientras está vivo, o ésta mira a un hombre, no puede salvarse de ella, sobre todo si se le acerca. De este modo el Santo, bendito sea lo utiliza todo en todas las cosas y no debemos despreciar a ninguna de sus criaturas. Por eso está escrito: «Bueno es el Eterno para con todos; y sus**

misericordias *resplandecen* sobre todas sus obras. Alábente, oh Eterno, todas tus obras; y tus misericordiosos te bendigan» (Salmos 145:9 y 10).

Rabbí Shimon abrió el versículo y dijo**: «Yo *soy* el Lirio del campo (*de Sarón*), y la rosa de los valles»** (Cantar de los Cantares 2:1). **¡Cuánto ama el Santo, bendito sea a la asamblea de Israel y cómo la alaba continuamente y ella lo alaba a Él! ¡Cuántos himnos y cuántos cantos compuso en honor al Rey! ¡Dichosa la parte de los** hijos **de Israel que están unidos a la santa parte! Es según está escrito: «Porque la parte del Eterno *es* su pueblo; Jacob el cordel de su heredad»** (Deuteronomio 32:9).

«Yo *soy* el Lirio del campo» se refiere a la asamblea de Israel, llamada lirio». Se alza con gran belleza en el jardín del Edén donde florece. «Sarón» significa que ella canta (de *Shir,* «canto», «cantar») **y alaba al Rey de Arriba. Según otra interpretación, «Yo *soy* el Lirio del campo» ya que ella,** la asamblea de Israel**, desea ser irrigada de la corriente profunda, la fuente de las corrientes, según está dicho «**Se enlutó, enfermó la tierra; el Líbano se avergonzó, y fue cortado; **Sarón fue tornado como desierto**. Basán, y *el* Carmelo fueron sacudidos» (Isaías 33:9).

«La rosa de los valles» (Cantar de los Cantares 2:1) **porque está situada en lo más hondo,** *Amok* significa «profundo» y *Emek* «valle»**. Es lo que dice el versículo «**De lo profundo te llamo, oh Eterno» (Salmos 130:1)**. «La rosa de los valles» procede del lugar de las aguas profundas que nunca dejan de fluir. «La rosa de los valles» es una rosa de ese lugar más profundo y oculto.**

Ven y **ve: al principio es un lirio verde o una rosa de colores, rojo y blanco. Es una rosa de seis hojas, una rosa que cambia de un color a otro. Es primero rosa cuando desea unirse al Rey, pero cuando ya se ha unido a él con sus besos es llamada lirio, y es según está escrito: «**Sus mejillas, como una era de especias aromáticas, como fragantes flores; **sus labios, *como* lirios** que destilan mirra que trasciende» (Cantar de los Cantares 5:13)**. Es «la rosa de los valles» porque cambia sus colores a veces para bien y a veces para mal, a veces para juicio y a veces para misericordia.**

107a - 107b

«Y vio la mujer que el árbol *era* bueno para comer, y que *era* deseable a los ojos, y árbol de codicia para entender; y tomó de su fruto, y comió; y dio también a su marido, y comió con ella» (Génesis 3:6). **Ven** y **ve: la gente no sabe, observa o presta atención a que cuando el Santo, bendito sea, creó al hombre y lo favoreció con la gloria de Arriba,** el cuerpo de luz, **le pidió que se uniera para ser único y de corazón único, en un lugar de devoción simple, que no cambiaría y que siempre estaría unido a la fe única, a la que todo está unido. Éste es el secreto de** «Había también hecho producir el Eterno Dios de la tierra todo árbol deseable a la vista, y bueno para comer, **y el árbol de vida en medio del huerto**, y el árbol de *la* ciencia del bien y del mal» (Génesis 2:9).

Después Adán y Eva **se apartaron del camino de la fe y abandonaron al árbol único, que está por encima de todos los demás árboles,** el árbol de la vida. **Y se unieron a un lugar que siempre cambia de color, del bien al mal y del mal al bien. Bajaron de lo Alto y se unieron a dichos cambios abajo. Abandonaron lo más elevado, que es uno y nunca cambia. Esto es lo que significa** «He aquí, solamente he hallado esto: que **Dios hizo al hombre recto, mas ellos buscaron muchas perversiones»** (Eclesiastés 7:29). **De ahí que sus corazones cambiarán y a veces estuvieran inclinados hacia el bien y otras veces hacia el mal, a veces hacia la misericordia y otras veces hacia el juicio** (107b). **Realmente se parece a esto aquello a lo que se apegaron** aquellos que **«buscaron muchas perversiones» y se unieron a éstas.**

El Santo, bendito sea, le dijo: «hombre, has abandonado la vida y te adheriste a la muerte». La vida es como dice el versículo «y el árbol de vida en medio del huerto» (Génesis 2:9), **y es un árbol llamado «vida» ya que aquellos que se adhieren a él nunca saborearán la muerte. Pero de adheriste a otro. Y ciertamente la muerte está delante de ti. Éste es el significado de «Sus pies descienden a la muerte**; sus pasos sustentan el sepulcro» (Proverbios 5:5), **y también «y he hallado más amarga que la muerte *a* la mujer** cuyo corazón es redes y lazos; *y* sus manos ligaduras. El que agrada a Dios escapará de ella; mas el pecador quedará preso en ella» (Eclesiastés 7:26), **porque sin duda él se adhirió al mundo de la muerte y no al mundo de la vida y por eso fue decretada la muerte para él y para todo el mundo. Si** Adán **pecó, ¿cuál es el pecado del resto del mundo? Porque no me van a decir que fueron todas las criaturas y comieron del árbol prohibido y que fue saboreado por todos. No. Lo que ocurrió fue que cuando Adán se puso de pie, todas las criaturas lo vieron y le temieron. Lo siguieron como esclavos que están delante de un rey. Y** Adán **les dijo: «venid, postrémonos y adoremos; arrodillémonos delante del Eterno nuestro hacedor»** (Salmos 95:6), **y todos le siguieron. No vieron a Adán que se inclinaba ante otro lugar**, el árbol del conocimiento del bien y del mal, **y se adhería a él, de nuevo lo siguieron y así** Adán **trajo la muerte sobre él y todo el mundo. Y de este modo Adán alternó entre varios colores, ahora para el bien, ahora para el mal, ahora para el enojo, ahora para placer, ahora para el juicio, y ahora para la misericordia, ahora para vida, y ahora para la muerte. No permaneció en ninguno de ellos. Esto le fue provocado por aquel lugar,** el árbol del conocimiento del bien y del mal, **denominado «la llama de una espada que gira en toda dirección», de un lado a otro, del bien al mal, de la misericordia al juicio, de la guerra a la paz. Se agita en todas** las direcciones **y es llamada bien y mal, según está escrito: «mas del árbol de *la* ciencia del bien y del mal, no comerás de él;** porque el día que de él comieres, morirás» (Génesis 2:17). **Y el Rey de arriba, cuya misericordia está sobre la obra de sus manos, lo reprobó diciéndole: mas del árbol de *la* ciencia del bien y del mal, no comerás de él…** (Génesis 2:17). **Pero Adán no lo escuchó y siguió a su mujer, y fue expulsado para siempre, porque la mujer no se puede levantar más alto que ese lugar y trajo la muerte para todos.**

Ven y **ve: está escrito a propósito del mundo venidero:** «No edificarán, y otro morará; no plantarán, y otro comerá, **porque según los días de los árboles serán los días de mi pueblo**, y mis escogidos perpetuarán las obras de sus manos» (Isaías 65:22). **«Los días de los árboles» se refieren al** árbol **que sabemos. De ese tiempo está escrito: «Destruirá a la muerte para siempre; y limpiará**

107b

el Eterno toda lágrima de todos los rostros; y quitará la afrenta de su pueblo de toda la tierra; porque el Eterno *lo* ha determinado» (Isaías 25:8).

¡Bendito sea el Eterno por siempre y siempre! ¡Amén y amén! ¡Que el Eterno reine por siempre! ¡Amén y amén!

SECCIÓN BEHAR

«Y el Eterno habló a Moisés en el monte de Sinaí, diciendo: habla a los hijos de Israel, y diles: cuando hubiereis entrado en la tierra que yo os doy, la tierra guardará reposo al Eterno» (Levítico 25:1 y 2). **Rabbí Eleazar** abrió **el versículo:** «Manda a Aarón y a sus hijos diciendo: **ésta *es* la ley del holocausto: es holocausto,** porque se quema sobre el altar toda la noche hasta la mañana, y el fuego del altar arderá en él» (Levítico 6:9). **Ha sido determinado que este versículo se aplica a la asamblea de Israel que asciende y se une con el Rey Santo en una unión completa. «Es holocausto, porque se quema sobre el altar toda la noche hasta la mañana...».**

Ven y **ve: cuando entra la noche se cierran las puertas, los juicios de abajo son despertados en el mundo, y los perros y los burros bajan y merodean. Hemos establecido que en ese momento, los perros y los burros merodean, y la hechicería es realizada con los burros por parte de personas como Bilam,** el hechicero. **Entonces todos los hombres están dormidos y el altar inferior se halla sin cortina. Cuando llega la medianoche, el viento del norte se despierta y del altar inferior sale una llama de fuego. Las puertas se abren y los juicios de abajo se agrupan en los orificios. Y la llama de fuego se divide y va en muchas direcciones y las puertas del jardín de Edén** (108a) **se abren hasta que llega y se divide en muchas direcciones. Entonces entra bajo las alas del gallo y**

108a

éste canta. Entonces el Santo, bendito sea, entra en la compañía de los justos y la asamblea de Israel alaba al Santo bendito sea, hasta que llega la mañana. Cuando llega la mañana, se encuentran discurriendo acerca de cierto secreto. Ella, la asamblea de Israel, **reposa junto a su esposo,** el Santo bendito sea. **Es lo que está escrito: «y el fuego del altar arderá en él»** (Levítico 6:9), **o sea por la mañana, cuando los juicios y las llamas son tranquilizados» entonces Abraham despierta y hay descanso para todos.**

Ven y ve: cuando los hijos **de Israel entraron en la tierra prometida, no había en ella juicios inferiores y la asamblea de Israel descansaba sobre las alas de los querubines, ya que decían:** «¿Cómo te has tornado ramera, oh ciudad fiel? **Llena *estuvo* de juicio**, en ella habitó *la* equidad; mas ahora, *los* homicidas» (Isaías 1:21). **Entonces descansó, porque los hijos de Israel no fueron a descansar hasta haber traído el sacrificio nocturno y así hacían que los juicios se fueran. El sacrificio era consumado sobre el altar. Entonces ella tenía descanso de todos y había en todas partes holgura y comodidad, y la esposa estaba con su esposo. Éste es el secreto de: «Cuando hubiereis entrado en la tierra que yo os doy, la tierra guardará reposo al Eterno»** (Levítico 25:2). **Entonces la tierra descansará verdaderamente y: «la tierra guardará un Shabbat para el Eterno», literalmente un Shabbat para el Eterno. Rabbí Eleazar abrió de nuevo** el versículo: **«Si comprares siervo hebreo, seis años servirá;** mas al séptimo saldrá libre de balde» (Éxodo 21:2). Dijo también: **cada hijo de Israel, que está circuncidado, posee la santa marca y tiene reposo durante el año sabático. Y puede reposar en él. A éste se le llama el Shabbat de la tierra y en él hay libertad y descanso. Del mismo modo que el Shabbat es descanso para todos, así el año sabático es descanso para todo, para el espíritu y para el cuerpo.**

Ven y **ve: la** letra ***He* se refiere al descanso Arriba y abajo. La primera *He*** del Tetragrama **es para Arriba, y la segunda *He* para abajo. La primera *He* es el secreto de «siete veces siete años» y la segunda** He **el de «siete años». La primera se llama «jubileo» y la segunda «año sabático». Y cuando uno penetra en** el secreto de

estas cosas ve que todo es lo mismo (una misma cosa). **Por eso está escrito «la tierra guardará un Shabbat para el Eterno», porque cuando la tierra descansa, los sirvientes también han de descansar. Por esta razón «mas al séptimo saldrá libre de balde»** (Éxodo 21:2). **¿Y qué** significa **libre,** literalmente «de balde»**? Que no ha de abonar nada a su amo.** Éste es el misterio. **Como aprendimos, está escrito: «Nos acordamos del pescado que comíamos en Egipto de balde,** de los pepinos, y de los melones, y de los puerros, y de las cebollas, y de los ajos;» (Números 11:5). O sea, sin tener que pronunciar **una bendición ya que en Egipto no estábamos bajo el yugo de Arriba. Ven** y **ve: los esclavos están privados del yugo de Arriba y de las *mitzvot*h. ¿Y cuál es el yugo de Arriba?** La cosa se parece a **un buey puesto bajo un yugo para que sea útil y obtener un beneficio. Si no se le pone este yugo no hace ningún trabajo. Del mismo modo, el hombre ha de aceptar el yugo** de Arriba **en primer lugar y después efectuar el servicio religioso. Y si no acepta este yugo sobre él primero no será capaz de servir a Dios.**

Esto es lo que está escrito: «Servid al Eterno con temor; y alegraos con temblor» (Salmos 2:11). **¿Qué significa «con temor»? Es como está dicho: «El temor del Eterno es el principio de la sabiduría...»** (Salmos 111:10). **Esto hace referencia al reino de los cielos que se convierte en el yugo del reino de los cielos.** Y así es donde empieza todo. Y todo esto, **¿qué** nos **prueba? Primero las filacterias** (*tefilin*) **en la mano, y luego entramos en la santidad. Si ésta no se halla en él, la santidad de Arriba no puede descansar sobre él, como está escrito: «Con esto entrará Aarón en el santuario:** con *un* novillo por expiación, y *un* carnero en holocausto» (Levítico 16:3).

Este yugo no podrá descansar sobre alguien que está sujeto a otro y por esta razón los esclavos están exentos del yugo del reino de los cielos. Y si están exentos de ese yugo, también lo están del resto de las *mitzvot*, **ya que éstas no son colocadas sino sobre aquel con quien está el yugo. Por lo tanto, Israel comía en Egipto gratis** (*Jinem*). **Así también se irá gratis** (*Jinem*), (Éxodo 21:2), **ya que eran esclavos y lo que hicieron lo hicieron gratis** (*Jinem*), **sin**

el yugo de los cielos. Así como sus actos fueron gratis (*Jinem*)**, se irá gratis** (*Jinem*) **y hallará reposo. Más tarde, cuando** Israel **está libre y ha hallado reposo, es colocado sobre él un yugo** procedente **de ese lugar que le trajo libertad. Y si algún hombre rehusó ser libre, como dice el versículo: «Y si el siervo dijere: *yo* amo a mi Eterno,** a mi mujer y a mis hijos, no saldré libre» (Éxodo 21:5) **daña a ese lugar ya que ha rechazado el yugo del reino de los cielos y aceptado el yugo de su amo. Está dicho** a propósito de esto: **«Entonces su amo lo hará llegar a los jueces, y le hará llegar a la puerta** o al poste; y su amo le horadará la oreja con lezna, y será su siervo para siempre» (Éxodo 21:6)**, al lugar que él ha dañado.** ¿Y a qué lugar lo hará llegar? A la puerta o a la jamba, pues este lugar es la puerta de entrada a Arriba, llamada «jamba» (108b)**. Esto es lo que hemos aprendido. Y dado que tenía la intención de dañar este lugar, queda un defecto en su cuerpo. Es lo que está escrito: «**Entonces su amo lo hará llegar a los jueces, y le hará llegar a la puerta o al poste; **y su amo le horadará la oreja con lezna, y será su siervo para siempre»** (Éxodo 21:6)**, y el sirviente permanecerá al servicio de su amo hasta el año del jubileo. ¿Por qué la oreja? Esto ya ha sido enseñado. Escuchar depende de este órgano** (literalmente «lugar») **y actúa** (literalmente «hace») **Arriba. Cuando la asamblea de Israel se acercaba al monte Sinaí, con sus corazones llenos de amor, pusieron el «harás» antes del «escucharás». Normalmente el escuchar precede al hacer. Escuchar está ligado con el año sabático y como el sirviente deterioró su «escucharás», su oreja fue mancillada. Y esta mancha permanece en él y él ha de acercarse a ese lugar que dañó. Ésta es la razón por la cual: «Entonces su amo lo hará llegar a los jueces, ...»** (Éxodo 21:6) **como ha sido enseñado: «**Habla a los hijos de Israel, y diles: cuando hubiereis entrado en la tierra que yo os doy, **la tierra guardará reposo al Eterno»** (Levítico 25:2).

«Seis años sembrarás tu tierra, y seis años podarás tu viña, y cogerás sus frutos; **y el séptimo año la tierra tendrá sábado de reposo, sábado al Eterno; no sembrarás tu tierra, ni podarás** tu viña» (Levítico 25:3 y 4)**. Ya enseñamos, según está escrito: «mas el**

séptimo la dejarás *libre* y *la* soltarás, para que coman los pobres de tu pueblo; y *de* lo que quedare comerán las bestias del campo; así harás de tu viña y de tu olivar» (Éxodo 23:11). **¿Y por qué razón?** «para que coman los pobres de tu pueblo». **Porque los pobres están ligados a ese lugar y por ello se les dejará a ellos para que coman. De ahí que aquel que manifiesta misericordia para con los pobres trae paz a la asamblea de Israel y multiplica las bendiciones en el mundo, y trae gozo y fuerza al lugar denominado «justicia» para que pueda derramar bendiciones sobre la asamblea de Israel. Y esto ya ha sido explicado.**

RAIA MEHEMNA

«... y el séptimo año la tierra tendrá sábado de reposo, sábado al Eterno; no sembrarás tu tierra, ni podarás tu viña» (Levítico 25:3 y 4). **Esta *Mitzvah* es para descansar durante el séptimo año. La siguiente es para descansar durante el séptimo día y la siguiente es para saldar las deudas económicas en el séptimo y después contar** «te has de contar siete sábados de años, siete veces siete años; *de modo que* **los días de las siete semanas de años *vendrán a* serte cuarenta y nueve años** (Levítico 25:8). **Y éste es el secreto del grupo de los siete cuando emanan de la Shekinah, denominada «siete» desde el punto de vista del Justo, que es la séptima sefirah a partir de Binah. Y ésta es la hija de siete del lado de la madre de Arriba sobre lo que está escrito: «Siete veces al día te alabo** sobre los juicios de tu justicia» (Salmos 119:164).

Son siete nombres, *Alef, Beth, Guimel Iod, Taf, Tzadi; Kof, Resh, Ayin; Sin, Tet, Nun; Nun, Guimel, Dalet; Iod, Kaf, Shin; Beth, Tet, Resh; Tzadi, Taf, Guimel; Jet, Kof, Beth; Tet, Nun, Ayin; Iod, Guimel, Dalet; Pe, Zain, Kof; Shin, Kof, Vav; Tzadi, Iod, Taf.* Estos nombres **contienen cuarenta y dos letras y la suma de letras y palabras es cuarenta y nueve,** pues se trata de cuarenta y dos letras y siete palabras. **La madre de Arriba corresponde al quincua-**

108b - 109a

gésimo año, en el cual «Y santificaréis el año cincuenta, y **pregonaréis libertad** en la tierra a todos sus moradores; éste os será jubileo; y volveréis cada uno a su posesión, y cada cual volverá a su familia» (Levítico 25:10). **Porque en su interior se halla la Shekinah interior denominada «libertad». Y será redención y descanso para los hijos de Israel sobre los que está escrito: «Y será tu simiente como el polvo de la tierra,** y *te* multiplicarás al occidente, y al oriente, y al aquilón, y al mediodía; y todas las familias de la tierra serán benditas en ti y en tu simiente» (Génesis 28:14)»

Cada sefirah de estos siete nombres, tiene **seis alas, dado que hay seis letras en cada uno de los nombres. Y con ellas, el Santo, bendito sea y su Shekinah con todas sus sefiroth** «Y encima de él estaban serafines; cada uno tenía seis alas; **con dos cubrían sus rostros, y con dos cubrían sus pies, y con dos volaban»** (Isaías 6:2). **Y** la sefirah de **Binah es uno. La Shekinah de abajo es siete. Encima de Binah cuenta uno y uno, lo que suma siete Sefiroth. Dos, tres, cuatro, cinco, seis y siete, y a partir de aquí iba creciendo. Desde el punto de vista del extraño,** o sea del Satán, **«Y las aguas fueron decreciendo hasta el mes décimo;** en el décimo, al primero del mes, se descubrieron las cabezas de los montes» (Génesis 8:5). **¿Cuándo? Cuando la Shekinah de abajo mora con las** otras **siete** (109a). **Es lo que está escrito «Y reposó el arca en el mes séptimo,** a diecisiete días del mes, sobre los montes de Armenia» (Génesis 8:4)**, a la Shekinah de abajo. «...**a diecisiete días del mes» **es el séptimo y el décimo. Cuando asciende sobre ellas el nombre *Ehieh*, que es la sefirah de Binah, el año del jubileo, ésta es *Ehieh Asher Ehieh*** (Éxodo 3:14)**. y esto es dos veces *Ehieh*,** cuya guematria es **veintiuno, y** en total **suman cuarenta y dos.** Añadiéndole las **8 letras, obtenemos cincuenta. Y en ellas se encuentra la *Mitzvah* de contar el año del jubileo y la *Mitzvah* de devolver a la herencia de uno en el jubileo, según está escrito:** «En este año de jubileo volveréis cada uno a su posesión» (Levítico 25:13). **Cada cual ha de regresar al nivel al que estaba unida su alma, como ya enseñamos en:** «y el polvo se torne a la tierra, como era *antes*, **y el espíritu se vuelva a Dios** que lo dio» (Eclesiastés 12:7).

109a

La ***Shemitah,*** el año sabático**, representa a la Shekinah de abajo, que tiene siete años.** ***Iobel,*** el jubileo**, es la madre de Arriba, que** corresponde a la sefirah de **Binah en el año cincuenta. Israel estaba unido a ella cuando salió del exilio** de Egipto**, según está escrito «**Y santificaréis el año cincuenta, y pregonaréis libertad en la tierra a todos sus moradores; éste os será jubileo; y volveréis cada uno a su posesión, **y cada cual volverá a su familia»** (Levítico 25:10)**. Y así como en la salida de Egipto habían maestros de Torah, según se ha dicho de ellos «**mas hizo Dios al pueblo que rodease por el camino del desierto del mar Bermejo. **Y subieron los hijos de Israel de Egipto armados** (*jamushim*)**»** (Éxodo 13:18)**, quiere decir que era uno de cada cincuenta** (*jamishim*)**. Y la Shekinah de abajo, es la redención de las casas de las ciudades amuralladas, y en relación a esto se mencionan las casas de las aldeas que no tienen murallas. Hay dos casas en el corazón, cuando son casas de los sabios de la Torah, se llaman «casas de las ciudades amuralladas», según está escrito cuando salieron de Egipto: «**Entonces los hijos de Israel entraron por *en* medio del mar en seco, **teniendo las aguas** ***como*** **muro a su diestra y a su siniestra»** (Éxodo 14:22)**. Y los demás, los que no son maestros de Torah, son llamados «**Mas **las casas de las aldeas que no tienen muro** alrededor, serán estimadas como un campo de tierra; tendrán redención, y saldrán en el jubileo» (Levítico 25:31)**.**

Dijo Rabbí Shimon: a propósito de estos **lugares está escrito:** «Y aconteció que al tercer día se vistió Ester *su vestido* real**, y se puso en el patio de adentro de la casa del rey, en frente del aposento del rey;** y estaba el rey sentado en su trono real en el aposento real, enfrente de la puerta del aposento» (Ester 5:1)**. En cualquier lugar donde esté escrito «el rey» sin mencionar su nombre, se trata del Santo, bendito sea. «Y se puso» se refiere a que se puso a orar. «En frente del aposento del rey» es en frente del Templo, porque todo Israel ha de orar en frente del Templo. ¿Y qué significa «el aposento del rey»? Porque hay dos aposentos en la casa del Eterno. La Lámpara Santa** (Rabbí Shimon) **le dijo: los dos patios se refieren a la parte exterior del corazón y representan a los dos lóbulos del corazón, y los dos aposentos interiores representan los**

109a
dos ventrículos del corazón. Así la parte **exterior son dos y la** parte **interior son dos. Y en el tiempo en que venga la redención, la redención será para todos aquellos que están cerca del corazón, que es la Shekinah, y también para aquellos que se acercaron de lejos. Según está escrito:** «Crío fruto de labios, **paz; paz al lejano y al cercano**, dijo el Eterno, y le sanó» (Isaías 57:19). **Y esto desde lo lejano, desde el pecado, hasta lo cercano, desde la *Mitzvah*,** todo **al mismo tiempo.**

Será una *Mitzvah* tocar el *Shofar* en el jubileo, según está escrito: «Todos los moradores del mundo, y los vecinos de la tierra, cuando levantare bandera en los montes, **la veréis; y cuando tocare trompeta, la oiréis»** (Isaías 18:3). **Porque del mismo modo que todos los esclavos son liberados en el tiempo del jubileo, así es la redención última. Tocando el *Shofar* todo**s los hijos de **Israel se agruparán desde los cuatro extremos del mundo pues son esclavos del jubileo. Y entre los maestros de la Torah hay esclavos que pueden recibir un salario, y son llamados «esclavos del Rey y de la Reina». Pero está escrito a propósito de los hijos del Rey Santo** «Vosotros visteis lo que hice a los egipcios, **y *cómo* os tomé sobre alas de águilas, y os he traído a Mí»** (Éxodo 19:4), **en las alas de las Jaiot de la Merkavah** (ver Ezequiel 1:4 a 26).

Otra *Mitzvah* es ésta: dar a los Levitas ciudades donde vivir pues ellos no participaron en el pecado del becerro. El Santo, bendito sea, los apartó para Él para que tocaran diversos tipos de melodías para Él. De este modo los Kohanim (los sacerdotes) **cumplían su cometido como los Levitas con cantares y cánticos e Israel en su morada. ¿Cuántas *Mitzvot* tenían los Kohanim** (los sacerdotes)?

La primera *Mitzvah*, es **hacer el aceite de la unción; la segunda que los levitas guarden el templo; la tercera que los** hijos de **Israel reverencien el templo; la cuarta que los levitas lleven el servicio en el templo; la quinta hacer arder incienso dos veces al día; la sexta que los Kohanim** (los sacerdotes) **toquen las trompetas en el templo; la séptima es santificar la semilla de Aarón en el templo, la octava vestir vestiduras sacerdotales en el templo.**

La novena el lavado de las manos y los pies para el servicio en el templo; la décima que los Kohanim (los sacerdotes) **realicen sacrificios en el templo; la undécima redimir de ofrendas a los rechazados; la duodécima la ofrenda en el octavo día de la mujer que ha dado a luz; la decimotercera la sal de los sacrificios del templo; la decimocuarta hacer la ofrenda** quemada **según es costumbre; la decimoquinta hacer la ofrenda por pecado según es costumbre; la decimosexta comer de las cosas santas según es costumbre entre los Kohanim** (los sacerdotes)**; la decimoséptima comer las sobras de las ofrendas; la decimoctava hacer la ofrenda de comida según es costumbre; la decimonovena traer ofrendas al templo; la vigésima traer un voto o un regalo voluntario; la vigesimoprimera traer ofrendas** de cosas **santas por un recién nacido; la vigesimosegunda realizar dos ofrendas al día según es costumbre; la vigesimotercera hacer arder el fuego Eterno en el altar; la vigesimocuarta hacer la ofrenda de los excedentes; la decimoquinta encender las velas de la *menorah*,** el candelabro**; la vigesimosexta hacer cada día la ofrenda de harina; la vigesimoséptima una ofrenda adicional en el Shabbat; la vigesimoctava el orden del pan y del incienso; la vigesimonovena ofrecer una ofrenda adicional para el principio de mes** (la luna nueva)**; la trigésima ofrecer una ofrenda adicional en los siete días de Pesaj; la trigésimo primera sacrificar un cordero en el día del Omer; la trigésimo segunda la oferta del Omer; la trigésimo tercera ofrecer una ofrenda adicional en Shavuot; la trigésimo cuarta ofrecer dos panes en Shavuot, la trigésimo quinta ofrecer una ofrenda adicional en Rosh haShannah; la trigésimo sexta ofrecer una ofrenda adicional en Iom Kippur; la trigésimo séptima ofrecer un sacrificio adicional en los siete días de la fiesta** de Sukkot**; la trigésimo octava ofrecer una ofrenda adicional en Shemini Atzeret; la trigésimo novena quemar los residuos en el fuego; la cuadragésima quemar las cosas santas que se impurificaron; la cuadragésimo primera el servicio del sumo sacerdote en el día de Iom Kippur; la cuadragésimo segunda** se refiere **a aquel que penetra en el templo sin la debida autorización; la cuadragésimo**

tercera ofrecer la ofrenda por el pecado; la cuadragésimo cuarta la ofrenda de la culpa si no hay certeza de que el pecado se cometió; la cuadragésimo quinta la ofrenda de la culpa si hay certeza de que el pecado se cometió; la cuadragésimo sexta la ofrenda de mayor valor; la cuadragésimo séptima la ofrenda de los componentes **del Gran Sanhedrín que erraron; la cuadragésimo octava la ofrenda para después de la purificación; la cuadragésimo novena el sacrificio realizado para una mujer que ha sido purificada; la quincuagésima el sacrificio realizado para una mujer que ha tenido un hijo; la quincuagésimo primera la ofrenda por los leprosos; y de ahí derivan las otras *mitzvot*.**

Los dirigentes de las Ieshivot (las escuelas religiosas), **bajo juramento no han de apartarse de mí hasta que hayan preparado un sacrificio para el Santo, bendito sea. Porque la Shekinah es este sacrificio para el Eterno ya que toda ella se acerca al Rey en la unión completa del Macho y de la Hembra. Algunos miembros son de la cabeza, ojos con ojos, oídos** (109b) **junto a oídos, nariz con nariz, cara con cara, boca con boca, según está escrito** «*Después* subió, y se tendió sobre el niño, **poniendo su boca sobre la boca de él, y sus ojos sobre los ojos de él,** y sus manos sobre las manos de él; *así* se midió sobre él, y la carne del niño se calentó» (II Reyes 4:34). **Y con esto resucitó al niño. Y de este modo las manos del Rey con las manos de la Reina, cuerpo con cuerpo y con todos sus miembros el sacrificio es completo. Porque un hombre sin mujer es medio cuerpo, y la Shekinah no descansa sobre él. Así es el Santo, bendito sea, cuando no está cerca de la Shekinah y con todo Israel, que son hombres con cualidades ya que son sus miembros. Entonces la causa de las causas no descansa allí porque el Santo, bendito sea, no es uno sino cuando está con su Shekinah. Y en el exterior de la tierra** de Israel, **la Shekinah es apartada de su esposo, como está dicho: aquel que viva fuera de la tierra** de Israel, **es como alguien que no tiene dios, dado que no hay ofrendas fuera de la tierra** de Israel **y no hay sacrificios fuera de la tierra** de Israel. **Y en el tiempo en el que el Santo, bendito sea, se acerca a su Shekinah, se realiza este versículo:** «Y el Eterno será Rey sobre toda la tierra. **En aquel día el Eterno será uno, y su nombre uno».** (Zacarías 14:9). **Entonces la causa de las causas mora sobre ellos.**

Porque aunque los patriarcas hacían plegarias en vez de sacrificios, esto fue para acercar Nefashot, Rujot y Neshamot (niveles de almas), **que son mentales, al Santo, bendito sea y a su Shekinah, como los miembros a un cuerpo. Sin embargo, desde el punto de vista del trono y de los ángeles, que son como cuerpos miembros fuera del Rey y de la Reina, no hay sacrificio. Es la razón por la cual está dicho respecto al trono:** «y dijo: por cuanto *Amalek* ***levantó*** **la mano sobre el trono del Eterno**, el Eterno tendrá guerra con Amalek de generación en generación» (Éxodo 17:16) **y «El trono de gloria, altura desde el principio,** ***es*** **el lugar de nuestra santificación»** (Jeremías 17:12). **Los ángeles están fuera del cuerpo, como dice el versículo «**He aquí, que sus embajadores darán voces afuera, **los mensajeros de paz llorarán amargamente»** (Isaías 33:7)**; están afuera.**

¡Ojalá desees devolvernos al templo para realizar la oración que compusieron los primeros sabios! **¡Ojalá desees, oh Eterno nuestro Dios, y el Dios de nuestros padres, hacernos subir a nuestra tierra con alegría y plantarnos dentro de sus fronteras! Ahí te hacemos los sacrificios, las prendas y los holocaustos según su orden, cada uno según su orden, y las ofrendas de Musaf.**

Y ahora ya no hay sacrificios fuera de la tierra de Israel como cuerpos de Briah, porque el Santo, bendito sea y su Shekinah del lado de Atzilut no tiene separación o división, puesto que la Shekinah es su unión, su bendición y su santificación. Ella es denominada cuerpo únicamente cuando se manifiesta en un trono y en los ángeles de Briah; es como un alma vestida de cuerpo para ellos. Y por esa razón, cuando la Shekinah se halla fuera del templo y fuera de sus tronos no es una con Él.

Desde el aspecto del trono de arriba, que es el cuerpo del Santo, bendito sea, los ángeles que descienden son los miembros que salen del cuerpo, que son los machos, y las almas que se forman ahí, también **son machos. El segundo trono es el cuerpo de la**

Shekinah. Y todas las almas que proceden de ella son hembras. Y los ángeles que proceden de ella son hembras. Su unión depende del Santo, bendito sea, y de su Shekinah. Así es la unión entre el Santo, bendito sea, y su Shekinah. A pesar de que ellos son como almas en relación al trono y a los ángeles, también son para ti la causa de las causas, como un cuerpo. Porque tú eres el que los une y los atrae, y nuestra fe en está con ellos. Y no hay alma alguna encima de ti de la que tú serías cuerpo, ya que tú eres el alma de las almas y no hay alma encima de ti ni Dios encima de ti. Tú estás fuera de todo y dentro de todo, en todas partes, por encima y por debajo de todo. No hay otro Dios encima, abajo o en cualquier dirección, o en el interior de las diez Sefirot, a partir de las cuales nos llega todo y de quien todo depende. Tú te hallas encima de cada una de las Sefirot a través de su largura, su anchura, arriba y abajo. Tú te hallas entre las Sefirot, en cada Sefirah y Sefirah. Y tú eres el que acerca a Santo, bendito sea y su Shekinah en todas las Sefirot, en todas las ramas de las luces que se desprenden de ellas como huesos y tendones, como piel y carne del cuerpo. Y tú no tienes cuerpo y miembros, y en ti no hay hembra y eres uno, sin un segundo. Que sea tu deseo atraer la Shekinah cerca del Santo, bendito sea, en todos los grados que son el Atzilut de ella, que son las almas de aquellos que son dueños de sus virtudes. Los príncipes de Israel, los sabios, los inteligentes, los piadosos, los poderosos, los hombres de verdad, los profetas, los justos, los reyes, todos ellos pertenecen al mundo de **Atzilut aunque hay otros del mundo de *Briah*** (110a).

Porque la Shekinah es una ofrenda de sacrificio, *korban*, aceite para la unción, a la derecha hay aceite para la lámpara, según está escrito «E hizo Dios las dos luminarias grandes; la luminaria grande para que Eternoease en el día, y la luminaria pequeña para que Eternoease en la noche, y las estrellas» (Génesis 1:16)**; el aceite para ungir sagrado está en el lado de la izquierda, y de él se dice que es para santificar a los levitas. El aceite virgen es del lado del justo, que tritura los miembros, que son las olivas, para producir aceite para la mecha. La mecha es** del color del ***Tejelet*, y es**

la fuerza de donde viene el temor. Los levitas son los guardianes del templo. De ahí la *Mitzvah* de manifestar **temor al templo, una *Mitzvah* relativa al trabajo de los levitas en el templo en las veinticuatro guardias de los levitas, durante las cuales los levitas entonaban cánticos e himnos delante de Ti a fin de elevar a la Shekinah, canto y salmodia para El Eterno. Veinticuatro sumado a uno por el canto y a uno por la salmodia, son veintiséis, como la guematria del Tetragrama. Y la siguiente es la *Mitzvah* del incienso Eterno para el Santo, bendito sea, y el incienso es sacrificio.**

«Y desollará el holocausto, y lo dividirá en sus piezas» (Levítico 1:6)**. Y las partes de la ofrenda y las grasas que son consumidas durante toda la noche hacen expiación por los miembros del cuerpo y su alma para que no ardan en el** fuego del **infierno y no sean entregados a las manos del ángel de la muerte. Y dado que el hombre peca a causa de la Mala Inclinación, que es el norte, es degollado por el lado del norte, para salvarlo de ese norte** que es la Mala Inclinación.

Y así es **con los sacrificios. Entonces más aún con los profetas a pesar de que la Torah es el nombre del Tetragrama y dice a propósito de la profecía: «El Espíritu de El Eterno los pastoreó,** como a *una* bestia, que desciende al valle; así pastoreaste tu pueblo, para hacerte nombre glorioso» (Isaías 63:14)**. Ésta es la razón por la cual no todos los maestros de Torah son iguales y no todos los profetas son iguales pues las profecías de algunos profetas son de los vestidos del Rey, y ésta es la Torah oral. Algunas personas tienen dudas y objeciones** en lo que respecta **al vestido del Rey,** y cuestionan la Torah oral.

Y hay otros profetas **aún mejores que son de los miembros del Rey.** A propósito **de ellos está dicho: «Y yo vi», ya que veían con** sus **ojos. «Oh Eterno, he oído tu palabra, y temí.** Oh Eterno, aviva tu obra en medio de los tiempos, en medio de los tiempos hazla conocer; en la ira acuérdate de la misericordia» (Habakuk 3:2)**. Esto pertenece al** sentido del **oído. Ezequiel vio y profetizó** a partir **de sus ojos, Habakuk escuchó con sus oídos. Y de este modo Eze-**

110a

quiel vio todas las figuras de la Merkavah (la carroza) **con la visión del ojo de su mente. Habakuk por** medio del **oído. Existe una profecía que procede de la boca, según está escrito: «y tocando con él sobre mi boca**, dijo: he aquí que esto tocó tus labios, y quitará tu culpa, y tu pecado será limpiado» (Isaías 6:7)**. Y otra profecía procede del aliento de las narices, según está escrito: «Y entró espíritu en mí luego que me habló**, y me afirmó sobre mis pies, y oí al que me hablaba» (Ezequiel 2:2)**. Y hay quien profetiza a través de la mano, según está escrito «**Y hablé por los profetas, y yo aumenté las visiones, **y por mano de los profetas puse semejanzas»** (Oseas 12:10)**. Y hay otros en la vida del Rey y otros en lo interior.**

Lo mismo ocurre con la Torah, que tiene **significados literales, significados evidentes, significados intuitivos, secretos de los secretos de la Torah, y Arriba se hallan los misterios de los misterios del Eterno. Lo mismo ocurre con los sacrificios. A pesar de que todos los sacrificios son para el Eterno, Él los recibe y reparte entre Sus legiones. Algunos los entrega a los perros, aquellos que no son apropiados, los da a Samael, que es como un perro, y a sus legiones. Y descendió con el aspecto de un perro. Da algo a los demonios entre los cuales hay algunos que son como bestias, mientras que otros son como los ángeles regentes, y otros como hombres. A aquellos que se comportan como demonios, les entrega sus ofrendas a los demonios. Distribuye entre los ángeles las ofrendas de aquellos que son como ángeles, por lo que está escrito: «**Manda a los hijos de Israel, y diles: **mi ofrenda, mi pan con mis ofrendas encendidas en olor grato a mí**, guardaréis, ofreciéndomelo a su tiempo» (Números 28:2) **cuando sus ofrendas no son para animales pues las ofrendas para animales son las que realizan los hombres ignorantes. Las ofrendas de los hombres son plegarias y actos de bondad. Las ofrendas de los estudiosos** de la Torah**, de los sacerdotes, de los que poseen virtudes, y de aquellos que conocen los secretos de la Torah y los misterios que están ocultos** en ella**. El Santo, bendito sea, desciende en persona para recibir sus ofrendas, que son «La Torah del Eterno es íntegra»** (Salmos 19:8)**.**

Y los estudiantes de los maestros, sus palabras son como la comida de las ofrendas. Y hay otros cuyo estudio es más fuerte, cuyas ofrendas son como ofrendas que alimentan y no como comida de las ofrendas. Y hay aún **otros cuya Torah** consiste en **comer las** cosas **santas y los alimentos de las ofrendas que están ante los ojos del Rey y todas las ofrendas que el Santo, bendito sea, ordenó ofrendar en su casa a la Shekinah. Ésta es la *Mitzvah* de ofrecer ofrendas en el templo, a fin de que el versículo que dice: «**Así dijo el Eterno: **no se alabe el sabio en su sabiduría, ni se alabe el valiente** en su valentía, ni el rico se alabe en sus riquezas» (Jeremías 9:23)**, sea realizado.**

La cosa se parece a **un Rey cuyos sirvientes, príncipes y regentes enviaron regalos. Dijo: aquel que desea enviarle un regalo no debe hacerlo sino a través de la Reina, a fin de que por medio de ella sea realizado el versículo: «**El Eterno afirmó en los cielos su trono; **y su reino domina sobre todos**» (Salmos 103:19)**. Por esto la Shekinah es llamada «una ofrenda para el Eterno», o «una ofrenda quemada para el Eterno», o una ofrenda de culto para Eterno» e incluso «ofrendas por una cosa impura». Porque tanto las madres como los leprosos y los hombres y mujeres que tienen algún problema, todos ellos han de sacrificar al Eterno y a su Shekinah. Ella luego lo distribuye a todos, según está escrito** «Se levantó aun de noche**, y dio comida a su familia, y ración a sus criadas»** (Proverbios 31:15)**. Y ella da incluso a los animales, una ofrenda de cebada, que es lo que comen los animales y el alimento de los sirvientes y sirvientas de la casa del Rey. E incluso lo de los perros, y los asnos y los camellos, para que por ella sea cumplido: «**El Eterno afirmó en los cielos su trono; **y su reino domina sobre todos**» (Salmos 103:19)**. ¿De dónde aprendemos que todo es distribuido a través de ella?** Lo aprendemos **de** «Se levantó aun de noche**, y dio comida a su familia, y ración a sus criadas»** (Proverbios 31:15)**. Dado que el Santo, bendito sea es el hijo de *Iod He*,** la letra ***Vav*, hija de *Iod He*, incluye *Iod He Vav*, y es perfeccionada por medio de** la letra ***He*,** con la que se completa el Tetragrama**. De este modo es una ofrenda quemada y completa para el Tetragra-**

ma, una ofrenda para el Tetragrama, ofrendas de paz para el Tetragrama porque se acerca a él, y es completado el Tetragrama.

Y todo vuelve a él. Por eso: «El que sacrificare a dioses, excepto sólo al Eterno, será muerto» (Éxodo 22:20). **Ya que no se ha de dar completitud al otro lado, por medio de los sacrificios ya que todos los dioses** extraños **pertenecen al mundo de la separación y carecen de cercanía y armonía, y el Santo, bendito sea, los separó de su nombre. Como está dicho:** «Y vio Dios que la luz *era* buena; **y apartó Dios a la luz de las tinieblas**» (Génesis 1:4). **Y aquel que acerca lo que el Santo, bendito sea, separó es como si acercara mujeres impuras a sus maridos. Éste es el** significado **secreto de: «Y no llegarás a la mujer en el apartamiento de su inmundicia,** para descubrir su desnudez» (Levítico 18:19). **Y por esto no ha de descubrir su desnudez, pues cada tipo de incesto es comparable a la adoración de ídolos del otro lado. Por eso está dicho:** «Por estos fueron partidas las islas de los gentiles en sus tierras, cada cual según su lengua, conforme a sus familias en sus naciones» (Génesis 10:5) **y también** «Estos *son* los hijos de Cam por sus familias, **por sus lenguas, en sus tierras, en sus naciones**» (Génesis 10:20). **También está escrito:** «Por esto fue llamado el nombre de ella Babel, **porque allí mezcló el Eterno el lenguaje de toda la tierra, y de allí los esparció sobre la faz de toda la tierra»** (Génesis 11:9). **El Santo, bendito sea, separa a aquellos que llevan una ofrenda al otro lado en su nombre porque no tiene parte en su nombre, ya que el Santo, bendito sea, eligió a Israel de entre las otras naciones, según está escrito:** «porque eres pueblo santo al Eterno tu Dios, **y el Eterno te ha escogido** para que le seas *un* pueblo único de *entre* todos los pueblos que están sobre la faz de la tierra» (Deuteronomio 14:2) **y los seleccionó a ellos de entre las demás naciones porque eran su parte. Es lo que está escrito «Porque la parte del Eterno *es* su pueblo** (110b); Jacob el cordel de su heredad» (Deuteronomio 32:9). **Y por lo tanto les entregó la Torah en su propio nombre:** «Y dijo más Dios a Moisés: así dirás a los hijos de Israel: el Eterno Dios de vuestros padres, el Dios de Abraham, Dios de Isaac y Dios de Jacob, me ha enviado a vosotros. **Éste es mi Nombre para siempre, y éste *es* mi me-**

morial por todos los siglos» (Éxodo 3:15)**. Y esto ya ha sido explicado. Las letras *Iod He* junto con la palabra mi Nombre** (*Shemi*)**,** suman **365.** Las letras ***Vav He* junto con mi memorial** (*Zijri*)**,** suman **248. Con cada *Mitzvah* y *Mitzvah*** (con todos los preceptos)**, aceptó a Israel a su nombre, a fin de que cada miembro y miembro** (cada uno de sus miembros) **fuera una parte de su destino, por lo que: «El que sacrificare a dioses, excepto sólo al Eterno, será muerto»** (Éxodo 22:20). 365 y 248 suman 613 como el número de preceptos.

Israel ha de hacerse socio del Eterno, en su comportamiento (literalmente «su caminar») **y en su despertar, según está dicho: «Te guiará cuando anduvieres; cuando durmieres te guardará; hablará contigo cuando despertares»** (Proverbios 6:22)**. Entonces se levantó el estudiante y se arrodilló delante de él diciendo: ¡dichosa es la parte de aquel que merece escuchar estas palabras, pues son palabras en el nombre de el Eterno, en cada lado, y nadie sale de cualquiera de sus lados!**

Fin del Raia Mehemna

«Y si dijereis: ¿Qué comeremos el séptimo año? He aquí no hemos de sembrar, ni hemos de coger nuestros frutos,» (Levítico 25:20)**. Rabbí Iehuda abrió diciendo: «Espera en el Eterno, y haz bien; vive en la tierra, y mantén *la* verdad»** (Salmos 37:3)**. El hombre ha de ser siempre cuidadoso con su señor, y unirse con todo su corazón a la fe de Arriba a fin de ser completo para su señor, porque cuando él es completo con su señor, no puede perjudicarle ninguno de los habitantes de este mundo.**

Ven y **ve: «Espera en el Eterno, y haz bien**; vive en la tierra, y mantén *la* verdad» (Salmos 37:3)**. ¿Qué es hacer el bien? Hemos aprendido** de nuestros maestros **que la acción abajo provoca la acción Arriba como ha sido enseñado: «y hazles», que es como decir que por medio de las acciones que se hacen abajo, se hacen Arriba. «...y haz bien» ya que el bien no es otra cosa sino el justo, según está escrito: «Decid al justo que *le irá* bien**, porque come-

110b

rá de los frutos de sus manos» (Isaías 3:10). **Y cuando hacemos esto** aquí abajo, **ciertamente este bien se provocará** Arriba. **Entonces:** «...**vive en la tierra, y mantén *la* verdad**» (Salmos 37:3). **Y todo es una única cosa.**

Mora en la tierra, en la tierra de Arriba. Porque no hay nadie en el mundo que pueda residir en ella hasta que sea provocado ese «bien». Y cuando el hombre lo provoca es como si la formara y puede residir en la tierra, comer de su fruto y alegrarse con ella. «...y mantén *la* verdad» (Salmos 37:3). **Se trata de la tierra y todas son una, según está escrito:** «Anunciar por la mañana tu misericordia, **y tu fidelidad en las noches**» (Salmos 92:3). **«Con fidelidad» es conducirla a donde tú deseas. Y si uno no lo provoca, este bien se encuentra lejos de ella. No te acerques a ella, no te aproximes a la hornilla caliente y si te acercares a ella, sé cuidadoso, como alguien que teme a la muerte, pues ella es un fuego ardiente que con sus llamas consume al mundo. Cuando uno provoca el acercamiento de este bien hacia ella, reside dentro de ella y ya no le tiene miedo. Como está dicho: «Determinarás asimismo una cosa, y te será firme; y sobre tus caminos resplandecerá luz»** (Job 22:28).

Ven y **ve: los hijos de la fe se comportan cada día de acuerdo a sus deseos. ¿Quiénes son los hijos de la fe? Son aquellos que provocan ese «bien» sin escatimar esfuerzos, para encontrarse con ella, ya que saben que el Santo, bendito sea les dará más, según está escrito: «Hay *quienes* reparten, y *les* es añadido más;** y *hay quienes* retienen más de lo que es justo, mas vienen a pobreza» (Proverbios 11:24). **¿Por qué? Porque ponen en movimiento bendiciones delante de él. Por eso no hay que decir: «¿si hoy doy, qué haré mañana?», pues el Santo, bendito sea, le da bendiciones sin límite, como ya ha sido explicado.**

Por esta razón: «Y si dijereis: ¿Qué comeremos el séptimo año? He aquí no hemos de sembrar, ni hemos de coger nuestros frutos,» (Levítico 25:20), **la respuesta es: «Entonces *yo* os enviaré mi bendición el sexto año, y hará fruto por tres años»** (Levítico 25:21). **¿Por qué está escrito «hará»** (en hebreo *asat*)**?, Debería decir *as-***

tah, con una letra *He*. **Es para provocar que la** letra ***He*** **se aparte, ya que el año sabático y el descanso son de ella y no hace labor, según está escrito:** «Mirad que **el Eterno os dio** el sábado, y por eso os da **en el sexto día pan** para dos días. Estése, pues, cada uno en su casa, y nadie salga de su lugar en el séptimo día» (Éxodo 16:29)**. De este modo: «Entonces *yo* os enviaré mi bendición el sexto año»** (Levítico 25:21).

Rabbí Jía y Rabbí Iosi iban por el camino y llegaron a una montaña. Se encontraron con otros dos hombres que también caminaban y, al mismo tiempo, vieron que se acercaba un hombre y les decía: por favor os lo pido, dadme algún alimento aunque sólo sea un trozo de pan. Durante dos días estuve perdido en este desierto sin poder probar bocado. Uno de los hombres se apartó del camino y tomó de lo que había traído consigo para el camino y se lo dio. Le dio de comer y le dio de beber. Entonces su compañero le preguntó: ¿qué harás cuando necesites alimento, porque yo comeré de lo que traje para mí y no te daré nada**? Y éste contestó: ¿acaso** necesito comer de **tu comida? El pobre hombre se sentó a su lado hasta que comió todo lo que tenía e incluso así el viajero le dio todo lo que le quedaba para que lo llevara en el camino. Y entonces el hombre pobre se fue. Dijo Rabbí Jía: el Santo, bendito sea, no deseo que hiciéramos esto. Rabbí Iosi dijo: tal vez hay una sentencia pendiente sobre este hombre, y el Santo, bendito sea deseó poner esto en su camino para liberarlo. Mientras caminaban, el hombre se desvaneció. Su compañero le dijo: ¿no te dije** (111a) **que no entregaras tu pan a otro? Le dijo Rabbí Jía a Rabbí Iosi: nosotros tenemos pan, démosle algo para que coma. Rabbí Iosi le dijo: ¿quieres deshacer el mérito de su buena acción? Sigamos caminando y veamos, ya que es posible que la muerte venga tras él y el Santo, bendito sea desee preparar algún mérito para él a fin de liberarlo. Entretanto, el hombre se quedó dormido debajo de un árbol y su compañero prosiguió su camino sentándose más adelante. Rabbí Iosi dijo a Rabbí Jía: sentémonos y miremos qué hace, porque sin duda el Santo, bendito sea, tiene la intención de hacer un milagro para él. Se quedaron**

de pie esperando. Mientras esperaban, vieron una víbora que brillaba. Refiriéndose **al hombre que estaba dormido, Rabbí Jía dijo: ¡Ay de este hombre porque seguramente morirá! Rabbí Iosi dijo: este hombre merece un milagro del Santo bendito sea. Entonces bajó del árbol una serpiente con la intención de matar al hombre y la víbora la atacó y la mató. Acto seguido la víbora giró la cabeza y siguió su camino. Dijo Rabbí Iosi: ¿acaso no te dije que el Santo, bendito sea, deseaba hacer un milagro para él y que no debías agotar su mérito? Entonces el hombre se despertó y se levantó para irse. Rabbí Jía y Rabbí Iosi se acercaron y le dieron comida. Cuando hubo comido le explicaron el milagro que había hecho para él el Santo bendito sea** (111b).

Abrió Rabbí Iosi y dijo: «Espera en el Eterno, y haz bien; vive en la tierra, y mantén *la* verdad» (Salmos 37:3). **¡Dichosa la parte de aquel que hace el bien con lo que tiene, ya que suscita el bien hacia la asamblea de Israel. ¿Con qué** lo hace**? Por medio de la caridad, ya que cuando la caridad es realizada, este bien va hacia la asamblea de Israel. Por lo que está escrito: «Los tesoros de maldad no serán de provecho;** mas la justicia libra de la muerte» (Proverbios 10:2). Caridad «*Tzedakah*» y justicia «*Tzedek*» pertenecen a la misma raíz etimológica. **¿Por qué? Porque la caridad es árbol de la vida. Se levanta contra el árbol de la muerte y toma aquellos que están ligados a éste, y los libera de la muerte. ¿Y quién hace que el árbol de la vida haga esto? Uno dice: la caridad lo hace, pues es como si lo hiciera Arriba, según está escrito «**Dichosos los que guardan juicio, **los que hacen justicia en todo tiempo»** (Salmos 106:3). **Y esto ya ha sido explicado.**

RAIA MEHEMNA

«Y los poseeréis por juro de heredad para vuestros hijos después de vosotros, como posesión hereditaria; **para siempre os serviréis de ellos**; pero en vuestros hermanos los hijos de Israel, no os enEter-

111b

noearéis cada uno sobre su hermano con dureza» (Levítico 25:46). **Es una *Mitzvah* tener un esclavo cananeo, según está escrito: «para siempre os serviréis de ellos...». Porque los cananeos vienen del lado de Cam que descubrió la desnudez** de su padre, **acerca de quien está escrito:** «y dijo: maldito *sea* Canaán; siervo de siervos será a sus hermanos» (Génesis 9:25). **¿Por qué es siervo de siervos? Porque es un siervo para el siervo eternamente, porque es el mundo del jubileo. Y podrías decir que al ser hermano de Shem y de Iafet, debería ser como ellos. Dado que Eliezer, el siervo de Abraham, era descendiente de Cam, ¿por qué no se parecía a él y resultó ser un justo? El Santo, bendito sea, aprobó la bendición que le dio Labán. Efectivamente** todo **esto** tiene que ver con **el secreto de la reencarnación: hace desaparecer a la luz delante de la oscuridad. El servidor de Abraham,** Eliezer, **salió de la oscuridad y es de la simiente de Cam. Al servidor le basta con ser como su amo, Abraham, que viene de Teraj practicante de la *Avodah Zarah*** (idolatría). **«A la luz delante de la oscuridad». Son Ismael que salió de Abraham y Esaú** que salió **de Isaac. Y este secreto es que es producido por la mezcla de las gotas del lugar que no es suyo. Él es el que mezcla sus gotas con una criada,** llamada **Majalat, hija de Ismael, o con la hija de un desconocido, quienes son el mal y la oscuridad, mientras que su gota es el bien, la luz, «Y vio Dios que la luz *era* buena;** y apartó Dios a la luz de las tinieblas» (Génesis 1:4). **Aquel que mezcla el bien con el mal desobedece las palabras de su señor, que dijo: «mas del árbol de *la* ciencia del bien y del mal, no comerás de él**; porque el día que de él comieres, morirás» (Génesis 2:17).

El Santo, bendito sea, tomó lo que el hombre **mezcló y lo puso junto para que se reencarnara y fuera castigado.** El hombre **puede arrepentirse y esforzarse en** el estudio de **la Torah, y separar el mal del bien, que son lo prohibido y lo permitido, lo impuro y lo puro, lo apropiado y lo inapropiado** (*Kasher* y *Pasul*), **lo cual es separar el mal del bien, según está escrito: «Formó, pues, el Eterno Dios al hombre** *del* polvo de la tierra, y sopló en su nariz *el* aliento de vida; y fue el hombre un alma viviente» (Génesis 2:7).

111b

Una formación para el bien y una formación para el mal. Y a través del estudio **de la Torah él los separa. Y el Santo, bendito sea le entrega un alma a fin de que pueda dominar a las dos** formaciones, **la de la luz y el mundo venidero y la otra, la oscuridad y este mundo, según está escrito: «...y sopló en su nariz *el* aliento de vida; y fue el hombre un alma viviente»** (Génesis 2:7). **De acuerdo a sus méritos y sus actos de bondad** es juzgado el hombre, **como ya hemos explicado, aquel que hace una *Mitzvah* se enriquece. En** la persona ***Beinoni*** (que no es un justo pero tampoco un malvado), **los méritos y los pecados están en equilibrio: la mitad de los méritos está abajo y la mitad de los pecados** también **está abajo. Y este secreto es el de: «**Y dijo el Rey a Ester en el banquete del vino: **¿Cuál es tu petición, y te será otorgada? ¿Cuál es tu demanda? Aunque sea la mitad del reino, te será concedida»** (Ester 5:6). Cuando se trata de **un justo completo** (*Gamur*), **todos sus méritos están Arriba y** todos **sus pecados están abajo.** En el caso de **un pecador completo, sus pecados están Arriba y sus méritos están abajo. Y aquel hombre que peca en público está en los dos grados, y si se arrepiente en público,** se encuentra **entre los justos, que conocen las leyes del Santo, bendito sea, y se guardan a sí mismos del pecado. Pero si se arrepiente en privado** se encuentra **entre los malvados, para que se cumpla: «Mas los ojos de los malos se consumirán**, y no tendrán refugio; y su esperanza *será* agonía del alma» (Job 11:20).

Y en contra de esto fue el pecado de Adán según está escrito: «Y mandó el Eterno Dios al hombre, diciendo: de todo árbol del huerto comerás;» (Génesis 2:16). **Ya ha sido explicado que «mandó» se refiere a la idolatría. Y como él pecó con la idolatría, lo puso en una gota de Tera, que irritó al Santo, bendito sea, pues había pecado de idolatría. Hizo penitencia** Abraham el hijo de Tera o sea su simiente **y destruyó los ídolos y su comida. De este modo corrigió los pecados y destruyó el pecado y las construcciones del mal. Y de este modo** propició **que el Santo, bendito sea, y su Shekinah reinarán en el mundo. De este modo, santificando su nombre públicamente y entrando en el fuego para ser quemado,**

111b

a fin de que estas palabras pudieran ser cumplidas: «Las esculturas de sus dioses quemarás en el fuego; no codiciarás plata ni oro de sobre ellas para tomarlo *para ti* ; para que no tropieces en ello, porque es abominación al Eterno tu Dios;» (Deuteronomio 7:25)**. Y no sólo esto, también propició que su padre, Tera, se arrepintiera y lo llevó a él, y a su madre y a todos los notables de su generación al Gan Edén** (el paraíso)**. De este modo fue purificado por el fuego como la plata, como la moneda del Rey que fue acuñada con un poco de plomo. Por lo tanto, fue conducido al fuego y salió el plomo, que es Ismael. Ismael se burlaba y practicaba la idolatría mientras que Adán había sido purificado por el fuego. He aquí el cambio de nombre porque cuando Adán se encarnó tuvo que pasar por un cambio de nombre, un cambio de lugar, y un cambio** en su modo **de obrar.**

Después de esto vino Isaac y se hizo más fuerte a través de él y vino **el segundo pecado, y cuando se dice «el hombre», esto es el derramamiento de sangre** (juego de palabras entre *Adam* y *haDam*, «la sangre»)**. Que trajo el juicio de Isaac por medio del cuchillo. Por medio** del cuchillo **fue purificado así como el alimento es** separado de lo impuro, y lo impuro salió. **Es Esaú que derrama sangre.**

Después de esto vino Jacob y lo formó junto a **Labán, y fue su sirviente, según está escrito «**Y Jacob amó a Raquel, y dijo: **te serviré siete años por Raquel**, tu hija menor» (Génesis 29:18)**. Pero como él la cambió por su hermana fue su sirviente durante otros siete años, a fin de sacar las dos gotas que Adán derramó en un lugar extraño. Se trata del incesto, aludido en la palabra «diciendo»** de Génesis (2:16)**. Y así las sacó de Labán el arameo,** que es malvado como **la serpiente. Y a través de tres, consiguió un cambio de nombre, un cambio de lugar y un cambio** en su modo **de obrar. Consiguió un cambio de nombre a través de Abraham, un cambio de lugar a través de Isaac y un cambio** en su modo **de obrar a través de Jacob. Y a propósito de el fue dicho: «**Entonces la vio él, y la tasó; la preparó y también la inquirió» (Job 28:27)**, que si recibía ese arrepentimiento, aún más el de otros. Por lo tanto, para ser un buen servidor fija el lugar, y para un mal ser-**

111b

vidor también. Sin embargo, en lo que se refiere a los demás servidores: «Y los poseeréis por juro de heredad para vuestros hijos después de vosotros, como posesión hereditaria; para **siempre os serviréis de ellos**; pero en vuestros hermanos los hijos de Israel, no os enseñorearéis cada uno sobre su hermano con dureza» (Levítico 25:46). **Se levantaron los directores de la Ieshivah y dijeron: «Bienaventurado el pueblo que tiene esto;** bienaventurado el pueblo cuyo Dios *es* el Eterno» (Salmos 144:15). **La guematria de «Que tiene esto»** (*Shakeja*)**, es 345 como la de Moisés. Y dijo el pastor fiel:** «...**bienaventurado el pueblo cuyo Dios *es* el Eterno»** (Salmos 144:15).

Fin del Raia Mehemna

(111b) **«Porque míos son los hijos de Israel; son esclavos míos**, a los cuales saqué de la tierra de Egipto. Yo *soy* el Eterno vuestro Dios» (Levítico 25:55). **Les ha sido ordenado hacer muchas cosas en el Templo y también fuera del templo a través de todos los servicios que son llamados «servicio», o sea la plegaria, y la observación de las *Mitzvoth* de la Torah, pues todo es llamado «servicio» como un sirviente que trabaja para todo lo que necesita *su señor*. Por esto mismo llamó a los de Israel «esclavos» según está escrito: «Porque míos son los hijos de Israel; son esclavos míos**, a los cuales saqué de la tierra de Egipto. Yo *soy* el Eterno vuestro Dios» (Levítico 25:55). **¿Por qué «esclavos»? Porque está escrito: «a los cuales saqué de la tierra de Egipto.** Yo *soy* el Eterno vuestro Dios» (Levítico 25:55). **Y, más adelante, en los diez mandamientos, dirá: «Yo *soy* el Eterno tu Dios, que te saqué de la tierra de Egipto,** de casa de siervos» (Éxodo 20:22), **para que le sirvieran** como hacen los **siervos con *su señor* que los ha librado de la muerte y ha mediado redimiéndolos de todos los males** de este **mundo.**

Y dos denominaciones tiene Israel delante del Santo, bendito sea. Son llamados «esclavos», según está escrito «son esclavos míos» y son llamados «hijos», según está escrito «Hijos sois del

Eterno vuestro Dios: no os sajaréis, ni pondréis calva sobre vuestros ojos por muerto;» (Deuteronomio 14:1). **Porque en el tiempo en que el hombre conoce al Santo, bendito sea de un modo general, es llamado «esclavo» y hace lo que *su señor* le ordena y no le está autorizado mirar y buscar en los tesoros y los misterios de su casa. Pero en el tiempo en que conoce** al Santo, bendito sea **de un modo individual, entonces es llamado «su hijo amado» porque un hijo busca en lo oculto, en todos los secretos de su casa. Y a pesar de que es llamado «hijo», el hijo primogénito del Santo, bendito sea, según está escrito «**Y dirás al Faraón: el Eterno ha dicho así: **Israel *es* mi hijo, mi primogénito»** (Éxodo 4:22)**, no ha de dejar de considerarse a sí mismo** como **un sirviente que sirve a su padre en todo servicio. Cualquier hombre ha de comportarse así para con su padre. Un hijo que busca en sus secretos y conoce los misterios de su casa y es mediador con ellos ha de ser un sirviente de su padre.**

Y el secreto de este asunto son los dos grados en los que ha de estar elevado el hombre, y estos grados son el secreto de la fe, y son uno. Uno es el secreto del sirviente y otro es el secreto del hijo. Y el del sirviente es llamado «el Eterno de toda la tierra», y el d**el hijo, como ya ha sido señalado «Israel *es* mi hijo, mi primogénito»** (Éxodo 4:22)**. Y todo es un único secreto de la fe y el hombre ha de ser elevado para incluirse en el secreto de la fe.**

«Sirviente» a fin de realizar (servir) **todo tipo de trabajos, en la plegaria denominada «trabajo»** (112a)**. Y como el sirviente es un trabajo que es un secreto de Arriba, que nunca está en silencio y que canta y alaba constantemente. Hemos aprendido que esto se aplica también a otros trabajos porque todos los trabajos y todas las cosas de los mundos las realiza y sirve a través de ellos. Y por eso es llamado «Eterno». Es llamado «Eterno de toda la tierra». El hombre que es elevado a través de ese secreto y se convierte en un sirviente que realiza el trabajo de *su señor*, sube y se eleva y también es llamado «Eterno», ya que bendice a este mundo por medio de sus actos y lo protege. Por lo tanto** también **es llamado «Eterno».**

112a

Dichosa la parte de este hijo que merece esforzarse y conocer los secretos de su padre y todos los misterios de su casa, como si fuera **un hijo único al que su padre permitió que dominara todos sus secretos. Y es para su gloria dominar sobre todo. Aquellos que dedican su esfuerzo** al estudio de **la Torah para conocer al Santo, bendito sea, y sus misterios son «el hijo del Santo, bendito sea», y entre todos los ejércitos de los cielos no hay ninguno que pueda impedirle entrar en la presencia de su padre en cualquier momento en el que él precise hacerlo. Dichosa su parte en todos los mundos. Por lo tanto, aquel que se esfuerza en conocer a su padre en particular, en el secreto de Jojmah, entonces el llamado «hijo». Y de los trabajos que el hombre hace para el Santo, bendito sea hay un trabajo que debe hacer para estar incluido en ellos. Ha de ser un sirviente y un hijo, elevado. El Santo, bendito sea. ¿Cuál es este** trabajo? **Es el trabajo de la plegaria en el cual le conviene ser** al mismo tiempo **un sirviente y un hijo, para estar incluido dentro de esos dos grados de Arriba. El hombre ha de trabajar y corregir la plegaria mediante el secreto del sirviente, y trabajar y corregir los mundos para adherirse apropiadamente por medio de los secretos de la Jojmah a su señor. Un hijo siempre está unido a su padre sin ningún tipo de separación, y nada lo detiene. Un sirviente ha de realizar trabajo de su señor y corrige el mundo. Aquel que reúne a los dos juntos, unidos como si fueran uno, es un hombre que corrige el secreto de toda la fe a fin de estar completamente indiviso y unido. Se trata de un hombre a propósito del cual el Santo, bendito sea, clama a través de los ejércitos y las legiones de todos los mundos y a través de todos los firmamentos. «Cuidad de este hombre, en quien confía el Rey, y que posee en sus manos todos los misterios de su señor». ¡Dichoso es él en este mundo y en el mundo venidero! A partir de ese día, el hombre es conocido y anotado en todos esos mundos. Cuando pasa necesidad, todos los ejércitos y todas las naciones reciben la orden de estar a su lado. Y el Santo, bendito sea, no necesita nada sino únicamente a él. Una voz se alza** diciendo: **«está bien para uno solo, y para el** que es **uno estar ocupado en el uno».**

112a

Y el secreto de estos dos niveles, hijo y sirvientes, **lo he encontrado en un versículo donde está escrito: «Y me dijo: mi siervo eres, oh Israel, que en ti me gloriaré»** (Isaías 49:3). **«Y me dijo: mi siervo eres» es el nivel de sirviente. «Israel» es el nivel de hijo cuando eran uno y entonces está escrito «que en ti me gloriaré».**

Bendito sea el Santo, bendito sea por la eternidad, amén y amén.

SECCIÓN BEJUKOTAI

«Si anduviereis en mis decretos, y guardareis mis mandamientos, y los pusiereis por obra;» (Levítico 26:3). **Dijo Rabbí Jía: «Pueblo mío, acuérdate ahora qué pensó Balak rey de Moab, y qué le respondió Bilam, hijo de Beor**, desde Sitim hasta Gilgal, para que conozcas las justicias del Eterno Eterno» (Miqueas 6:5). **«Pueblo mío, acuérdate», ¡dichosa es la parte de este pueblo al que *su señor* lo reprende de este modo! «Pueblo mío, acuérdate», a pesar de que te has desviado del camino, sigues siendo mi pueblo y yo no deseo retribuiros de acuerdo con vuestros actos.**

Dijo Rabbí Isaac: dichosa la parte del pueblo al cual le dice *su señor*: «Pueblo mío» ¿qué te he hecho y dónde te he fallado? ¡Contéstame! «qué pensó Balak rey de Moab». O sea, **¡cuántas cosas y cuántas acciones pensó a fin de apartarte del mundo y cuántas brujerías hay gestado contra ti!**

Dijo Rabbí Iosi: tres dijo el Santo, bendito sea a los hijos de Israel «Pueblo mío, acuérdate». Pobres de nosotros, que clamamos, porque vimos y lloramos «Acuérdate, oh Eterno, de lo que nos ha sucedido. Ve y mira nuestro oprobio» (Lamentaciones 5:1). **«Acuérdate, oh Eterno, de los hijos de Edom** en el día de Jerusalén; quienes decían: arrasadla, arrasadla hasta los cimientos» (Salmos 137:7). **Pero él ya no quiere prestarnos atención porque cuando nos dijo «Recuerda», con palabra suplicatorias, nosotros no le hicimos caso. Por esta razón gritamos con palabras como: «Acuérdate, oh Eterno, de lo que nos ha sucedido». Acuérdate, oh Eterno, de los**

hijos de Edom», «Acuérdate de tu asamblea, que adquiriste de antiguo, *cuando* redimiste la vara de tu heredad; este monte de Sión, donde has habitado» (Salmos 74:2), **«Acuérdate de mí, oh Eterno, en la buena voluntad para con tu pueblo;** visítame con tu salud;» (Salmos 106:4). **Pero él no desea atendernos.**

Dijo Rabbí Iehuda: en verdad el Santo bendito sea cuida de nosotros y nos recuerda, porque si no hubiera cuidado de los hijos de Israel y no los hubiera recordado, estos no hubieran podido sobrevivir ni un sólo día en el exilio. Por lo que está escrito: «Y aun con todo esto, estando ellos en tierra de sus enemigos, (112b) *yo* no los desecharé, ni los abominaré para consumirlos, invalidando mi pacto con ellos; porque yo el Eterno *soy* su Dios» (Levítico 26:44). **Porque el Santo bendito sea no nos retribuye de acuerdo a nuestros actos.**

Ven y **ve: Balak era sabio y el hechicero más grande en sus actos, más incluso que Bilam. Cuando un hombre desea algo de las obras del Santo bendito sea, ha de despertarlo a través de un acto abajo, porque a través de los actos de abajo son despertados los actos de Arriba. Los actos de abajo han de ser realizados dentro de la santidad, como ya ha sido explicado. Cuando no hay acto, hay pronunciación, y ésta depende de la palabra de la boca a fin de producir un acto Arriba. Del mismo modo como la santidad de Arriba puede ser dada por medio de la acción o por medio de la pronunciación, del mismo modo pueden venir del lado de la impureza cosas despertadas por medio de la acción o por medio de la pronunciación.**

A pesar de que Bilam fue el más grande de todos los hechiceros del mundo, Balak fue aún mayor. Porque si Balak era mayor en lo que se refiere a la **adivinación, Bilam lo era en** lo que se refiere a los **encantamientos. Adivinación y encantamiento son dos niveles; la adivinación depende de acciones mientras que el encantamiento en observaciones y palabras. Y el espíritu de impureza se despierta encima de ellos a fin de vestirse de ellos y hace lo que hace. No ocurre lo mismo con los santos de Israel, porque todos ellos son santos y todos sus actos son para atraerse al espí-**

ritu de santidad, como ha sido dicho: «hasta que sobre nosotros sea derramado espíritu de lo alto, y el desierto se torne en campo labrado; y el campo labrado sea estimado por bosque» (Isaías 32:15). **Por lo tanto está escrito: «Porque en Jacob no hay agüero, ni adivinación en Israel»** (Números 23:23), **porque** Israel y Jacob **ellos están del lado de la santidad de Arriba. Sus actos se realizan en la santidad y la atraen para que se vista con ellos.**

Y ven y **ve: entre los magos Balak era el** más **grande de todos los sabios, y Bilam en la brujería. Por lo tanto, cuando Balak decidió unírsele, ¿qué está escrito? «Y fueron los ancianos de Moab, y los ancianos de Madián, con las encantaciones en su mano,** y llegaron a Bilam, y le dijeron las palabras de Balak» (Números 22:7).

Ven y **ve: Bilam era el hechicero más poderoso del mundo por el poder de su boca y por medio de sus encantamientos sabía cómo fijar el tiempo** propicio para maldecir. **Por consiguiente, Balak quiso completar** el poder de **su palabra por medio de adivinación y brujería. El Santo, bendito sea, le dijo: malvado, mis hijos fueron antes que ti. Hay algo entre ellos que ninguno de los aspectos malvados ni las especies perversas ni magia alguna del mundo puede acercárseles.** Antes más, **les rehúyen. ¿Y qué es esto? Es la tienda de la reunión, con sus vasijas santas y los utensilios del Santuario: el incienso de especias que mitiga todo tipo de ira, Arriba y abajo, por las ofrendas y los sacrificios diarios, y los dos altares sobre los cuales se realiza el servicio, una mesa y el pan de proposición, el lavadero y su pedestal. También utensilios para servir a la expresión de la boca, el arca y las dos tablas de la Torah, y a Aarón que hacía expiación por el pueblo con su plegaria cada día. Cuando el malvado** Bilam **pero todo esto, dijo: «Porque en Jacob no hay agüero, ni adivinación en Israel. Como** ahora, será dicho de Jacob y de Israel: ¡Lo que ha hecho Dios!» (Números 23:23). **¿Por qué?** «No ha mirado iniquidad en Jacob, ni ha visto rebelión en Israel; el **Eterno su Dios *es* con él, y júbilo de Rey en él»** (Números 23:21). **Y por lo tanto: «Pueblo mío, acuérdate** ahora qué pensó Balak rey de Moab, y qué le respondió Bilam, hijo de Beor,

112b

desde Sitim hasta Gilgal, para que conozcas las justicias del Eterno» (Miqueas 6:5). **Recuerda el tiempo en que unieron fuerzas para destruirte Balak y Bilam, pero no pudieron porque yo te abracé como un padre abraza a su hijo y no lo deja caer en manos de otro, «desde Sitim hasta Gilgal»** (Miqueas 6:5). **¿Por qué** se relacionan estos lugares**? El Santo, bendito sea, dijo a Israel «recordad, por favor, que mientras estuvisteis unidos a mí, este malvado no prevaleció contra vosotros por medio de su magia y de su brujería, pero cuando dejasteis de abrazarme, y estuvisteis en Sitim, según está escrito** «las cuales llamaron al pueblo a los sacrificios de sus dioses; **y el pueblo comió, y se inclinó a sus dioses**» (Números 25:2), y en Gilgal, según está escrito «¿Es Galaad iniquidad? Ciertamente vanidad son; **en Gilgal sacrificaron bueyes**; y aún *son* sus altares como montones en los surcos del campo» (Oseas 12:11). **Y después vuestros enemigos os derrotaron, ¿por qué?** «Pueblo mío, acuérdate ahora qué pensó Balak rey de Moab, y qué le respondió Bilam, hijo de Beor, desde Sitim hasta Gilgal, **para que conozcas las justicias del Eterno»** (Miqueas 6:5)**, a fin de que podáis conocer todas las acciones justas del Eterno cuando estaba es unidos a él, pues no deje que nada en el mundo tuviera poder sobre vosotros ni que la ira de Arriba o abajo o las malas especies pudieran alcanzaros. «Y él les dijo: reposad aquí esta noche, y yo os recitaré las palabras, cuando el Eterno me hablare.** Así los príncipes de Moab se quedaron con Bilam» (Números 22:8).

Ven y **ve: en el momento en que se pone el sol y son cerradas todas las puertas, cae la noche y oscurece, muchas legiones** de ángeles **son liberadas de sus cadenas y deambulan por el mundo. Hay muchos príncipes que las guían. A la izquierda se halla el más grande de todos ellos a quien el malvado** Bilam **accedió por medio de sus hechicerías. Cuando estaba con todos sus acompañantes hacía hechicerías por la noche e iba con él para conocer sus requerimientos. Del mismo modo «Y vino Dios a Labán, *el* arameo**, en sueños aquella noche, y le dijo: Guárdate que no digas a Jacob bueno ni malo» (Génesis 31:24)**, que estaba con él: «Pero Dios vino a Abimelec** en sueños de noche, y le dijo: he aquí muerto eres por la mujer que has tomado, la cual es casada con marido» (Génesis 20:3). **Todo esto es una misma cosa, era convocado por las mismas hechicerías que suelen realizarse más de noche que de día. Esto ya ha sido explicado. Abimelec tenía muchos brujos y sabios, según está escrito:** «Y sucedió *que* , después que él estuvo allí muchos días, Abimelec, **rey de los filisteos, mirando por una ventana**, vio a Isaac que jugaba con Rebeca su mujer» (Génesis 26:8). Vemos que **aquí se dice «por la ventana» pero en otro lugar** leemos: **«la madre de Sísera asomándose a la ventana aúlla**, *mirando* por entre las rejas, *diciendo*: ¿Por qué se detiene su carro, que no viene? ¿Por qué las ruedas de sus carros se tardan?» (Jueces 5:28). **Y ya fue explicado que** (113a) **Laban era como Bilam,** o sea un hechicero. **Y por lo tanto está escrito a propósito de ellos «Elohim», y no el Tetragrama, «Y vino Dios** (Elohim) **a Bilam de noche,** y le dijo: si vinieren a llamarte estos varones, levántate y ve con ellos; pero harás lo que *yo* te dijere» (Números 22:20). **«Pero Dios** (Elohim) **vino a Abimelec** en sueños de noche, y le dijo: he aquí muerto eres por la mujer que has tomado, la cual es casada con marido» (Génesis 20:3). **El,** Elohim, **solía ir a ellos y no ellos a él, dado que ellos no tienen un lugar fijo. Alguno podría argumentar que está escrito «Elohim». Pero es que este nombre es compartido por todos, hasta el punto que incluso la idolatría también es llamada Elohim, dioses extraños** (*Elohim Ajerim*). **Estos príncipes están incluidos en los dioses extraños** (*Elohim Ajerim*), **y son llamados así porque le pertenecen. Y ese malvado solía usar la hechicería para convocarlo, y vino a él. Por esta razón está escrito:** «Y él les dijo: **reposad aquí esta noche, y yo os recitaré las palabras, cuando el Eterno me hablare.** Así los príncipes de Moab se quedaron con Bilam» (Números 22:8). **Aquí no dice «Elohim», sino «el Eterno».**

Otra explicación: «cuando el Eterno me hablare» (Números 22:8) **por medio de un mensajero del otro lado uno puede pedirle que lo visite. Ciertamente él utilizaba encantamientos y estaba al acecho de una buena oportunidad, según está escrito:** «no fue, como la primera y segunda vez, a encuentro de los agüeros» **y «Y cuando vio Bilam que parecía bien al Eterno que él bendijese**

113a

a Israel, no fue, como la primera y segunda vez, a encuentro de los agüeros, sino *que* puso su rostro hacia el desierto» (Números 24:1). Bilam **buscaba el momento propicio** para maldecir Israel, **pero no encontró nada, ya que vio que no había ira grande en el mundo. Y conoció que es bueno a los ojos del Eterno bendecir a Israel. Dejó de utilizar algunas de sus brujerías y no las observo, por lo que está escrito «no fue, como la primera y segunda vez, a encuentro de los agüeros...».**

Ven y **ve: cuando culmina la ira ardiente, es despertada la izquierda, y el malvado** Bilam **sabía cómo abrazarse al lado izquierdo a fin de maldecir. Pero en esta ocasión buscó y no encontró ningún lugar** donde hacerlo. **Por esta razón está escrito: «¿Por qué maldeciré yo al que Dios no maldijo?** ¿Y por qué he de execrar al que el Eterno no ha execrado?» (Números 23:8). **Por lo tanto está dicho: «Pueblo mío, acuérdate ahora qué pensó Balak rey de Moab, y qué le respondió Bilam, hijo de Beor**, desde Sitim hasta Gilgal, para que conozcas las justicias del Eterno» (Miqueas 6:5). **¡Dichosos son los hijos de Israel! ¡Bendita es su parte en este mundo y en el mundo venidero!**

«Si **anduviereis en mis decretos,** y guardareis mis mandamientos, y los pusiereis por obra;»(Levítico 26:3). **«Si... mis decretos» es el lugar del que dependen los decretos de la Torah, según está escrito: «**Mis derechos pondréis por obra, y **mis estatutos guardaréis**, andando en ellos. Yo *soy* el Eterno vuestro Dios» (Levítico 18:4)**. Es llamado «decreto» y los decretos de la Torah están incluidos en él. «**Por tanto **mis estatutos y mis derechos guardaréis,** los cuales haciendo el hombre, vivirá en ellos. Yo *soy* el Eterno» (Levítico 18:4). **«Mis derechos» es otro lugar de Arriba al cual el estatuto se apega y lo de Arriba y lo de abajo se unen el uno al otro. Y todos los preceptos de la Torah, los decretos de la Torah y las santidades de la Torah se unen ya que** constituyen **la Torah escrita y la Torah oral. Por lo tanto, «mis decretos» son aquellas resoluciones y** aquellos **juicios, castigos y mandamientos que pertenecen a ese lugar** denominado **Torah oral, «estatuto». «Y mis estatutos guardaréis»** (Levítico 18:4), **en el lugar denominado Torah escrita, se-**

gún está escrito: «Porque estatuto *es* de Israel, **ordenanza del Dios de Jacob»** (Salmos 81:4)»**. Están unidos el uno a el otro y todo es uno, la totalidad del nombre santo. Aquel que peca contra las palabras de la Torah es como si hiciera defectuoso al nombre santo ya que el nombre del Santo, bendito sea es como un decreto y un estatuto. Por esta razón, «Si anduviereis en mis decretos**...» (Levítico 26:3) **es la Torah oral y «si guardareis mis mandamientos» es la Toral escrita. Y esto es la totalidad del nombre santo.**

«Si guardareis mis mandamientos» (Levítico 26:3) **¿Cuál es el significado** de estas palabras**? Está dicho «si anduviereis» y «si guardareis», ¿por qué se dice** ahora esto**? Aquel que guarda las** ***Mitzvoth*** (los preceptos) **y anda por sus caminos** (los caminos de la Torah) **es como si él lo hiciera Arriba. El santo, bendito sea, dice** a propósito de él**: «como si me lo hiciera». Y esto ya ha sido explicado. Así pues, «Si guardareis mis mandamientos»** (Levítico 26:3) **porque al ser despertados se unen el uno con el otro y el Santo Nombre es consumado. Efectivamente «Si guardareis mis mandamientos»** (Levítico 26:3).

Como dijo Rabbí Shimon, «Y ganó David fama cuando, volviendo de la derrota de los Sirios, *hirió* dieciocho mil *hombres* en el valle de la sal» **(**II Samuel 8:13**). ¿Realmente** el rey David **hizo eso para sí mismo? Como** el rey David **caminaba por el camino de la Torah y cumplía con las *Mitzvot* de la Torah y llevaba bien su reino, se «ganó» fama Arriba. Ningún otro rey en el mundo era tan digno de hacerlo como lo era** (113b) el rey David**, pues él acostumbraba a sentarse a medianoche y alabar al Santo bendito sea, hasta que el Santo nombre se alzaba de su trono cuando aparecía la luz del día. De este modo es como si se hiciera a sí mismo famoso. Ha sido dicho: «Y el hijo de la mujer israelita pronunció el Nombre, y maldijo**; entonces le llevaron a Moisés. Y su madre se llamaba Selomit, hija de Dibri, de la tribu de Dan» (Levítico 24:11)**. Por consiguiente, «ganó fama David». Y dice «si guardareis», o sea se te esfuerzas en cumplir con ellas,** las *Mitzvot*, **y corriges apropiadamente el nombre santo y todas las bendiciones de Arriba estarán contigo.**

113b

«*Yo* daré vuestra lluvia en su tiempo, y la tierra dará su fruto, y el árbol del campo dará su fruto;» (Levítico 26:4)**. Todos se beneficiarán de su fuerza. ¿Quiénes son? Aquellos que corrigen su Santo nombre. También está escrito: «**Porque *yo* lo he conocido, *sé* que mandará a sus hijos y a su casa después de sí, **que guarden el camino del Eterno, haciendo justicia y juicio**, para que haga venir el Eterno sobre Abraham lo que ha hablado acerca de él» (Génesis 18:19)**. Y si está escrito «que guarden el camino del Eterno» ¿por qué** está escrito también **«acepto justicia** (*Tzedakah*) **y juicio»? Aquel que guarda los caminos de la Torah es como si hiciera caridad** (*Tzedakah*) **y juicio (Tzedek). ¿Y que son caridad y juicio? Son el Santo, bendito sea. Rabbí Shimon se puso a llorar y exclamó: «ay de aquel pueblo que no conoce y no cuida la gloria de su amo, porque aquel que corrige cada día el Santo nombre es aquel que da caridad a los pobres».**

Ven y **ve: ha sido establecido de esta manera. Dado que el hombre está adherido al juicio y todo su alimento le llega a través del juicio, que es el lugar denominado *Tzedek*** (justicia)**, según está escrito: «Oración del pobre *en espíritu*, cuando estuviere atormentado**, y delante del Eterno derramare su queja. Oh Eterno, oye mi oración, y venga mi clamor a ti» (Salmos 102:1)**. Esta oración son las filacterias de la mano y aquel que da caridad al pobre corrige el Santo nombre Arriba de un modo apropiado. Porque la caridad** (*Tzedakah*) **es el árbol de la vida, y da a la justicia** (*Tzedek*)**, y cuando da la justicia, el uno y el otro son unidos, y el nombre santo es completado.**

Aquel que produce un despertar abajo, en verdad es como si hubiera reparado el Santo Nombre. Del mismo modo, tal como son las acciones abajo, es el despertar Arriba. Por lo que está escrito: «Dichosos los que guardan juicio, los que hacen justicia en todo tiempo» (Salmos 106:3)**. «Los que hacen justicia en todo tiempo» Se refiere al Santo, bendito sea, al que hizo uno, por decirlo de algún modo.**

Ven y **ve: hemos aprendido cuál es el lugar del hombre pobre. ¿Por qué** es así? Es así **porque el pobre no tiene nada que le per-**

tenezca excepto lo que se le da. La luna tampoco tiene luz que le pertenezca, excepto la que le da el sol.

Ven y **ve: ¿Por qué al pobre se le considera como** si estuviese **muerto? Porque esto procede de ese lugar y se encuentra en el lugar de la muerte. Por eso es denominado «hombre muerto»** (*Véase* Talmud Nedarim 64 b). **Aquellos que se apiadan de él provocan descanso en el Árbol de la Vida, según está escrito: «**Los tesoros de maldad no serán de provecho; **mas la justicia libra de la muerte**» (Proverbios 10:2). **Y de este modo lo que el hombre hace abajo, lo mismo ocurre Arriba. ¡Dichosa la parte de aquel que es merecedor de completar el Santo Nombre! Por eso la caridad está por encima de todo. Estas palabras se refieren a caridad** (*Tzedakah*) **desinteresada** (literalmente «por sí misma») **pues la caridad** (*Tzedakah*) **despierta la rectitud y las une a fin de que todo se convierta en un nombre santo, como es debido. Porque la rectitud se rectifica a través de la caridad** (*Tzedakah*)**, según está escrito: «**Con justicia serás adornada**; estarás lejos de opresión, porque no *la* temerás; y de temor, porque** no se acercará a ti» (Isaías 54:14). **Estas palabras se dirigen a la Asamblea de Israel, por lo que está escrito:** «Si anduviereis en mis decretos, **y guardareis mis mandamientos**, y los pusiereis por obra;» (Levítico 26:3). **«Porque *yo* daré paz en la tierra, y dormiréis, y no habrá quien os espante**; y haré quitar las malas bestias de vuestra tierra, y por vuestra tierra no pasará cuchillo» (Levítico 26:6). **Rabbí Iosi abrió** el versículo: **«Temblad, y no pequéis**. Meditad en vuestro corazón sobre vuestra cama, y desistid» (Salmos 4:5). **Este versículo ya ha sido explicado. Es preciso que la Buena Inclinación del hombre haga temblar a su Mala Inclinación. Es algo bueno. Pero cuando la noche ha caído y los hombres han ido a acostarse a su cama, numerosos emisarios del juicio se agitan y vagan por el mundo. Por esta razón** los hombres **han de temblar ante el Santo, bendito sea, a fin de ser liberados de estos** emisarios. **Es preciso ser cuidadoso y no hablar de ellos a fin de no despertarlos contra nosotros y que no estén entre nosotros. Por esta razón ha sido dicho: «**Temblad, y no pequéis. **Meditad en vuestro corazón sobre vuestra cama, y desistid»** (Salmos 4:5).

113b - 114a

Ven y **ve: en el momento en que Israel se encuentra merecedor ante el Santo, bendito sea, según está escrito: «Porque *yo* daré paz en la tierra,** y dormiréis, y no habrá quien os espante; y haré quitar las malas bestias de vuestra tierra, y por vuestra tierra no pasará cuchillo» (Levitico 26:6)**. O sea Arriba, cuando el Santo, bendito sea viene a unirse con la asamblea de Israel. Entonces «dormiréis, y no habrá quien os espante», porque «haré quitar las malas bestias de vuestra tierra»** (Levitico 26:6). (114a) **Es un tipo de bestia maligno que se encuentra abajo. ¿Cuál? Igueret, la hija de Majalat junto con toda su compañía. Ocurre de noche. Pero durante el día los hombres que vienen del lado de ella** son malignos**. Éste es el sentido de «y por vuestra tierra no pasará cuchillo»** (Levitico 26:6)**. Dijo Rabbí Aba: ya hemos explicado que esto se refiere incluso a una espada de paz, como la del faraón, según está escrito: «y por vuestra tierra no pasará cuchillo»** (Levitico 26:6)**. Esto alude a sus acompañantes** (a los de la espada)**. «...haré quitar las malas bestias de vuestra tierra»** (Levitico 26:6) **hace alusión a que no han de tener dominio sobre la tierra e incluso a través de la tierra ninguna espada de las otras naciones, ni incluso una persona con una espada. Y ésta es la explicación del rey Josías cuando fue atrapado en las transgresiones de Israel al versículo** que dice**: «El resuello de nuestras narices, el ungido del Eterno, fue preso en sus hoyos,** de quien habíamos dicho. A su sombra tendremos vida entre los gentiles» (Lamentaciones 4:20)**. Esto merece ser considerado** atentamente **ya que si la cabeza** (el jefe) **de un pueblo es buena, todo el pueblo es liberado por su mérito. Si no es honesto, todo el pueblo se ve perjudicado. Pero, ¿por qué fue atrapado en las transgresiones de Israel el rey Josías, que fue un rey adecuado? Esto ocurrió porque hizo caso omiso a Jeremías y no reprendió a Israel porque creía que todos** sus miembros **eran justos como él. Jeremías se lo dijo, pero él no lo creyó y fue atrapado en las transgresiones** de Israel**. Otra razón fue que la luz de la luna decrecía y estaba por desaparecer.** Según lo sabios esto es una prefiguración de la destrucción del templo.

«Y pondré mi morada en medio de vosotros, y mi alma no os abominará» (Levítico 26:11)**. La morada** (*Mishkan*) **es la Shekinah.**

«Morada» (*Mishkan*) **también significa «promesa» porque** la Shekinah **fue prometida pero fue retirada a causa de las transgresiones de Israel. «Y pondré mi morada» es en realidad como decir «y pondré mi promesa». La cosa se parece a a un hombre que sentía amor por los demás. Le dijo a su amigo: tengo un amor tan grande por ti que deseo morar contigo.** Y éste le preguntó: **¿cómo puedo cerciorarme de que permanecerás conmigo** y no me abandonarás**? Fue y tomó sus pertenencias más valiosas y se las trajo, diciendo: aquí está la promesa de que no me separaré de ti. Así el Santo, bendito sea, deseó morar en medio de ellos en Israel. ¿**Y **qué hizo? Tomó a su amada** Shekinah **y la envió a Israel, diciendo: a Israel entrego mi promesa de que nunca los abandonaré. Y aunque el Santo, bendito sea, se ha alejado de nosotros, ha dejado su promesa en nuestras manos y nosotros guardamos a su amada. Cuando él pregunte por su promesa, debe venir y quedarse entre nosotros. Por esto «Y pondré mi morada en medio de vosotros» queriendo decir «pondré mi promesa en medio de vosotros». Y a pesar de que ahora Israel se halla en el exilio, tiene la promesa del Santo, bendito sea que nunca los abandonará.**

«Y pondré mi morada en medio de vosotros, **y mi alma no os abominará»** (Levítico 26:11). **La cosa se parece a a un hombre que amaba a un amigo y deseaba morar junto a él. ¿Qué hizo? Cogió su cama, la llevó a casa de su amigo y le dijo: «he aquí que mi cama está ahora en tu casa y no me alejaré de ti, de tu cama y de tus posesiones». Así dijo el Santo, bendito sea, «Y pondré mi morada en medio de vosotros, y mi alma no os abominará»** (Levítico 26:11). **Ésta es mi cama,** la Shekinah llamada «cama»**, y está en vuestra casa. Y ahora que está en vuestra casa sabéis que no os abandonaré, por lo cual «mi alma no os abominará». «Y andaré entre vosotros, y *yo* seré vuestro Dios,** y vosotros seréis mi pueblo» (Levítico 26:12). **Dado que os he dado mi promesa, sabréis que en verdad yo «andaré entre vosotros», según está escrito: «Porque el Eterno tu Dios anda en medio de tu campamento, para librarte y *para* entregar tus enemigos delante de ti; por tanto tu campa-**

mento será santo; para que él no vea en ti cosa inmunda, y se vuelva de en pos de ti» (Deuteronomio 23:14).

Una noche Rabbí Isaac y Rabbí Iehuda estaban juntos en una aldea cerca del lago de Tiberíades. Se levantaron a medianoche. Dijo Rabbí Isaac a Rabbí Iehuda: hablemos de palabras de Torah porque aunque estemos en este lugar, no hemos de apartarnos del árbol de la vida.

Rabbí Iehuda abrió el versículo **y dijo: «Y Moisés tomó el tabernáculo, y lo extendió fuera del campamento,** lejos del campamento, y lo llamó el tabernáculo del testimonio. Y fue, que cualquiera que requería al Eterno, salía al tabernáculo del testimonio, que *estaba* fuera del campamento» (Éxodo 33:7). **«Y Moisés tomó el tabernáculo, y lo extendió fuera del campamento», ¿por qué** lo hizo**? Moisés dijo: dado que Israel ha sido falso ante el Santo, bendito sea, y no mantuvieron su promesa, que su promesa se quede aquí en manos de alguien confiable, hasta que veamos con quién se ha de quedar. Le dijo a Josué: «tú serás el hombre de confianza entre el Santo, bendito sea e Israel y la promesa será confiada a tus manos»** (114b), **según está escrito:** «Y hablaba el Eterno a Moisés cara a cara, como habla cualquiera a su amigo. **Y se volvía al campamento; mas el joven Josué, su criado, hijo de Nun, nunca se apartaba de en medio del tabernáculo». ¿Por qué a Josué? Porque él era** respecto a Moisés **como la luna al sol y merecía guardar su promesa y «nunca se apartaba de en medio del tabernáculo». Le dijo el Santo, bendito sea a Moisés: ¿acaso no es apropiado hacer esto de este modo, ya que yo coloqué mi promesa en manos** de Israel, **y a pesar de que ellos han pecado contra mí, la promesa ha de quedar con ellos? ¿Acaso desearías que me apartara de Israel y nunca volviera estar con ellos? Por eso devuélveles mi promesa y en mérito a ella no los abandonaré nunca dondequiera que se hallen. Y a pesar de que los** hijos **de Israel han pecado contra el Santo, bendito sea, nunca han presentado su promesa ni él los ha abandonado. Por esta razón, a cualquier lugar al que los** hijos **de Israel sean exiliados, la Shekinah estará con ellos, por lo que está escrito: «Y pondré mi morada en medio**

de vosotros, y mi alma no os abominará» (Levítico 26:11). **Y esto ya ha sido explicado.**

Rabbí Isaac abrió el versículo **y dijo: «Mi amado *es* semejante al gamo, o al cabrito de los ciervos. Helo aquí,** está tras nuestra pared, mirando por las ventanas, mostrándose por las rejas» (Cantar de los Cantares 2:9). **Dichosos los hijos de Israel que merecieron esta promesa del Rey supremo; a pesar de que están en exilio el Santo, bendito sea viene cada luna nueva, cada Shabbat y cada día de fiesta para observarlos y mirar la promesa que está con ellos, su amada.** La cosa se parece **un Rey cuya Reina lo ha ofendido y él la ha expulsado de su palacio. ¿Qué hizo ella? Tomó al hijo del Rey con ella, el orgullo y el amor** de su padre. **Y dado que el Rey todavía se preocupaba por ella, lo dejó permanecer en sus manos. Cada vez que el Rey desea ver a la Reina y a su hijo, trepa sobre los techos y baja los peldaños para asomarse a ellos a través de las grietas de las paredes. Cuando los vio empezó a llorar detrás de las grietas de la pared y luego se fue. Esto** ocurre también con **Israel. A pesar de que se han ido del palacio del Rey** al exilio, **no se han olvidado de esta promesa. Y ya que el Rey se preocupó por ellos, se la dejó. Cuando el Rey Santo pensó en la Reina y en Israel, subió por las escaleras y descendió por los peldaños, para mirarlos a través de las grietas de la pared. Cuando los vio, se puso a llorar, por lo que está escrito: «Mi amado *es* semejante al gamo, o al cabrito de los ciervos. Helo aquí, está tras nuestra pared**, mirando por las ventanas, mostrándose por las rejas» (Cantar de los Cantares 2:9). Esto ocurre **en las sinagogas y en las casas de estudio: «mirando por las ventanas** mostrándose por las rejas»**, porque una sinagoga ha de tener ventanas y «mostrándose por las rejas» para poder vigilarlos. Por esta razón, los de Israel han de alegrarse en el día en el cual esto se conoce y por eso dicen: «Éste *es* el día que hizo el Eterno, nos gozaremos y alegraremos en él».**

«Y si abominareis mis decretos, y vuestra alma menospreciare mis derechos, no poniendo por obra todos mis mandamientos, e invalidando mi pacto;» (Levítico 26:15). **Rabbí Yosi abrió el versículo:** «No deseches, hijo mío, el castigo del Eterno; ni te fatigues de su corrección» (Proverbios 3:11) Los hijos de **Israel están ahogados por el Santo, bendito sea que desea reprenderlos y conducirlos por la senda recta así como un padre conduce a su hijo, y a causa de su amor siempre se detiene para llevarlos por la senda recta a fin de impedirles que se pierdan a la derecha o a la izquierda. Por esta razón está escrito: «Porque el Eterno castiga al que ama y quiere,** como el padre al hijo» (Proverbios 3:12). **El Santo, bendito sea, evita castigar a aquel al que no ama, a aquel que detesta, y su vara se aleja de él.**

Está escrito: «Yo os amé, dijo el Eterno; diréis: ¿En qué nos amaste? ¿No era Esaú hermano de Jacob?, dijo el Eterno, y amé a Jacob,» (Malaquías 1:2), **y su vara está siempre en su amor para conducirnos. «Y a Esaú aborrecí**, y torné sus montes en asolamiento, y su posesión para los dragones del desierto» (Malaquías 1:3), **por lo que retiré mi vara de él, le quite el castigo, para darle una parte en mí. Mi alma lo aborrece. Pero en lo que se refiere a vosotros, «yo os hice» de verdad y, por lo tanto, «No deseches, hijo mío, el castigo del Eterno; ni te fatigues de su corrección;»** (Proverbios 3:12). **¿Qué significa «no desprecies»** (*Takutzu*)**? Que no lo desprecies como si estuvieras huyendo de las espinas** (*Kotzim*)**, porque la reprobación es como una espina en la carne del hombre.**

Ven y **ve: cuando la justicia es despertada junto con sus juicios, son muchos los emisarios que son despertados a la derecha y a la izquierda, con muchas varas. Algunas de estas varas son de carbones y otras varas son de fuego. Todas ellas atraviesan el mundo y golpean a los hijos de los hombres. Debajo de ellas se encuentran otros emisarios dañinos, cuarenta menos uno,** en correspondencia con los treinta y nueve trabajos que no se pueden realizar en Shabbat. **Merodean, bajan y golpean y después ven, obtienen permiso y entran** (115a) **en el agujero de la gran profundidad donde se tiñen con llamas y fuego ardiente, y salen como carbones ardientes y deambulan y bajan para estar entre los hombres, según está escrito:** «Y si aun con estas cosas no me oyereis, ***yo*** **tornaré a castigaros** siete veces *más* por vuestros pecados» (Levítico 26:18). **Es decir, daré poder adicional a los castigadores.**

Está dicho: «Y olió el Eterno olor de reposo; y dijo el Eterno en su corazón: **no volveré más a maldecir la tierra por causa del hombre**; porque el intento del corazón del hombre es malo desde su niñez; ni volveré más a herir toda cosa viva, como he hecho» (Génesis 8:21). **¿Qué significa «no volveré más a maldecir la tierra por causa del hombre»? Significa que no concederá más juicios a los** ángeles **acusadores porque podrían destruir mundo, sino únicamente aquellos** juicios **que el mundo sea capaz de soportar. Por lo tanto, está escrito: «ni volveré más a herir toda cosa viva». ¿Por qué habría de conceder más** juicios a los ángeles acusadores? **A fin de castigaros «siete veces *más* por vuestros pecados»** (Levítico 26:18). ¿Por qué **siete veces? Si el Santo, bendito sea, cobrara lo que le es debido, el mundo no permanecería en pie ni un instante, según está escrito** «**Yah, si retuvieres a los pecados, ¿Eterno, quién persistirá?**» (Salmos 130:3). **Pero dices: «siete veces *más* por vuestros pecados»** (Levítico 26:18). **Esto es por qué aprendemos de que está escrito «siete»: he aquí que el siete se halla delante de ti. ¿Y quién es ella? El año sabático** *(Shemitah),* **que es «siete» según está dicho «Al cabo de los siete años harás remisión** (*Shemitah*)» (Deuteronomio 15:1). **Por lo tanto «siete veces *más* por vuestros pecados». Se la llama «siete» y también «hija de siete». ¿En qué se diferencian? Cuando es siete solamente es una liberación, para ejecutar juicios y dejar libres a los demás, pero cuando está unida a otros se la llama «hija de siete» e ilumina y rige sobre su reino y lo hace conocido a través de la tierra y cada uno. Entonces es denominada «hija de siete», por lo que está escrito «Y lo llamó Seba** (siete), **por cuya causa el nombre de aquella ciudad es Beerseba** (siete pozos) **hasta este día»** (Génesis 26:33). **El pozo de los siete es el pozo de Isaac y todo esto es una misma cosa.**

Rabbí Abba dijo: «*yo* procederé con vosotros en contra y con ira, y **os castigaré *aún* siete veces por vuestros pecados»** (Levítico 26:28). **«Os castigaré *aún*» por medio de otros, según ha sido explicado** «*yo* procederé con vosotros en contra y con ira, y **os castigaré *aún* siete veces por vuestros pecados»** (Levítico 26:28). **«Yo» que es despertado para salvaros y «siete» que es despertado hacia vosotros.**

115a

Ven y **ve: el Santo, bendito sea, tiene un amor muy profundo hacia Israel.** La cosa se parece a **un rey que tenía un único hijo que repetidamente transgredía contra el rey. Un día en que transgredía contra el rey, éste le dijo: todos estos días te he castigado, pero no has aprendido. ¿Qué he de hacer? Si te destierro y te deporto del reino osos salvajes, lobos feroces o delincuentes te atacarán y te matarán. ¿Qué he de hacer? Ambos abandonaremos el país. Del mismo modo, «yo» significa que ambos abandonaremos el país. Esto es lo que el Santo, bendito sea, dijo a Israel. He aquí que os he avisado pero no me habéis escuchado, os he enviado soldados y ángeles destructivos y no me habéis escuchado. Si os saco del país solos, temo que muchos lobos y osos os ataquen y os maten. ¿Qué he de hacer? Vosotros yo dejaremos el país y nos iremos al exilio. Éste es el sentido de «y os castigaré»: iremos al exilio. No penséis que os voy a abandonar, porque yo iré con vosotros. «Siete veces por vuestros pecados»** (Levítico 26:28), o sea **«siete»,** la Shekinah, **se exiliará con vosotros. ¿Por qué? «por vuestros pecados». Es lo que está escrito: «**Así dijo el Eterno: ¿Qué es de esta carta de repudio de vuestra madre, a la cual *yo* repudié? ¿O quiénes *son* mis acreedores, a quien yo os he vendido? He aquí, que por vuestras maldades sois vendidos; **y por vuestras rebeliones fue repudiada vuestra madre»** (Isaías 50:1)**. El Santo, bendito sea, dijo: «Vosotros provocasteis que vosotros y yo no permanezcamos en la tierra y la Reina ha abandonado el palacio con vosotros. Todo está en ruinas. Mi palacio y el vuestro están en ruinas». Porque no es adecuado para un Rey ver su palacio en ruinas y estar sin la Reina. Cuando entra la Reina, el Rey se alegra pues ella está junto con sus hijos en el palacio. Entonces todos pueden alegrarse. Ahora que mi hijo y mi Reina están aquí,** resulta que **mi palacio está en ruinas. ¿Qué voy a hacer? Me iré con vosotros. Y actualmente, cuando Israel está en el exilio, el Santo, bendito sea está con ellos y no los abandona. Cuando Israel salga del exilio, el Santo, bendito sea volverá con ellos, según está escrito: «el Eterno también volverá tu cautividad,** y tendrá misericordia de ti, y volverá a recogerte de todos los pueblos a los cuales te hubiere esparcido el Eterno tu Dios» (Deuteronomio 30:3). **Realmente «volverá tu cautividad». Y esto ya ha sido explicado.**

Rabbí Jía y Rabbí Iosi iban por el camino y llegaron a una cueva en el campo. Rabbí Jía preguntó a Rabbí Iosi a propósito de «Éstas *son* las palabras del pacto que el Eterno mandó a Moisés, para que concertase con los hijos de Israel en la tierra de Moab, **además del pacto** que concertó con ellos en Horeb» (Deuteronomio 29:1). **¿Por qué dice «las palabras del pacto»? ¡Tendría que haber dicho «las palabras de imprecación»! Las que dijo Moisés** (115b), **como hemos aprendido.**

Ven y **ve: tanto las unas como las otras fueron palabras del pacto, porque aunque eran** palabras **de rigor, siguen siendo palabras del pacto ya que el bien y el mal dependen de ellas. El bien viene del justo** (*Tzadik*) **y el mal viene del rigor** (*Guevurah*), **el juicio del lugar del juicio. Y el justo** (*Tzadik*) **y la justicia** (*Tzedek*), **son el pacto que recibe el nombre de «el pacto». Por esta razón, éstas son las palabras del pacto. El pacto que está unido y que «recuerda» y «guarda» que están unidos. «Recuerda» de día y «guarda» de noche. De este modo, el pacto los une. Por lo tanto,** se dice **«pacto» pues son las palabras del pacto verdaderamente y en cualquier lugar donde aparezca la palabra «pacto», se refiere a este lugar.**

Rabbí Jía dijo: esto es ciertamente así ya que el Shabbat, que es «recuerda» y «guarda» es una llamada a un «pacto» según está escrito: «Guardarán, pues, el sábado los hijos de Israel: haciendo sábado por sus edades *por* pacto perpetuo» (Éxodo 31:16). **Todo esto es una misma cosa. Este lugar es denominado «el pacto» en todas partes.**

Ven y **ve: está escrito: «Porque *yo* daré paz en la tierra**, y dormiréis, y no habrá quien os espante; y haré quitar las malas bestias de vuestra tierra, y por vuestra tierra no pasará cuchillo» (Levítico 26:6). **«Paz** (*Shalom*)**» es** la Sefirá de ***Iesod*, que es la paz en la tierra, la paz en casa y la paz en el mundo. Y** «Y si aun con estas cosas no me oyereis, ***yo* tornaré a castigaros siete** veces *más* **por vuestros pecados»** (Levítico 26:18). **¿Qué es el siete? Es la justicia** (*Tzedek*). **En verdad éste es el pacto y éstas son las palabras del pacto.**

115b

Dijo Rabbí Iosi: está escrito «Y aun con todo esto, estando ellos en tierra de sus enemigos, *yo* no los desecharé, ni los abominaré para consumirlos, invalidando mi pacto con ellos; porque yo el Eterno *soy* su Dios» (Levítico 26:44)**. «Y aun con todo esto» es como decir «también *yo*** procederé con vosotros en contra y con ira, y os castigaré *aún* siete veces por vuestros pecados» (Levítico 26:28)**. «También» incluye a la asamblea de Israel que nunca los abandona.** «Y aun con todo esto**, estando ellos en tierra de sus enemigos, *yo* no los desecharé, ni los abominaré** para consumirlos, invalidando mi pacto con ellos; porque yo el Eterno *soy* su Dios» (Levítico 26:44)**, aunque no esté unido a ellos, «invalidando mi pacto con ellos**; porque yo el Eterno *soy* su Dios» (Levítico 26:44)**. Porque si no los salvo, mi pacto se halla dividido y sería como invalidar mi pacto con ellos.**

Dijo Rabbí Jía: he escuchado palabras nuevas que ha dicho Rabbí Eleazar: «*yo* no los desecharé, ni los abominaré para consumirlos, invalidando mi pacto con ellos»**, aunque debería haber dicho «no les pegaré ni los mataré para destruirlos». «*Yo* no los desecharé, ni los abominaré» quiere decir que cuando un hombre odia a alguien, es aborrecido y rechazado por éste. ¿Por qué se dice, pues, aquí «*Yo* no los desecharé, ni los abominaré»? Porque mi amada está entre ellos y por mi amor por ella ellos son mis amigos. Por eso está escrito «desecharé»** (L*ejalotam*) **sin** la letra ***Vav*. Por esta razón no las desecharé ni los abominaré pues son mi amada y en mérito a ella los amo.**

La cosa se parece a **un hombre que ama a una mujer que vive en una calle de curtidores** (una calle que huele muy mal)**; si ella no viviera allí, él nunca iría a esa calle. Pero como ella vive allí, a él le parece como si fuera un mercado de especias en el que se hallan los mejores olores del mundo.**

También aquí «Y aun con todo esto, estando ellos en tierra de sus enemigos, *yo* no los desecharé, ni los abominaré para consumirlos, invalidando mi pacto con ellos; porque yo el Eterno *soy* su Dios« (Levítico 26:44), **que se parece a una calle de curtidores. «*Yo* no los desecharé, ni los abominaré». ¿Por qué? Porque la que habita allí**

es la amada de mi alma y me parece el mejor perfume del mundo pues la novia vive allí.

Dijo Rabbí Yosi: si yo hubiera venido a tierra solamente para oír esto, habría valido la pena.

Prosiguió: «El hijo honró al padre, y el siervo a *su señor*; y si yo soy Padre, ¿qué es de mi honra? Y si soy Eterno, ¿qué es de mi temor? dijo el Eterno de los ejércitos a vosotros, oh sacerdotes, que menospreciáis mi Nombre. Y diréis: ¿En qué hemos menospreciado tu Nombre?» (Malaquías 1:6)**. «El hijo honró al padre», según está escrito: «honrarás a tu padre y a tu madre»** (Éxodo 20:12)**. Hemos aprendido** que lo honra proporcionándole **alimento, bebida y todo lo demás durante su vida. Pero si alguien pensara que no debe honrarlo después de la muerte, ha de saber que no es así. Porque cuando** los padres **están muertos, hay que honrarlos aún más, según está escrito «honrarás a tu padre y a tu madre»** (Éxodo 20:12). **Si el hijo anda por un camino torcido, con toda seguridad traerá deshonor y vergüenza a su padre pero si anda por el camino de la verdad y corrige sus** malas **acciones, está honrando a su padre. Lo está honrando en este mundo entre los hombres, y lo está honrando en el mundo venidero por medio del Santo, bendito sea. El Santo, bendito sea, siente compasión por él y le da un trono de gloria. En verdad, «honrarás a tu padre y a tu madre»** (Éxodo 20:12).

Rabbí Eleazar honraba a su padre en este mundo y en el mundo venidero después de su muerte y ahora incrementa la alabanza de Rabbí Shimon su padre **en ambos mundos, en este mundo y en el mundo venidero, más aún que durante su vida ya que mereció hijos santos y una estirpe santa. ¡Dichosos son los justos, que merecen hijos santos y estirpe santa! A propósito de ellos está escrito: «**Y la simiente de ellos será conocida entre los gentiles, y sus renuevos en medio de los pueblos; **todos los que los vieren, los conocerán, que son simiente bendita del Eterno»** (Isaías 61:9).

¡Bendito sea el Eterno por siempre, amén y amén! ¡El Eterno Reinará por siempre, amén y amén!

SECCIÓN BAMIDBAR

(117a) **«Y El Eterno habló a Moisés en el Desierto del Sinaí, en la Tienda de la Reunión**, el día uno del mes segundo, en el segundo año después de su éxodo de la tierra de Egipto, diciendo...» (Números 1:1) **Rabbí Abba abrió** el versículo: **«Así Dios creó al hombre a Su Imagen, en la Imagen de Dios lo creó; hombre y mujer los creó»** (Génesis 1:27). **Dijo: ya hemos explicado que cuando el Santo, Bendito Sea, creó al hombre, lo hizo a la imagen de los grados superiores e inferiores, y él,** el hombre, **es la combinación de todos, y su luz brilló de un extremo del mundo al otro, y toda la creación lo temió. Aunque esto ya fue establecido,** en el Zohar (I-7 a)**, hemos de observar en el interior de este versículo,** más en profundidad, **ya que está escrito:** «**Dios creó al hombre a Su Imagen**», **¿por qué repetir «en la Imagen de Dios lo creó»? La respuesta: hay dos niveles en el hombre, varón y hembra, por lo que hay uno para el varón,** «**Dios creó al hombre a Su Imagen**», **y uno para la hembra, «en la Imagen de Dios lo creó».**

Por esta razón hubo una dualidad de rostros, varón y hembra, y el final del versículo lo demuestra: «hombre y mujer los creó». Y él se componía de los dos aspectos. Y aunque la mujer estaba adherida al hombre, también ella estaba compuesta de dos aspectos, las sefirot de Hessed y Guevurah**, a fin de estar completa en todo.**

Y él Adán **contemplaba con sabiduría Arriba y abajo. Pero una vez que pecó estos rostros disminuyeron, la sabiduría se apartó de él y únicamente pudo contemplar los asuntos corporales. Después concibió hijos de Arriba y abajo,** Abel y Caín**, que no habitaron la tierra,** pues no tuvieron descendencia**, hasta que Adán engendró un hijo llamado Shet por el cual el mundo fue completado,** lo cual es sugerido en su nombre propio, Shet, que está asociado con la palabra hebrea *tashtit,* «base», «asiento», «fundamento»**. Y esto ya ha sido explicado** en el Zohar (I-36b)**.**

Pero a pesar de todo esto, el mundo de abajo no fue establecido ni completado hasta la llegada de Abraham, la sefirah de Hessed, **hasta que Abraham lo sostuvo con su mano derecha**, Hessed, **como uno sostiene y ayuda a alguien que se ha caído.**

Entonces llegó Isaac que agarró el mundo con su mano izquierda, Guevurah**, y el mundo estuvo más firme. Cuando llegó Jacob, lo sostuvo por el centro con su cuerpo,** Tiferet, **uniendo los dos lados,** el rigor y la misericordia, **con lo cual el mundo se mantuvo firme e inamovible.**

Y con todo esto, el mundo **no arraigó profundamente hasta que nacieron las doce tribus** de Israel **y su descendencia de setenta almas** (*véase* Éxodo 1:5), **y el mundo estuvo plantado. Pero tampoco entonces estuvo completado el mundo sino hasta que Israel recibió la Torah en el Monte Sinaí y el Tabernáculo fue erigido. Entonces todos los mundos pudieron existir y fueron completados, y las criaturas superiores e inferiores fueron alegradas** (perfumadas). **Cuando la Torah y el Tabernáculo fueron así erigidos,** el Zeir Anpin y Maljut, **el Santo, Bendito Sea deseó contar** (117b) **las tropas de la Torah,** las legiones del Zeir Anpin, **y las tropas del Tabernáculo**, Maljut.

Ven y **ve**: **una cosa no puede ser establecida en su lugar hasta que se la ha llamado con su nombre y ha sido contada,** para unir lo que está abajo con lo que está Arriba. **Por esta razón vemos aquí que el Santo, Bendito Sea, decidió contar las fuerzas de la Torah y las** fuerzas **del Tabernáculo,** a fin de unir a los hijos de Israel con Zeir Anpin y Maljut. **Y todos ellos están unidos y no se pueden se-**

parar. Todo es una semejanza de lo que está Arriba, pues sus raíces, **la Torah y el Tabernáculo,** que están unidas, **son inseparables.**

De este modo, sus fuerzas, los hijos de Israel, **fueron contadas y anotadas, con excepción de algunas que no entraron en la cuenta,** las mujeres y los menores. **Por eso está escrito que «El Eterno habló a Moisés en el desierto del Sinaí, en la tienda de la Reunión...». Si estaba en la tienda de la Reuníon, ¿por qué** se dice **en el desierto del Sinaí?,** ya que es sabido que la tienda de la Reunión estaba en el desierto del Sinaí, **porque uno corresponde a la Torah,** el Zeir Anpin, **y el otro al Tabernáculo,** Maljut.

Y los dos, la Torah y el Tabernáculo, **estaban «el día uno del mes segundo, en el segundo año** después de su éxodo de la tierra de Egipto...», **siendo los dos uno. Ese mes también es llamado *Ziv*,** esplendor, **en alusión al brillo de la luna de ese mes en ese año, ya que en ese tiempo** todos **los mundos se hallaban completos, después de haber salido de la tierra de Egipto. El texto nos enseña que era el primer mes cuando los** hijos **de Israel salieron de Egipto.**

Rabbí Itzjak abrió el versículo: **«El Eterno se acordó de nosotros; bendecirá sobremanera a la casa** de Israel; bendecirá a la casa de Aarón» (Salmos 115:12). **«El Eterno se acordó de nosotros; bendecirá...» se refiere a los hombres que fueron contados en el desierto,** así a los pequeños como a los grandes, **a quienes el Santo, Bendito Sea, bendice «y aumenta más y más».**

Ven y **ve: todo aquel que habla alabando a su amigo, a sus hijos o sus posesiones, ha de bendecir a El Eterno y derramar bendiciones sobre Él. ¿De dónde sabemos esto? De Moisés, ya que está escrito** «**El Eterno, vuestro Dios, os ha multiplicado y he aquí que sois como las estrellas del firmamento en abundancia»** (Deuteronomio 1:10). **¿Y qué dice a continuación? «Que El Eterno, el Dios de vuestros antepasados, os agregue mil veces vosotros mismos y os bendiga tal como Él ha hablado de vosotros»** (Deuteronomio 1:11). **Nos encontramos aquí con dos bendiciones. Una: «El Eterno, el Dios de vuestros antepasados» y una «y os bendiga». Se comprometió a bendecirlos y a agregar bendiciones a las bendiciones.**

117b

Pero aquel que cuenta las alabanzas de su amigo pero no lo bendice, será el primero en ser castigado desde Arriba debido a esto**. Y si bendice, él mismo será bendecido desde Arriba. Y ha de bendecirlo con buen ojo y no con mal ojo. Pues el Santo, bendito sea, desea ante todo que** cuando se bendice **las bendiciones sean entregadas con un buen corazón. Y cuando uno bendice a un amigo, el Santo, bendito sea, desea que lo haga con buen ojo y con buen corazón. Con un ojo de bondad y un corazón bueno y amoroso. ¡Cuánto más debe ser así el caso cuando un hombre da las gracias al Santo, Bendito Sea! Porque está escrito: «Y amarás al Eterno tu Dios de todo tu corazón**, y de toda tu alma, y con todo tu poder...» (Deuteronomio 6:5).

Ven y **ve: ha sido establecido que la bendición de Arriba no se posa sobre nada que haya sido contado. Pero pueden preguntar, ¿cómo podían haber contado a los** hijos **de Israel? Fue porque tomaron rescate de ellos** por medio de monedas de medio siclo **y así se arregló, y el recuento no se hizo hasta que el rescate fue juntado y contado. Así, los** hijos **de Israel fueron primero bendecidos, luego sus rescates fueron contados, y a esto siguió una nueva bendición dada a ellos. De este modo el resultado fue que los** hijos **de Israel fueron bendecidos al principio y al final y no hubo muerte entre ellos.** Las bendiciones, antes y después del recuento, eran un escudo contra la muerte.

¿Por qué el hecho de **contar acarrea la muerte? Es porque la bendición no reposa sobre lo que ha sido contado, y cuando no hay bendición el otro lado reposa** sobre lo que no tiene bendición **y uno podría ser dañado. Por esta razón se acostumbraba a sustituir el recuento por un rescate y de este modo se ahuyentaba la amenaza.**

«Bendecirá a la casa de Israel, bendecirá a la casa de Aarón» (Salmos 115:12), eso es **las mujeres,** llamadas «casa»**, que no fueron incluidas en el recuento. «Bendecirá a la casa de Aarón»** (Salmos 115:12) **que son los** sacerdotes **que bendicen al pueblo con buen ojo, buen corazón y amor de corazón. Pero, ¿por qué se alude a la casa? Porque también las mujeres serán bendecidas con la ben-**

dición de Aarón. «Bendecirá a aquellos que son temerosos del Eterno» (Salmos 115:13). **Se trata de los levitas, que serán bendecidos porque son temerosos del Eterno. Está escrito «a pequeños y a mayores», a pesar de que no fueron incluidos en el recuento.**

Ven y **ve: no encontramos ningún otro recuento en**tre los hijos de **Israel en el cual recibieran bendiciones como aquí, ya que estaba destinado a propósito para una bendición y fue destinado a perfeccionar los mundos. Fueron contados en el lugar de donde emanan las peticiones, según está escrito: «**Y habló el Eterno a Moisés en el desierto de Sinaí, en el tabernáculo del testimonio, **en el primero del mes segundo**, en el segundo año de su salida de la tierra de Egipto, diciendo» (Números 1:1), **que es Ziv. Fuera del cual emana y resplandece para él. Por esta razón este mes es llamado «Ziv» debido al resplandor que emana de él. Y por esto está escrito: «Bendígate el Eterno desde Sión**, el que hizo los cielos y la tierra» (Salmos 134:3), **y todo pertenece** al misterio de **la misma cosa. Está escrito** «como el rocío de Hermón, que desciende sobre los montes de Sión. **Porque allí envía el Eterno bendición, y vida eterna**» (Salmos 133:3) (118a).

Rabbí Iehuda se encontraba delante de Rabbí Shimon, y le preguntó de dónde atrae Israel sus bendiciones. Rabbí Shimon **le respondió: «desdichado el mundo que no presta atención y los hombres que no reflexionan sobre la gloria del Rey altísimo». Ven** y **ve: cuando Israel estaba considerado digno ante el Santo bendito sea los mundos estaban en cierto árbol celestial donde se halla todo el alimento del mundo. Y recibía bendiciones desde el lugar donde vienen todas las bendiciones, como está dicho: «Entonces el Eterno te bendice desde Sión»** (Salmos 134:3).

Y los de **Israel fueron bendecidos abajo a partir del lugar del cual emanan todas las bendiciones y no se les impide salir, según está escrito: «Entonces el Eterno te bendice desde Sión»** (Salmos 134:3) y **«como el rocío de Hermón, que desciende sobre los montes de Sión»** (Salmos 133:3). **«Porque allí envía el Eterno bendición, y vida eterna», y ésta es también la luz brillante del universo. Está escrito: «De Sión, perfección de hermosura, Dios ha**

118a

resplandecido» (Salmos 50:2). **«Ha resplandecido» significa que ilumina según está escrito en** «Y dijo: el Eterno vino de Sinaí, y de Seir les esclareció; **resplandeció del monte de Parán**, y vino con diez mil santos; a su diestra la ley de fuego para ellos» (Deuteronomio 33:2) **y cuando el brilla, ilumina a** todos los mundos.

Y cuando esta luz despierte, todo estará en unión, con amor, perfección y en paz: paz Arriba y paz abajo, según está escrito «Haya paz en tu antemuro, y descanso en tus palacios» (Salmos CXXII:7).

«Los hijos de Israel acamparán **cada uno junto a su bandera, según las enseñas de las casas de sus padres**; alrededor del tabernáculo del testimonio acamparán» (Números 2:2). **Rabbí Eleazar abrió** el versículo: **«Alegraos con Jerusalén, y gozaos con ella, todos los que la amáis;** llenaos con ella de gozo, todos los que os enlutáis por ella» (Isaías 66:10). **¡Cuán amada es la Torah ante el Santo, bendito sea! Ya que cuando son escuchadas palabras de Torah, el Santo, bendito sea, las escucha junto con sus huestes. Y el Santo, bendito sea habita con el que las escucha, como está dicho** «Altar de tierra harás para mí, y sacrificarás sobre él tus holocaustos y tus ofrendas de paz, tus ovejas y tus vacas; **en cualquier lugar donde *yo* hiciere que esté la memoria de mi Nombre,** vendré a ti, y te bendeciré» (Éxodo 20:24). **Y aún más, los enemigos de tal hombre caen ante él. Esto ya ha sido explicado.**

Ven y **ve: los preceptos de la Torah son elevados Arriba. Cada vez que viene un hombre y realiza un precepto, este precepto se presenta adornado ante el Santo, bendito sea, y dice: Fulano me hizo y soy suyo. Así, cuando el hombre realiza este precepto abajo, lo despierta Arriba y produce paz Arriba y abajo, como está dicho: «¿O *quién* forzará mi fortaleza? Haga conmigo paz, sí, haga paz conmigo»** (Isaías 27:5), **«haga conmigo paz», o sea Arriba, «haga paz conmigo» o sea abajo. Dichosa es la parte del hombre que observa los preceptos de la Torah.**

«Alegraos con Jerusalén, y gozaos con ella, todos los que la amáis; llenaos con ella de gozo, todos los que os enlutáis por ella» (Isaías 66:10). **Esto es porque no hay alegría sino en el tiempo**

cuando Israel está establecido en tierra santa. Allí la hembra se une con su marido. Es entonces tiempo para que todos se alegren, Arriba y abajo. Pero cuando los hijos de **Israel no están** viviendo **en tierra santa, no le está permitido al hombre alegrarse y mostrar gozo según está escrito «Alegraos con Jerusalén,** y **gozaos con ella». Esto es exactamente lo que está dicho.**

Rabbí Aba vio a un hombre que se alegraba en casa de un tirano de Babilonia. Lo agredió y le dijo: está escrito «Alegraos con Jerusalén». Sólo cuando Jerusalén está en alegría nos está permitido alegrarnos y no cuando estamos en exilio. **Rabí Eleazar reconcilió dos versículos** aparentemente **contradictorios: «Alegraos con Jerusalén» y «Servid al Eterno con alegría;** entrad delante de él con regocijo» (Salmos 100:2).

Otro versículo dice: «Servid al Eterno con alegría; entrad delante de él con regocijo» (Salmos 100:2), **y otro dice: «Servid al Eterno con temor; y alegraos con temblor»** (Salmos 2:11). **¿Qué relación hay entre éste y éste?** ¿Cuál es la diferencia entre ellos? **Uno trata del tiempo en que** los hijos de **Israel habitan en la tierra Santa, mientras que el segundo se refiere al tiempo en que** los hijos de **Israel habitan en una tierra extraña.** También decir que **se refiere a cuando la asamblea de Israel se halla en el exilio entre otras naciones.** En oposición a esto, **Rabbí Iehuda dijo. Está escrito que: «Porque con alegría saldréis,** y con paz seréis vueltos; los montes y los collados levantarán canción delante de vosotros, y todos los árboles del campo *os* aplaudirán con las manos» (Isaías 55:12), **en referencia a la asamblea de Israel y dado que está dicho: «saldréis»** del exilio, **esto es denominado «alegría». Rabbí Eleazar le respondió: «ciertamente, es así. De todo tiempo en que ella se halla en el exilio y yace en el polvo, no he de llamarlo «alegría» hasta que el Santo, bendito sea, la levante el diciendo: «Levántate, resplandece;** que viene tu lumbre, y la gloria del Eterno ha nacido sobre ti» (Isaías 60:1). **Legiones se alzan para dar la bienvenida y recibir la Matronita participando en la alegre festividad del Rey** (118b), **según está escrito:** «los montes y los collados levantarán canción delante de vosotros» **y «**Porque no saldréis apresurados, ni iréis huyen-

118b

do; **porque el el Eterno irá delante de vosotros, y el Dios de Israel os ayuntará»** (Isaías 52:12).

«Los hijos de Israel acamparán cada uno junto a su bandera, según las enseñas de las casas de sus padres; alrededor del tabernáculo del testimonio acamparán» (Números 2:2). **Estos son los cuatro campamentos, que comprenden a las doce tribus y las doce fronteras. Todo es reflejo de lo de Arriba. Está escrito que: «Porque allá subieron las tribus, las tribus de Iah**, el testimonio a Israel, para alabar el Nombre del Eterno « (Salmos 122:4). **Las palabras «porque allá subieron las tribus», se refiere a las doce tribus que son las doce fronteras de abajo.**

«Las tribus de Iah», esto ya ha sido explicado porque el nombre sagrado **Iah es «el testimonio a Israel». Está escrito: el Reubení, esta palabra comienza por** la letra ***He*** **acaba por** la letra ***Iod*** (Números 26:7) **o el Shimoni, y así sucesivamente. Y esto es así porque el árbol santo celestial,** o sea el Tetragrama, **los ha marcado con su sello, y todo esto ya ha sido explicado de acuerdo con lo que está escrito: «Y la figura de sus rostros *era* rostros de hombre; y rostros de león a la parte derecha** en los cuatro; y a la izquierda rostros de buey en los cuatro; asimismo había en los cuatro rostros de águila» (Ezequiel 1:10) **y la imagen de un hombre estaba incluida en todos.**

Y había cuatro rostros orientados hacia las cuatro direcciones del mundo. Encontramos que el texto dice: «Y la figura de sus rostros *era* rostros de hombre; y rostros de león a la parte derecha en los cuatro...» (Ezequiel 1:10). **Los rostros están dirigidos hacia los cuatro puntos cardinales, cada uno con su propia semejanza, pero todos combinados con la semejanza del hombre.**

Mijael está a la derecha, o sea mirando hacia el sur, **Gabriel está hacia la izquierda,** o sea mirando hacia el norte, **Uriel está al frente,** o sea mirando hacia el este **y Refael está atrás**, o sea mirando hacia el oeste. **Y la Shekinah está encima de ellos. De este modo dos estaban de un lado** de la Shekinah **y dos estaban de** otro **lado** de la Shekinah. **Y dado que las dos banderas viajaban, ¿qué dice la Escritura a propósito de esto? «Luego irá el tabernáculo del**

testimonio, el campamento de los levitas en medio de los ejércitos; de la manera que asientan el campamento, así caminarán, cada uno en su lugar, junto a sus banderas» (Números 2:17). **Y siguiéndole se encontraban los demás, que componen los cuatro campamentos que están en las cuatro direcciones del mundo, en total doce, porque abajo es igual que Arriba.**

La bandera del campamento de Iehuda viajaba la primera, correspondiendo al campamento de Uriel. La bandera del campamento de Rubén seguía, correspondiendo al campamento de Mijael, y el campamento de Dan estaba hacia el norte correspondiendo al campamento de Gabriel, y el campamento de Efraín estaba al oeste, correspondiendo al campamento de Refael. Todo está conectado con todo hasta que asciende y se une al Santo Nombre, que es el punto de partida y la consumación de todo.

De este modo, la letra ***Iod*** **es** la más sagrada de las letras y corresponde **al este, o sea el principio de la luz. Va y se mueve produciendo el sur, que surge suspendido del principio del este.** La letra ***He*** **es el sur y el sur va al mundo. De** la letra ***He*** **dependen el norte y el sur. La** letra ***Vav*** **se encuentra en medio entre** la letra ***Iod*** **y** la letra ***He*****. Es el niño varón ya que está entre** la letra ***Iod*** **y** la letra ***He*****, entre el norte y el sur. Según está escrito: «Aquel que coloca su cama entre el norte y el sur tendrá hijos** varones» (Talmud Berajoth 4 a)**. El norte y el sur dependen de la primera** letra ***He*****. Entre los dos está el hijo varón. La** última letra ***He*** del Nombre sagrado, **simboliza el oeste. Por consiguiente el sur está unido al este y le sigue. Está unido al padre y a través de él a Hessed, y también está unido a la madre y a través de ella a la Gueburah. Las** cuatro **esquinas del altar corresponden a las** cuatro **letras del Nombre Santo. De este modo todos** (119a) **se adhieren el uno al otro.**

Las esquinas del altar también estaban rodeadas de esta manera: llega a la esquina del sudoeste ya que el sur está reforzado por el este que corresponde a la salida del sol, y la fuerza del sol permanece únicamente al principio, se acerca a la esquina noreste. El sur recibe la fuerza del este y el este ilumina al norte que

119a
incluido en el sur porque la izquierda está combinada con la derecha, como la mano izquierda es ceñida en la derecha.

El noroeste, ya que el oeste que está en la última letra *He*, **recibe del norte ya que el norte se mueve hacia el oeste. El sudoeste se mueve para adherirse al sud ya que el depende del este. El oeste se mueve para abrazarse al sud y éste es el significado de las palabras:** «Su izquierda *esté* debajo de mi cabeza, **y su derecha me abrace»** (Cantar de los cantares 2:6). **La derecha significa el sur y, por lo tanto, se nutre de dos lados del norte y del Sur. Ese es el significado de las palabras: «Su izquierda *esté* debajo de mi cabeza, y su derecha me abrace»** (Cantar de los cantares 2:6). **La izquierda es el norte y la derecha es el sur. Este misterio nos lo enseña el Santo bendito sea aquel que coloca su cama entre el norte y el sur, y ciertamente está adherida al hijo. Así debe hacer el hombre,** colocar su cama entre el norte y el sur, **por esto así me lo enseñó mi padre: a uno le nacen hijos varones porque se concentró en la fe celestial completa; el Santo, bendito sea, está situado entre el norte y el sur y la asamblea de Israel también está situada entre el norte y el sur,** por lo que es llamada «cama», **y ciertamente tendrá hijos varones. Y en todo lo que hacemos corresponde que el hombre lo haga en la semejanza de Arriba. Cuando uno realiza una acción abajo, se despierta algo en el Arriba, según ha sido explicado. Rabbí Pinjas escuchó esta explicación y besó a Rabbí Eleazar, llorando y riendo** al mismo tiempo. **Dijo: «dichosa es mi parte en este mundo y en el mundo venidero».**

Rabbí Pinjas abrió el versículo **y dijo:** «De David. **El Eterno *es* mi luz y mi salvación, ¿de quién temeré?** El Eterno *es* la fortaleza de mi vida, ¿de quién he de atemorizarme? » (Salmos 27:1). **«El Eterno *es* mi luz y mi salvación»** significa que **cuando el hombre ha contemplado en la luz suprema y el Santo bendito sea ha resplandecido sobre él, ya no teme a nada ni a nadie Arriba o abajo, como está dicho:** «Que he aquí, que tinieblas cubrirán la tierra, y oscuridad los pueblos; **y sobre ti nacerá el Eterno, y sobre ti será vista su gloria»** (Isaías 60:2). **«El Eterno *es* la fortaleza de mi vida» porque cuando el Santo, bendito sea, apoya al hombre, éste ya**

no tiene temor en este mundo de ningún ángel **acusador. Yo también, cuando estoy cerca de mi padre y de ti, no temo a ningún ser ni en este mundo ni en el otro mundo.**

Es lo que está escrito: «Alégrense tu padre y tu madre, y gócese la que te dio a luz» (Proverbios 23.5). **Dado que está escrito «Alégrense tu padre y tu madre», ¿qué significa «gócese la que te dio a luz»? ¿No bastaría con mencionar únicamente a la madre? «Tu padre» es el Santo, Bendito Sea, y «tu madre» es una alusión a la asamblea de Israel. Las palabras «gócese la que te dio a luz» se refieren a la que te dio a luz aquí abajo, o sea a tu madre en este mundo. Pero, ¿dónde se hace referencia al gozo del padre, Rabbí Shimon? En un versículo que está aparte,** justo delante de éste, **y que dice: «Mucho se alegrará el padre del justo**; y el que engendró sabio se gozará con él» (Proverbios 23:4). **Se refiere al Santo, bendito sea. »El que engendró** un hijo **sabio se gozará con él» se refiere a tu padre aquí abajo, Rabbí Shimon. Otra explicación, «Mucho se alegrará el padre del justo**» se refiere al padre aquí abajo **y** (indicado por una letra *Vav*) **«El que engendró** un hijo **sabio se gozará con él», está escrito con una** letra ***Vav*** **adicional. Esto se refiere a Santo bendito sea,** representado por la letra *Vav*, **completo.**

Dijo Rabbí Eleazar dijo: está escrito: «En tu mano encomendaré mi espíritu; *tú* me redimirás, *oh* Eterno, Dios de verdad» (Salmos 31:5). **Hay que profundizar en este versículo, ya que, ¿has visto alguna vez a un hombre que depositará algo en la mano del Rey? Por lo tanto, dichoso el hombre que anda en las sendas del Rey Santo y no peca ante Él. Porque tan pronto como cae la noche, el árbol de la muerte gobierna el mundo, y el árbol de la vida desaparece y asciende a Arriba. Entonces, el árbol de la muerte es el único gobernante del mundo y todos sus habitantes saborean la muerte. ¿Por qué? Porque el árbol la produce.**

Y el hombre debe apresurarse y tomar precauciones y confiar su alma en prenda en Sus manos. Es como un hombre que entrega a otro un comprobante. Incluso si su deuda excede el valor del comprobante, el acreedor no actuará contra él pues tiene una prenda. Sin embargo, si no tuviera la prenda, ejecutaría su deu-

119a

da, porque no pertenece a la semilla santa y tampoco pertenece a los fieles.

También así ocurre con el árbol: ya que gente le entrega su alma en prenda. Éste recibe todas las almas de los habitantes del mundo. Y cada uno saborea la muerte ya que éste es el árbol de la muerte. Y aunque todas estas almas sean culpables delante de él y los hombres no merezcan recibir la prenda, dado que las prendas fueron entregadas como garantía, el árbol devuelve todas estas prendas a sus legítimos propietarios.

Ven y ve: este árbol de la muerte no está obligado a devolver al hombre la prenda más que cuando el árbol de la vida despierta en el mundo. ¿Cuándo se despierta en el mundo árbol de la vida? Cuando amanece. Entonces despierta el árbol de la vida y el árbol de la muerte se va y devuelve todas las prendas que le entregaron y se aleja. ¿Por qué han de vivir? Gracias al árbol de la vida.

Pero alguien se puede preguntar por qué tanta gente se levanta por la noche de su sueño, mientras que aún reina el árbol de la muerte. Es por el árbol de la vida. ¿Por qué? Porque está escrito: «El Eterno miró desde los cielos sobre los hijos de los hombres, por ver si había *algún* entendido, que buscara a Dios» (Salmos 14:2). Así, los hombres no tendrán la excusa de que no podían controlar su alma durante la noche ya que pueden invocar diciendo: «Si hubiera podido controlar mi alma durante la noche, me habría levantado y habría trabajado en el estudio de la Torah». Dijo Rabbí Iehuda: esto es ciertamente así para los hijos de Israel, sin embargo en lo que se refiere a las otras naciones del mundo, observamos que también se despiertan por la noche de su sueño. ¿Por qué? Es una buena observación.

Abrió el versículo y dijo «¿Por qué maldeciré *yo* al que Dios no maldijo? ¿Y por qué he de execrar al que el Eterno no ha execrado?» (Números 23:8). Ven y ve: lo que está Arriba es como lo que está abajo. Así como Arriba hay derecha e izquierda, abajo están Israel y las naciones idólatras. Los hijos de Israel se adhieren a la derecha, a la santidad del Rey Santo mientras que los hijos de las naciones lo hacen a la izquierda, en el lado del espíritu impuro,

que es el nivel más bajo de la izquierda. Y todos los grados están unidos uno con otro (119b), **estando colgados del techo. Y de la misma manera que se mueve la cabeza, así se mueve la cola, que está adherida a ésta y las naciones idólatras son guiadas según el espíritu contaminado. Bilam supo aprovecharse de los grados** de impureza **inferiores pero vio que incluso el nivel más bajo estaba controlado únicamente por la cabeza. Por lo tanto, dijo: «por qué he de execrar al que el Eterno no ha execrado». Sabía que la cabeza suprema no ejercía rigor en aquellos momentos.**

Y a pesar de que ya explicamos que el nombre sagrado *El* es la santa Maljut, que recibe su nombre en la semejanza de Arriba y denota bondad y misericordia en este mundo, por lo tanto es llamado *El* **a pesar de que manifiesta rigor cada día porque hay juicio en este** nombre.

Y ven y **ve: explicamos a propósito de *El Shaddai* que llena el mundo y dijo al mundo «basta»** (*dai*). ***El* se une a él y por lo tanto es llamado *El Shaddai*. Por lo tanto, «por qué he de execrar al que el Eterno no ha execrado», porque cuando se mueve la cabeza así lo hace la cola.**

Rabbí Eleazar lloró y abrió el versículo: **«Su voz saldrá como de serpiente;** porque con ejército vendrán, y con hachas vienen a ella como cortadores de leña» (Jeremías 46:22). **En el tiempo presente en que los** hijos **de Israel están en el exilio, seguramente se comporta como la serpiente, porque cuando la serpiente presiona su cabeza sobre la arena, su cola se levanta, controla y golpea a aquellos que se le acercan en el camino. Ahora que los** hijos **de Israel están en el exilio ocurre lo mismo y la cabeza está en el suelo y la cola,** o sea el nivel más bajo **de la persona, es la que gobierna. ¿Quién permitió a la cola levantarse hacia Arriba y dominar? La cabeza, que está inclinada hacia abajo. ¿Quién dirige la cola y rige sus movimientos? De nuevo la cabeza. A pesar de que está en el suelo, sigue dirigiendo sus movimientos. Por lo tanto, «Su voz saldrá como de serpiente».**

Actualmente, las otras naciones, que están vinculadas con la cola, en las que la cabeza está inclinada en en el polvo, se levan-

119b

tan y dominan y castigan. Está escrito: «Cayó la virgen de Israel, no más podrá levantarse; dejada fue sobre su tierra, no hay quien la levante» (Amós 5:2). **Sin embargo, es la cabeza quien dirige a la cola en todos sus movimientos como se ha dicho:** «No miréis en que soy morena, porque el sol me miró. Los hijos de mi madre se airaron contra mí, **me hicieron guarda de viñas**; y mi viña, que *era* mía, no guardé» (Cantar de los cantares 1:6), **lo cual se refiere a las naciones** idólatras **que se hallan en la cola.**

Rabbí Iehuda se acercó entonces y besó sus manos diciendo: si no hubiera preguntado nada en el mundo excepto esta pregunta y hubiera llegado a esta respuesta, habría sido suficiente para mí. Porque ahora entiendo cómo son las naciones idólatras y cómo se rigen. Dichosa es la parte de Israel porque sobre ellos está escrito: «Porque *Iah* ha escogido a Jacob para sí, a Israel por posesión suya» (Salmos 135:4).

Dijo Rabbí Eleazar: ¿qué significa «Israel por posesión suya»? Le dijo: se trata de una alusión a los tres patriarcas, llamados «tesoro» tanto Arriba como abajo. Lo mismo con los sacerdotes, los levitas y los hijos de Israel, y todo es lo mismo. Y todos ellos son el tesoro del Santo, bendito sea, Arriba y el tesoro del Santo, bendito sea abajo y es lo que está escrito: «Ahora pues, si diereis oído a mi voz, y guardareis mi pacto, **vosotros seréis mi *especial* tesoro sobre todos los pueblos;** porque mía *es* toda la tierra» (Éxodo 19:5).

«Luego irá el tabernáculo del testimonio, el campamento de los levitas en medio de los ejércitos; de la manera que asientan el campamento, así caminarán, cada uno en su lugar, junto a sus banderas» (Números 2:17). **Después de esto está escrito: «La bandera del ejército de Efraín por sus escuadrones, al occidente**; y el príncipe de los hijos de Efraín, Elisama hijo de Amiud» (Números 2:18). **Esto se refiere a la Shekinah que está al occidente. A este respecto está escrito: «Y los bendijo aquel día, diciendo: en ti bendecirá Israel, diciendo**: póngate Dios como a Efraín y como a Manasés. **Y puso a Efraín** delante de Manasés» (Génesis 48:20). **«En ti bendecirá Israel» se refiere a Israel Saba. ¿Qué aprendemos de esto?**

«En ti debe ser Israel» no es lo que está escrito, sino «en ti bendecirá Israel». ¿Cuáles, pues, el sentido de «por ti Israel bendecirá»? El Israel santo no bendecirá al mundo, excepto invocándote a ti, refiriéndose a la Shekinah, que está en el occidente. Y está escrito «Y le dijo Dios: **Yo *soy* el Dios Omnipotente: crece y multiplícate;** *una* nación y compañía de naciones (*gentiles*) saldrá de ti, y reyes saldrán de tus lomos;» (Génesis 35:11)**. A partir de esto podemos aprender que** Jacob **vio a la Shekinah con él y entonces declaró: «En ti bendecirá Israel», ya que por medio de la Shekinah bendecirá al mundo.**

¿Cómo pudo ver a la Shekinah si está escrito: «Y los ojos de Israel estaban ya *tan* agravados de la vejez, que no podía ver. Y les hizo llegar a él, y él los besó y abrazó» (Génesis 48:10)**, aunque también está escrito «poniendo sus manos cruzadas»** (Génesis 48:14). **¿Por qué las cruzó? Primero levantó su mano derecha, pero la Shekinah la volvió en dirección a Efraín, y habiendo captado el perfume de la Shekinah sobre su cabeza, dijo: «En ti bendecirá Israel», y la vio en occidente.** No vio, pues, con los ojos de la carne, sino con visión espiritual.

Y ciertamente, la Shekinah está en occidente, como ya se explicó, para que ella puede estar en el norte y en el sur. De este modo podrá unirse con el cuerpo y permanecer en una unión. Y el norte la recibe bajo su cabeza, y el sur la abraza. Así es lo que está escrito: «Su izquierda *esté* debajo de mi cabeza, y su derecha me abrace» (Cantar de los cantares 2:6)**. Y ya ha sido explicado que la cama de Salomón está situada entre el norte y el sur para que la Shekinah pueda adherirse al cuerpo. Entonces son una sola cosa por medio de la cual es bendecido en universo. Hay un dicho que afirma: «Salmo de alabanza: de David.** *Alef* Te ensalzaré, mi Dios, mi Rey; *y* bendeciré tu Nombre por el siglo y para siempre» (Salmos 145:1), aquel que lo recita (120a) **tres veces al día puede estar seguro de que se halla destinado para el mundo venidero** (*Véase* Talmud Berajot 4b)**. Esto es así porque aquel que realiza esta alabanza permanece en la unión que se efectúa entre el norte y el sur.**

120a

Después sigue el Cántico del mar, que contiene todas las alabanzas y por el cual un hombre toma sobre sí mismo el yugo del Reino Santo. Después de esto, al final del servicio, **hace descansar a Hessed, lo cual lo consagra. Después, en la oración del mediodía, asciende Guevurah y prevalece el juicio. Así esta cama es colocada diariamente entre el norte y el sur a fin de unirse apropiadamente con el cuerpo. Y aquel que arregla y une cada día de esta manera,** por medio de la recitación del salmo, **es ciertamente merecedor del mundo venidero, está seguro de vivir en el mundo por venir.**

Por lo tanto, la bandera de Efraín se halla en el occidente a fin de poder estar entre el norte y el sur. De este modo se unirá al cuerpo y permanecerá en unión. Y el norte la recibe debajo de su cabeza y el sur la abraza como se ha dicho. «Su izquierda *esté* debajo de mi cabeza, y su derecha me abrace» (Cantar de los cantares 2:6). **Y ya hemos explicado que la cama de Salomón está situada entre el norte y el sur al fin de que la Shekinah pueda adherirse al cuerpo. Entonces son una unidad por medio de la cual es bendecido el universo. Aprendimos que aquel que recita «Salmo de alabanza: de David.** *Alef* Te ensalzaré, mi Dios, mi Rey; *y* bendeciré tu Nombre por el siglo y para siempre» (Salmos 145:1)» **puedes pensar que tiene la seguridad de ser merecedor del mundo venidero. Y aquel que se une a esta alabanza se encuentra cada día entre el norte y el sur.**

Viene una persona por la mañana y acepta sobre sí mismo el yugo del reino de los cielos, por medio de las alabanzas que recita diciendo «Salmo de alabanza: de David. *Alef* Te ensalzaré, mi Dios, mi Rey; *y* bendeciré tu Nombre por el siglo y para siempre» (Salmos 145:1) **y el resto de los aleluyas de las diez alabanzas de las diez Sefirot santas del Santo nombre. Hay, por lo tanto, diez aleluyas que concluyen con diez alabanzas que son «Aleluya. Alabad a Dios en su santuario; alabadle** en el extendimiento de su fortaleza» (Salmos 150:1). **¿Dónde encontramos los diez aleluyas? Ciertamente sólo hay cinco. Es porque cada salmo empieza con aleluya y acaba con aleluya.**

Por lo tanto la bandera de Efraín está en occidente, entre el norte y el sur. El sur es Rubén, según está escrito «La bandera del ejército de Rubén al mediodía, por sus escuadrones; y el príncipe de los hijos de Rubén, Elisur hijo de Sedeur» (Números 2:10)**. Dan estaba en el norte, en el lado opuesto, según está escrito:** «La bandera del ejército de Dan estará al aquilón, por sus escuadrones; y el príncipe de los hijos de Dan, Ahiezer hijo de Amisadai» (Números 2:25)**. Efraín estaba situado entre éste y éste. De este modo, occidente que es Efraín, está situado entre el norte y el sur y todos reflejan lo de Arriba.**

El secreto es de los habitantes del sur, nuestros hermanos es de este modo, el mensaje de los hermanos era para nosotros los que ponemos en orden las lámparas. Vosotros, los que deseáis crear una unificación de la secuencia de la conexión suprema, en primer lugar, tenéis que aceptar cada día **sobre vosotros mismos el yugo del reino de los cielos y haciéndolo os elevaréis a través de la conexión consagrada del Sur. Rodead las cuatro esquinas del mundo hasta unirlas en un nudo, pero aferraos con firmeza al sud y permaneced allí.**

Rabbí Eleazar preguntó entonces a su padre, rabbí Shimon, ¿dónde hallaremos este signo de unificación? Rabbí Shimon **le dijo: a pesar de que esto ha sido dicho en muchas ocasiones, y estas enseñanzas fueron esparcidas allí y allá, conserva en tu poder este signo. Lo cosa se parece** a **la manera en que el sacerdote anda alrededor del altar, como ya hemos aprendido en la Mishnah, «Y el sacerdote vino al sudeste, luego al noreste, al noroeste, y al sudoeste». Así que hasta que acepta sobre sí mismo el yugo del reino de los cielos, ¿primero ha de ir al sur? Le dijo: ya te lo he explicado todo. Dije que al principio uno se aproxima a la esquina, y tú sabes** cuál es **el significado oculto de «esquina»** (literalmente «cuerno»)**, que es el yugo de la santa Maljut. Después de esto está el sureste pues allí se halla el árbol de la vida, para unir el sur con el este, que es el Aba celestial, ya que el hijo viene del lado del padre. Porque la firmeza del sur está en el este y sur y este han de estar anudados,** osea unidos.

Y el este también está anudado (unido) **con el norte ya que lo llena de ríos y fuentes y por lo tanto hay que unir el norte y el este. Sin embargo, norte y este son Aba e Ima** (el padre y la madre) **que nunca se separan, como ya ha sido explicado. Y ella,** la madre, **es denominada *Tzefonit*,** literalmente «del norte», **porque es lo oculto celestial y de su costado surge el norte. Por este lado se elevan los juicios a pesar de que ella es misericordiosa y alegre. Esto ya lo hemos explicado. Cuando ella emerge, el norte surge de ella porque él estaba incluido y conectado con el sur. Después de esto, el noroeste. Del lado de Aba surge el hijo, y del lado de Ima, surge la hija. Y por eso mismo es el noroeste. Es la primera esquina. Y ahora está dicha simplemente como norte y luego uno debe conectarla con el sur, donde todo está conectado y donde se halla el cuerpo. Es por lo tanto sudoeste.**

Y nos encontramos tres veces con esta esquina, una alude **a que la persona ha de aceptar primero sobre sí mismo** el yugo de los cielos, **y otra que debe abrazar con ambos brazos a fin de unirse en el cuerpo, para que todo esté unido en uno. Y éste es el orden de la unificación perfecta que lo une todo con el nudo apropiado. Y no hay que cambiar un lado. A fin de no recibir castigo alguno. Aquel que obra esta unificación del modo apropiado, como ha sido descrito,** (120b) **dichosa es su parte en este mundo y en el mundo venidero, ya que sabe cómo registrar las alabanzas a *su señor* y hacer la unificación. Además, el Santo bendito sea se llena de orgullo por él, según ha sido dicho «Y me dijo: Mi siervo eres, oh Israel, que en ti me gloriaré»** (Isaías 49:3).

Rabbí Shimon abrió el versículo: «Salmo de David. *Alef* a ti, oh el Eterno, levantaré mi alma» (Salmos 25:1). **¿Por qué compuso David este salmo en un acróstico alfabético y todas las alabanzas que están en orden alfabético están completas mientras que a ésta le falta** la letra ***Vav*? Además, ¿por qué fue prescrito este salmo como la plegaria de la postración del rostro?**

Es porque se trata de un misterio supremo oculto entre los compañeros cabalistas **que lo conocen. Cuando cae la noche, el árbol de abajo del cual sale la muerte extiende sus ramas y lo cubre**

120b

todo. De este modo aparece la oscuridad y todos los habitantes del mundo saborean la muerte. Entonces cada hombre se apresura a entregar la prenda de su alma depositándola en su mano como una prenda. Y ya que tomó el alma como una prenda, la prenda vuelve a su propietario cuando llega la mañana. Cuando llega la mañana y le es devuelta la prenda ha de bendecir al Santo bendito sea, que es el fiador celestial.

Cuando el hombre se despierta de su sueño **y entra en la sinagoga** por la mañana**, se adorna con filacterias y se envuelve en una vestidura provista de flecos. Después de esto se purifica con las ofrendas. Luego acepta sobre sí mismo el yugo de Maljut. En el orden de las alabanzas de David, por las que acepta sobre sí mismo el yugo del reino del cielo, y después de esto viene la plegaria que dice sentado, seguida de la plegaria que se dice de pie, que están ambas conectadas.**

Ven y **ve el secreto de la cosa. A pesar de que la oración depende del habla y de la perfección de la boca, su eficacia surge primordialmente de las acciones preparatorias realizadas. ¿Cuáles son esas acciones? Es únicamente la acción que la persona realiza antes y que parece oración. Así un hombre no debe decir una oración hasta que primero haga un acto que enseñe que se trata de una oración.**

Primero es cuando la persona se levanta por la mañana. **Ha de purificarse** yendo al cuarto de baño. **Después de esto ha de aceptar sobre sí mismo el yugo celestial, y cubrirse la cabeza. Después, ha de atar el nudo de la unificación de las filacterias que consisten en la filacteria de la cabeza y la de la mano, esta última a la izquierda y contra el corazón, de acuerdo con lo que está escrito «Su izquierda** *esté* **debajo de mi cabeza,** y su derecha me abrace» (Cantar de los cantares 2.6)**, y «Ponme como un sello sobre tu corazón, como un signo sobre tu brazo;** porque fuerte es como la muerte el amor; duro como el sepulcro el celo; sus brasas, brasas de fuego, fuerte llama» (Cantar de los cantares 8:6). **Y ya hemos explicado que esto es lo que hay que hacer primero. Después, cuando entra en la sinagoga, primero se ha de purificar**

con ofrendas, por medio del habla. Luego ha de aceptar sobre sí mismo el yugo celestial por medio del recitado de los salmos del rey David, con la plegaria que se dice sentado y que corresponde a la filacteria del brazo, seguida por la plegaria que se dice de pie y que corresponde a la filacteria de la cabeza. Y uno corresponde al otro, y la acción ha de ser conforme a la palabra, ya que la oración depende de ambas, la palabra y la acción.

Cuando la acción es defectuosa, la palabra no encuentra un lugar apropiado **para descansar. Este tipo de oración no es oración y el hombre que la ofrece es defectuoso el mundo de Arriba y en el mundo de abajo. Acerca de él está escrito: «Cuando extendiereis vuestras manos, yo esconderé de vosotros mis ojos; asimismo cuando multiplicaréis la oración, yo no oiré;** llenas están de sangre vuestras manos» (Isaías 1:15)**, porque la cosa depende de ambos, la acción y la palabra.**

Ven y **ve: cuando una persona hace una oración de esta manera, con acciones y palabras** que han **surgido, ata el nudo de la unificación y todos los seres de Arriba y abajo son bendecidos a través de él. Entonces ha de presentarse como si se fuera de este mundo ya que se fue del árbol de la vida y encaminó sus pies hacia el árbol de la muerte que le devolvió su prenda como está dicho:** «Y cuando acabó Jacob de dar mandamientos a sus hijos, **encogió sus pies en la cama**, y expiró; y fue congregado con sus padres» (Génesis 49:33)**. Y dado que él ya confesó sus pecados y pidió perdón, ha de separarse del árbol de la muerte y caer sobre su rostro y decir: «A ti, el Eterno, levantaré mi alma»** (Salmos 25:1)**. Te di mi alma en prenda** (121a) **pero ahora que he anudado la unificación, realicé acción y palabras adecuadas y he confesado mis pecados, ahora te entrego mi alma completamente.**

Y el hombre ha de verse a sí mismo como si hubiera salido de este mundo y su alma ha sido entregada a ese lugar de la muerte. Ésta es la razón por la que no está a la letra *Vav* en este salmo, **ya que esta letra simboliza el árbol de la vida. Y el secreto de todo esto es que hay pecados que no son expiados hasta que el hombre abandona este mundo, según está escrito** «Esto fue revelado a mis oídos de parte del Eterno de los ejércitos: que **este pecado no os será purgado hasta que muráis**, dice el Eterno Dios de los ejércitos»(Isaías 22:14) **Realmente el hombre se entrega a la muerte y sacrifica su alma en este lugar, y no como una prenda como ocurre durante la noche, sino más bien como alguien que muere verdaderamente. Esto debe hacerse con plena devoción del corazón. Entonces el Santo, bendito sea, tiene misericordia de él y perdona** todos **sus pecados. Dichoso es el hombre que sabe cómo atraer y servir a *su señor* con devoción de voluntad y corazón! ¡Desdichado es el hombre que viene a servir a *su señor* con corazón ausente y sin verdadera intención! Está dicho: «Mas le lisonjeaban con su boca, y con su lengua le mentían, pues sus corazones no *eran* rectos con él, ni estuvieron firmes en su pacto»** (Salmos 78:36-37). **A pesar de que dice «A ti, oh Eterno, elevo mi alma...», todas sus palabras proceden de un corazón ausente y ésta es la causa de que sea apartado de este mundo antes de que vengan los días que le fueron otorgados, en el momento en que ese árbol se mueve en el mundo para demandar castigo.**

Por esta razón es necesario que el hombre dirija su corazón y su alma a su señor, **y no se acerque a Él con intención falsa, porque: «No habitará en medio de mi casa el que hace engaño;** el que habla mentiras no se afirmará delante de mis ojos» (Salmos 101:7). **Cuando un hombre se prepara para ello, pero su corazón está alejado del Santo, bendito sea, una voz del cielo proclama: «no permanecerá ante mis ojos». Puede que esta persona quiera corregirse a sí misma, pero «no permanecerá». Ciertamente esto es así cuando viene a unificar el Santo Nombre, pero no lo hace de la manera apropiada.**

Dichosa es la parte de los justos en este mundo y en el mundo venidero. A propósito de ellos está escrito: «Porque yo *entiendo* sus obras y sus pensamientos. *Tiempo* vendrá para juntar todos los gentiles y lenguas; **y vendrán, y verán mi gloria**» (Isaías 66:18) **y «**Ciertamente los justos alabarán tu Nombre; los rectos morarán en tu presencia» (Salmos 140:14). **Rabbí Eleazar se acercó y besó sus manos. Le dijo: si únicamente hubiera venido a este mun-**

121a

do para escuchar estas palabras, habría bastado. Rabbí Iehuda le dijo: ¡dichosa es nuestra parte y la parte de los hijos de Israel, que están apegados al Santo bendito sea! Según está escrito «Mas vosotros que os allegasteis al Eterno vuestro Dios, todos *estáis* vivos hoy» (Deuteronomio 4:4)**, y también: «Y tu pueblo, todos ellos *serán* justos,** para siempre heredarán la tierra; serán renuevos de mi plantío, obra de mis manos, para glorificarme» (Isaías 60:21)**.**

¡Bendito sea el Eterno por la eternidad! ¡Amén! ¡Que el Eterno reine por siempre! ¡Amén y amén!

APÉNDICE

EL MISTERIO DE LA CARIDAD

Un concepto que aparece en este volumen del Zohar y que es imposible de entender si no es a la luz de la cábala, es el de caridad (*Tzedakah*). Más relacionado con la justicia (*Tzedek*) que con la misericordia o la piedad, es como un acto mágico que se realiza en este mundo para producir efectos trascendentales en los mundos de Arriba. En la sección de *Bejukotai*, el Zohar nos ofrece la explicación metafísica de la caridad (*Tzedakah*), explicación realmente magistral que en lo profundo coincidirá, como veremos, con la de los cabalistas de Safed.

Ya vimos en el Zohar volumen 7 (I-195 b):

«Bienaventurados son ellos, los justos, que atraen buenos actos para que los beneficien a ellos mismos y a todo el mundo, y además porque ellos saben apegarse en el momento –*et*- de la paz. Y con el poder de la caridad y los buenos actos que realizan en lo bajo, ellos atraen a ese grado denominado "todo"».

También en este mismo volumen (I-201 a) vimos que:

«...cuando una persona fallece, y el alma sale de este mundo, con numerosos juicios es juzgada hasta entrar a su sitio en el Gan Eden. Luego, todas las almas necesitan pasar por ese Nahar Dinur que fluye y continúa, y bañarse y purificarse allí. Y quién es aquel que puede ubicarse allí y pasar esta situación sin temer, tal como está dicho: "Quién ascenderá al Monte de El Eterno…"» (Salmos 24:3-4). Pero el alma del justo pasa por allí sin temer «y quién permanecerá en el lugar de Su santuario». Y también aquel que se esfuerza en este mundo en la caridad y da de su dinero en caridad, entonces pasará por ese lugar sin temer. Y un heraldo le pregona a esa alma: «y te dejaré y no te afligiré más» (Nahum 1:12). Aquel que mereció pasar por ese Nahar Dinur ya no tiene más juicios.

A partir de estos dos textos podemos deducir que, como dice el libro de los Proverbios (10:2): «No servirán los tesoros del mal, y la caridad salvará de la muerte».

En el momento de la verdad, cuando lo habremos abandonado todo y cuando todo nos habrá abandonado, lo que nos protegerá será precisamente la caridad (*Tzedakah*). Pero hemos de entender en profundidad a qué se refiere este término.

En diversos lugares los sabios hablan de «santificar a Dios» o de «santificar su Nombre». ¿A qué se refieren concretamente? ¿Acaso Dios no es ya santo? ¿No es su Nombre santo? Sin duda un pasaje del libro de Isaías pueda ayudarnos a entender algo. Leemos en Isaías (V-16):

> «Y IHWH de los ejércitos será ensalzado en juicio,
> y el Dios Santo será santificado con justicia.»

Los sabios nos enseñan que en este pasaje no hay que interpretar *Tsedakah* como «justicia», sino como «caridad». Así la *Tsedakah,* la caridad, se nos presenta como el medio para santificar el Nombre. El Talmud (Baba Batra 10 a) nos enseña que la *Tsedakah* «apresura la redención», pero ésta no será completa hasta que Amalek sea exterminado, según aprendemos de (*Éxodo* XVII-16):

«Y dijo: "Pues la mano está sobre el trono de Dios:
el Eterno mantiene guerra contra Amalek,
de generación en generación"».

Comentando este versículo, Rashi, el comentarista clásico, señala que el Nombre de Dios IHWH "ha sido amputado de la mitad de las letras que lo componen" y que:

«El Santo, bendito sea, ha jurado que su nombre y su trono
no estarán completos hasta que el nombre de Amalek
sea borrado completamente».

La explicación a este misterio la vamos a encontrar en este volumen 22 del Zohar, cuando dice (III-113 b):

«…aquel que da caridad al pobre corrige el Santo nombre Arriba de un modo apropiado. Porque la caridad (*Tzedakah*) es el árbol de la vida y da a la justicia (*Tzedek*), y cuando da la justicia, el uno y el otro son unidos, y el nombre santo es completado. Aquel que produce un despertar abajo, en verdad es como si hubiera reparado el Santo Nombre. Del mismo modo, tal como son las acciones abajo, es el despertar Arriba».

El famoso cabalista de Safed Rabbí Isaac Luria enseñaba que dar *Tsedakah* completa el Nombre de Dios de cuatro letras (יהוה). La *Iod* (י), que es la letra más pequeña, simboliza la moneda que se está dando en *Tzedakah*. La primera letra *He* (ה), cuyo valor numérico es 5, corresponde a los cinco dedos de la mano que está dando la moneda. La *He* (ה) final, corresponde a la mano del receptor. Estas dos letras/manos están conectadas por una letra *Vav* (ו) que tiene forma de brazo, vinculando así al dador con el receptor. Así se santifica en Nombre.

EL EDITOR

GLOSARIO

En el presente glosario aparecen las definiciones puntuales de las palabras, los términos y los conceptos principales, ya que los más generales fueron incluidos en la Introducción del Volumen I. También, debido a la complejidad y profundidad de ciertos temas, en el glosario simplemente se describe el tópico de modo extremamente resumido, el cual muchas veces aparece luego explicado por el mismo texto de El Zohar. De todos modos, esperamos que resulte de ayuda para el lector.

– A –

Aba: Uno de los cinco Rostros o Partzufim, en este caso identificado con la sefirá de Jojmá. *Véase* página 36 en la Introducción del Volumen I.

Academia Celestial: En el lenguaje de los sabios cabalistas se refiere al lugar espiritual al que ascienden los justos tras su muerte para continuar estudiando Torá y completar sus niveles espirituales.

Adam Kadmón: Lit.: Hombre Primordial. Se refiere a uno de los estados principales y esenciales de la concatenación y creación de los Cuatro Mundos. *Véase* página 63 en la Introducción del Volumen I.

Adonai: Nombre divino relacionado con la sefirá de Maljut y la letra Tav. Es uno de los diez Nombres divinos sobre los que recae la prohibición de ser borrado.

Ain: Una de las veintidós letras del abecedario hebreo. Su valor numérico es 70. Los sabios cabalistas la asocian con el signo de Capricornio, el enojo y el mes hebreo de Tevet.

Alef: Primera letra del abecedario hebreo. Su valor numérico es 1.

Alef Hei Iud Hei: Nombre divino relacionado con la sefirá de Keter. Es uno de los diez Nombres divinos sobre los que recae la prohibición de ser borrado.

Amá: Medida de longitud equivalente, aproximadamente, a medio metro.

Amalek: El primer pueblo que atacó por la espalda a Israel al salir de Egipto. Archienemigo espiritual de Israel, se considera que el Nombre de El Eterno no estará completo hasta que el recuerdo de este pueblo sea borrado, lo cual constituye un precepto bíblico. En el lenguaje de los sabios cabalistas, representa a la klipá que se opone al nivel de Daat de Santidad.

Amidá: Conjunto de Dieciocho bendiciones que se pronuncia tres veces al día, mañana, tarde y noche, las cuales resumen los pedidos tanto del individuo como los de la comunidad en general. En el lenguaje de los sabios este rezo también es denominado simplemente como «el rezo». Sus otros nombres son Amidá y Shmona Esré.

Arameo: Lengua relativamente cercana al hebreo. Hasta el exilio en Babilonia el arameo era conocido sólo por los sabios, mas allí el pueblo aprendió el idioma popular y casi olvidó el hebreo. El arameo del Talmud es coloquial, a diferencia del arameo literario que aparece en la Biblia (Daniel, Ezra).

Arij Anpín: Uno de los cinco Rostros o Partzufim, en este caso identificado con la sefirá de Keter. *Véase* pág. 76 en la Introducción del Volumen I.

Arvat Haminim: Lit: Cuatro especies. Una de las cuatro especies que se bendicen la fiesta de Sukot, la fiesta de las Cabañas: *etrog* –cidra–, *lulav* –rama de palmera–, *hadás* –mirto– y *aravá* –sauce.

Arvit: Rezo nocturno, uno de los tres rezos que se pronuncian a diario. De acuerdo con la enseñanza de los sabios del Talmud, este rezo fue establecido por el patriarca Jacob.

Atik Iomin: Uno de los Rostros o Partzufim. *Véanse* pág. 75 y ss. en la Introducción del Volumen I.

Aza y Azael: *Véanse* págs. 156, 243, 273-274, 296 en el Volumen I.

– B –

«Baraita»: Del arameo «externa». Se trata de enseñanzas que no fueron incluidas dentro de la recopilación de la Mishná. Estas mishnaiot fueron compiladas por separado y en parte son citadas en el Talmud.

Bet: Segunda letra del abecedario hebreo. Su valor numérico es 2.

Bein Hashmashot: Tiempo comprendido entre la puesta del Sol y el momento en el que se divisan en el cielo tres estrellas. Es un período en el que dudamos si es de día o de noche y existen distintas opiniones acerca de su duración.

Biná: Lit.: Entendimiento. Una de las tres sefirot más elevadas, junto con el Keter y la Jojmá. Si establecemos un paralelismo con el cuerpo humano, corresponde al cerebro, el hemisferio izquierdo, y el corazón.

Birkat Hamazón: Bendición posterior a las comidas ordenada por la Torá. Está compuesta por otras cuatro bendiciones: la bendición por la comida, la bendición y agradecimiento por la Tierra de Israel, la bendición por la reconstrucción de Jerusalén y la bendición por el bien recibido de Dios.

Birkot Hashajar: Lit.: Bendiciones de la mañana. Se refiere a las primeras bendiciones que se pronuncian al levantarse, y que constituyen un corpus dentro del Sidur o libro de oraciones.

Brit Milá: Circuncisión. Se realiza a todo hijo varón de Israel al octavo día de su nacimiento. Es realizado por un Mohel, persona especialmente preparada para efectuarlo, y se considera que libera al niño de importantes grados de impureza ritual.

Buen Instinto: *Véase*: Ietzer Hatov.

– D –

Daat: Lit.: Conocimiento. Una de las diez sefirot, la cual es contada y nombrada en el caso de no incluirse al Keter entre las sefirot. Está asociada con la letra hebrea Bet y el candelabro del Tabernáculo. *Véase* pág. 39 en la Introducción del Volumen I.

Dalet: Cuarta letra del abecedario hebreo. Su valor numérico es 4.

Día del Perdón: Llamado en hebreo Iom Kipur, se trata de uno de los días más sagrados del año judío. En este día –el 10 del mes de Tishrei– Moisés alcanzó el perdón divino para el pueblo tras el pecado del becerro de oro. Es un día dedicado por completo al ayuno, al arrepentimiento y al rezo.

Diez locuciones: Se refiere a las diez veces que durante los seis días de Creación aparece escrito «Y dijo Dios». De aquí se aprende también que el mundo fue creado a partir de la Palabra divina. El primer versículo bíblico es considerado por los sabios del Talmud como la primera de las locuciones.

– E –

Ein Sof: Lit.: Sin límite o Infinito. Expresión que refiere a la Voluntad ilimitada del Creador, antes del Tzimtzum y del comienzo del proceso de Creación. *Véanse* pág. 14 y ss. en la Introducción del Volumen I.

Elohim: El primero de los Nombres divinos que aparece en la Torá, el cual está asociado con la Gevurá, el Juicio y el Rigor divinos, con la vocal de shvá, el brazo y mano izquierdos, la letra Guimel, y con la mesa del Tabernáculo. Es uno de los diez Nombres divinos sobre los que recae la prohibición de ser borrado.

Elohim Tzevakot: Nombre divino relacionado con la sefirá de Hod. Es uno de los diez Nombres divinos sobre los que recae la prohibición de ser borrado.

Erev rav: Referente a la Mixtura de gente que, sin pertenecer al Pueblo de Israel, salió junto a sus integrantes cuando éste se liberó de Egipto, tal como lo relata la Torá en el libro del Éxodo. Los sabios cabalistas nos enseñan que los miembros de esta Mixtura afectan a Israel durante el exilio, y debido a esta razón Moisés debe reencarnarse en cada generación para ayudar y salvar a su pueblo de la influencia dañina de estas almas. En el lenguaje de los sabios cabalistas también tal Mixtura de gente aparece asociada con todos aquellos entes que aún no pudieron ser rectificados y que son afectados por la klipá o cáscara de Noga.

– F –

Femenino: En el lenguaje de los sabios cabalistas la idea de lo femenino no se reduce a mujer o hembra, sino a la energía receptiva y a la materia que busca su forma. Todo, a su vez, en todos los planos, está conformado por su aspecto masculino y por su aspecto femenino. Lo femenino está relacionado con la Biná.

– G –

Gabriel: Una de las principales divisiones entre los campamentos de ángeles celestiales es en cuatro, encabezados por cuatro ángeles más importantes: Mijael, Gabriel, Uriel y Refael.

Gan Eden: Lit.: Jardín del Edén. Se refiere al paraíso bíblico en el que habitaban Adam y Eva, pero también al lugar celestial, espiritual, compuesto por habitaciones e hileras, una más interna que la otra, y en la más interior de las cuales se encuentra el Mesías, luego los justos, los piadosos, etc.

Gezeirá shavá: Uno de los métodos utilizados para interpretar la Torá, basado en palabras similares o repetidas que figuran en dos versículos distintos. En estos casos los sabios aplican leyes de un versículo respecto al otro en base a este método comparativo.

Gimel: Tercera letra del abecedario hebreo. Su valor numérico es 3.

Gog y Magog: Si bien los exegetas divergen en la identidad de este o estos pueblos, y su rey o reyes, todos están de acuerdo en que la guerra de Gog y Magog se refiere a que las naciones del mundo se enfrentarán a Israel en Jerusalén y que se trata de un hito relacionado con la llegada del Mesías y el final de los seis mil años del mundo.

Guehenóm: Lit.: Infierno. Lugar espiritual en el que se expían las transgresiones realizadas en este mundo. Todo lo descrito acerca del Infierno, tal como el fuego, los castigos, el sufrimiento, etc., se refiere a niveles espirituales de corrección, siempre con el objetivo de que el alma alcance la perfección absoluta.

Guematria: Sabiduría basada en el valor numérico de las letras hebreas, según la cual dos palabras que comparten el mismo valor numérico están conectadas de modo esencial.

Gevurá: Lit.: Juicio o Rigor. Una de las diez sefirot. Si establecemos un paralelismo con el cuerpo humano, corresponde con el brazo izquierdo y la mano. *Véanse* págs. 33, 41 y 43 en la Introducción del Volumen I.

– H –

Havdalá: Bendición que se pronuncia al finalizar el Shabat y las festividades, para indicar la separación entre la Santidad de ese día y el resto de los días de la semana. Se realiza sobre el vino, las especias aromáticas y el fuego.

Hei: Quinta letra del abecedario hebreo. Su valor numérico es 5. Los sabios cabalistas la asocian con el signo de Aries, la fuerza del habla y el mes hebreo de Nisán.

Hei Vav Iud Hei Tzevakot: Nombre divino relacionado con la sefirá de Netzaj. Es uno de los diez Nombres divinos sobre los que recae la prohibición de ser borrado.

Heijal: Generalmente traducido como Palacio. Refiere al Maljut, y sobre él se escribe en el Sefer Ietzirá «que está orientado hacia el centro»

(Capítulo 4, Mishná 4). También, en el lenguaje de El Zohar, los heijalot o palacios son los pasadizos espirituales de cada mundo, por los que asciende la plegaria de los hombres en dirección a lo Alto.

Hod: Lit.: Esplendor. Una de las diez sefirot. Si establecemos un paralelismo con el cuerpo humano, corresponde a la pierna izquierda, el riñón y el testículo. *Véase* pág. 38 en la Introducción del Volumen I.

Holej: Uno de los signos musicales que se utilizan para leer la Torá y que encierra misterios muy profundos.

– I –

Iejidá: Una de las cinco partes que conforman el concepto judío del Alma. En este caso, nos referimos a la parte más elevada, la cual también, como la Jaiá, se encuentra por encima de la persona. Los sabios cabalistas la asocian también con el Keter.

Iesod: Lit.: Fundamento. Una de las diez sefirot. Si establecemos un paralelismo con el cuerpo humano, se corresponde con el órgano sexual. *Véase* pág. 38 en la Introducción del Volumen I.

Ietzer Hará: Lit.: Mal Instinto: en el lenguaje de los sabios cabalistas alude a la fuerza espiritual que intenta desviar a la persona del camino correcto. Junto con el Buen Instinto –Ietzer Hatov– son los responsables de establecer un equilibrio permanente para que el hombre pueda ejercer su libre albedrío, elegir, y recibir su recompensa o su castigo.

Ijudim: El término se relaciona en el lenguaje de los sabios cabalistas con la palabra hebrea *ejad*, uno, lo mismo que hace referencia a la unión, la asociación, y a la cercanía. En acto, significa unir, asociar y acercar algo a su fuente y raíz, con el objeto de que ambos se transformen en uno. El hombre, a través de su servicio espiritual, es capaz de generar ijudim, por ejemplo, entre dos Rostros o Partzufim y también entre dos Nombres divinos.

Ima: Uno de los cinco Rostros o Partzufim, en este caso identificado con la sefirá de Biná. *Véase* pág. 75 en la Introducción del Volumen I.

Iom Kipur: *Véase*: Día del Perdón.

Ishim: De acuerdo con Maimónides (Iesodei Hatorá 2:7) la diferencia de nombres entre los ángeles está en relación con los diferentes niveles que ocupan, y según esto se los denomina: «Jaiot Hakodesh», cuyo nivel es el superior, y «Ofanim», «Erelim», «Jashmalim», «Serafim», «Malajim», «Elohim», «Benei Elohim», «Kerubim» e «Ishim». Estos últimos son los ángeles que hablan con los profetas y que son vistos por ellos en una visión.

Itapja: *Véanse* págs. 294-295 en el Volumen I.

Itkafia: *Véanse* págs. 294-295 en el Volumen I.

Iud: Décima letra del abecedario hebreo. Su valor numérico es 10. Los sabios cabalistas la asocian con el signo de Virgo, la fuerza de la acción y el mes hebreo de Elul.

Iud Hei: Nombre divino relacionado con la sefirá de Jojmá. Es uno de los diez Nombres divinos sobre los que recae la prohibición de ser borrado.

Iud Hei Vav Hei (con la vocalización de Elohim): Nombre divino relacionando con la sefirá de Biná. Es uno de los diez Nombres divinos sobre los que recae la prohibición de ser borrado.

– J –

Jaiá: Una de las cinco partes que conforman el concepto judío del Alma. En este caso, nos referimos a la parte asociada con las fuerzas espirituales externas y superiores a la persona. Los sabios cabalistas la asocian también con la Jojmá. *Véase* pág. 23 en la Introducción del Volumen I.

Jaiot Hakodesh: De acuerdo con Maimónides (Iesodei Hatorá 2:7) la diferencia de nombres entre los ángeles está en relación con los diferentes niveles que ocupan, y según esto se los denomina: «Jaiot Hakodesh», cuyo nivel es el superior, y «Ofanim», «Erelim», «Jashmalim», «Serafim», «Malajim», «Elohim», «Benei Elohim», «Kerubim» e «Ishim». Estos últimos son los ángeles que hablan con los profetas y que son vistos por ellos en una visión.

Jesed: Primera de las consideradas «las siete sefirot inferiores». Si establecemos un paralelismo con el cuerpo humano, se corresponde con el brazo derecho y la mano. *Véanse* págs. 38 y 41 en la Introducción del Volumen I.

Jet: Octava letra del abecedario hebreo. Su valor numérico es 8. Los sabios cabalistas la asocian con el signo de Cáncer, la fuerza de la vista y el mes hebreo de Tamuz.

Jirik: Vocal relacionada por los sabios cabalistas con la sefirá de Netzaj y la letra Kaf.

Jojmá: Lit.: sabiduría. Es una de las tres sefirot más elevadas, junto al Keter y la Biná. Si establecemos un paralelismo con el cuerpo humano, se corresponde con el cerebro y el hemisferio derecho. *Véase* pág. 36 en la Introducción del Volumen I.

Jolam: Vocal relacionada por los sabios cabalistas con la sefirá de Tiferet y la letra Dalet.

Jubileo: En hebreo: Novel. El quincuagésimo año que llega tras completar siete veces los siete años de Remisión –Shemitá–. Es un año de descanso para la tierra y de liberación de esclavos (Levítico 25).

– K –

Kadish: Plegaria que se pronuncia tanto en el rezo diario como en otras ocasiones, tales como después de estudiar la Torá, o para la elevación del alma de un fallecido. Existen distintos tipos de esta misma oración, tal como el kadish de los Rabinos o el kadish de duelo, todos los cuales solo pueden ser pronunciados en comunidad. El contenido de la oración está escrito en idioma arameo.

Kaf: Una de las veintidós letras del abecedario hebreo. Su valor numérico es 20.

Kal vajomer: Inferencia del más débil al más fuerte: uno de los trece métodos utilizados para interpretar la Torá. El mismo indica que si tenemos dos asuntos, uno grave y uno leve, y se trata el caso leve con rigor, inferimos que se aplicará rigor también al caso grave. Por ejemplo, si un acto determinado se permite en Shabat, día de máxima Santidad, seguramente estará permitido en un día festivo.

Kamatz: Uno de los signos de puntuación o vocales. Los sabios cabalistas lo asocian con el Nombre divino Alef, Hei, Iud, Hei, la sefirá de Keter, la letra Alef, y los Querubines del Tabernáculo.

Karet: Castigo que señala la desconexión del alma de su raíz espiritual superior. Según algunas opiniones, la vida de la persona castigada con *karet* es cortada y esta no alcanza su ancianidad, no logra tener descendencia y tampoco entra al Mundo Venidero.

Kasher: Cuando el término se aplica a un alimento, se refiere a uno que cumple con las normas y las leyes de la Halajá, la Ley de la Torá, tal como los animales puros sacrificados de acuerdo con las normas rituales, etc. Cuando el término recae sobre un individuo, significa que tal persona es idónea y apta.

Kedushá: Lit.: Santificación: Bendición de máxima Santidad perteneciente al rezo de Amidá o Shmoná Esré.

Kel: Nombre relacionado con la sefirá de Jesed. Es uno de los diez Nombres divinos sobre los que recae la prohibición de ser borrado.

Keter: Lit: Corona. Es la primera y la más elevada de todas las sefirot. Si establecemos un paralelismo con el cuerpo humano, corresponde al cráneo. *Véase* pág. 34 en la Introducción del Volumen I.

Kidush: Oración de santificación que se pronuncia sobre el vino, en el Shabat y las festividades, lo cual constituye un precepto. El vino encierra misterios muy profundos, y los mismos son sugeridos a menudo por los sabios cabalistas.

Klipot: Cáscaras espirituales. Los sabios cabalistas explican que debido a que El Eterno quiso conducir al mundo con justicia (Deuteronomio 32:4), se establecieron fuerzas malignas que determinaran un equilibrio entre el Lado del Bien y el Lado del Mal. Las fuerzas espirituales malignas que buscan castigar a los pecadores en este mundo o en el Infierno, son denominadas *Sitra Ajra* y también Klipot, ya que la Santidad, la Kedushá, es denominada «fruto», y estas fuerzas actúan como cáscaras del fruto. Los sabios determinan que hay cuatro tipos de Klipot, tres completamente malignas, y la cuarta, Noga, a veces actúa para el Bien y a veces para el Mal.

Kuf: Una de las veintidós letras del abecedario hebreo. Su valor numérico es 100. Los sabios cabalistas la asocian con el signo de Piscis, la risa y el mes hebreo de Adar.

– L –

Lamed: Una de las veintidós letras del abecedario hebreo. Su valor numérico es 30. Los sabios cabalistas la asocian con el signo de Libra, el coito y el mes hebreo de Tishrei.

Lea: Matriarca, una de las esposas de Jacob. En el lenguaje de los sabios cabalistas se refiere a una de las partes en las que se divide el Rostro femenino denominado Nukva. Corresponde a la parte que va desde el pecho hacia arriba y es considerado «el mundo oculto» o alma deitkasia.

Leviatán: Animal marítimo de grandísimas proporciones. En el lenguaje de los sabios se describe una pareja, macho y hembra, que fueron creados por El Eterno, pero se mató a la hembra para evitar su reproducción, lo cual representa un gran peligro para el mundo. Este misterio también indica que la hembra fue salada y reservada para los justos en el Mundo Venidero. También se enseña que ante la llegada del Mesías, El Creador alimentará a los justos con la carne del Leviatán y con su piel les construirá una Suká, una cabaña.

Lilit: Adán estuvo separado de su mujer, Java, por espacio de 130 años, durante los cuales se unió con espíritus femeninos, y engendró una especie mixta de humano y demonio. Algunos suponen a Lilit como la madre de buena parte de estas criaturas. Otro midrash (Otzar hamidrashim 34:4) nos cuenta que Lilit fue la primera criatura femenina humana, creada junto a Adán, pero que no lograban armonizar, disputando constantemente –en especial en lo referente a la sexualidad– en busca del poder. Hasta que ella utilizó el Nombre Inefable para evaporarse en el aire y convertirse en un ente no denso. Dios se apiadó por el sufrimiento causado por la soledad del varón, y envió tres emisarios para que hicieran entrar en razón a la rebelde Lilit. Ella se enfrentó rudamente a los mensajeros de Dios, y decidió que el objetivo de su existencia sería el de dañar a los recién nacidos descendientes de Adán. En el cuerpo humano el bazo representa a Lilit, la «esposa» de Satán, el Ángel de la Muerte. Ella es también considerada como la «madre» de la Mixtura de gente (Éxodo 12:38). Ella atrapa a la gente con la riqueza y luego la mata (Tikunei Zohar, 140a).

Límite de desplazamiento: Dos mil amot alrededor de los cuales se encuentra la persona asentada en Shabat. Está prohibido en Shabat salir fuera de la ciudad dos mil amot, en cualquier dirección.

Lulav: *Véase*: Arvat Haminim. También el nombre *lulav* suele referirse a las cuatro especies unidas.

– M –

Maasé Bereshit: Lit.: Obra de Creación. Término que los sabios utilizan para hacer referencia a la Creación del Mundo Físico, durante los primeros seis días de Creación, en oposición a Maasé Merkavá, que se refiere a los Mundos espirituales superiores.

Maasé Merkavá: Lit.: Obra del Carruaje. Se refiere a la visión del profeta Ezequiel cuando se abrieron los Cielos (Ezequiel 1; 8:3). El término «Carruaje» no aparece en el texto del profeta Ezequiel sino en el primer libro de Crónicas (28:18). Según Maimónides, este concepto se ocupa de todo lo referente a lo trascendente a la naturaleza. Algunos sabios cabalistas lo entienden como una de las ramas de estudio de la mística hebrea.

Mal Instinto: *Véase*: Ietzer Hará.

Masculino: En el lenguaje de los sabios cabalistas la idea de lo masculino no se reduce a hombre o macho, sino a la energía que influye y a la forma que busca la materia para expresarse. Todo, a su vez, en todos los planos, está conformado por su aspecto masculino y por su aspecto femenino. Lo masculino está relacionado con la Jojmá.

Makaf: Uno de los signos musicales que se utilizan para leer la Torá y que encierra misterios muy profundos.

Maljut: Lit.: Reinado. Una de las diez sefirot. Si establecemos un paralelismo con el cuerpo humano, corresponde a los pies y la corona del órgano sexual. *Véase* pág. 38 en la Introducción del Volumen I.

Matronita: En idioma arameo: madre. En el lenguaje de los sabios cabalistas, el Mundo de Creación –Ietzirá– es denominado Matronita por tratarse del primer mundo superior que incluye entes separados y escindidos del Creador. Este mundo es considerado femenino en relación al Mundo de Emanación –Atzilut–, y por eso, cuando Adam transgredió, se considera que la consecuencia fue que la Matronita se separó de su Esposo.

Mazal: Término que comúnmente se relaciona con la suerte o el destino de la persona, aunque en realidad, y de un modo más preciso, tal vez convendría asociarlo con las tendencias personales a determinadas acciones, o a ciertas inclinaciones de personalidad, que tienen que ver con el momento del nacimiento de una persona determinada. Los sabios enseñan, por ejemplo, que una persona que nace con un mazal que lo lleva a derramar sangre, podrá elegir a través de su libre albedrío, si ser asesino, cirujano, shojet (matarife de acuerdo con las leyes rituales de la Torá) o moel (encargado de realizar la circuncisión).

Mem: Una de las veintidós letras del abecedario hebreo. Su valor numérico es 40.

Merkavá: *Véase*: Maasé Merkavá.

Metatrón: Ángel principal, considerado como el Gran Sacerdote espiritual, el cual puede ingresar al Sanctasanctórum en lo Alto ante el Trono de Gloria divino. Es considerado el representante de los ángeles, y es el que reúne a las plegarias y las presenta ante la Presencia divina. También aparece asociado con el Mundo de Formación, que es el Mundo de los ángeles. El valor numérico de su nombre es similar al del Nombre divino: Shakai.

Mijael: Una de las principales divisiones entre los campamentos de ángeles celestiales es en cuatro, encabezados por los cuatro ángeles más importantes: Mijael, Gabriel, Uriel y Refael.

Modé Aní: Primera oración que pronuncia la persona al despertarse, en la que agradece al Creador que le devuelva su alma, la cual, según las enseñanzas de los sabios, asciende a los mundos superiores mientras el hombre duerme.

Mojín: Se refiere principalmente al «alma» que habita en el interior de las tres primeras sefirot, Keter, Jojmá y Biná. En algunos casos las mismas sefirot son denominadas mojín. Además, toda influencia superior es denominada mojín.

Mundo de Atzilut: Lit.: Mundo de Emanación. *Véanse* pág. 27 y ss. en la Introducción del Volumen I.

Mundo de Briá: Lit.: Mundo de Creación. *Véanse* pág. 27 y ss. en la Introducción del Volumen I.

Mundo de Ietzirá: Lit.: Mundo de Formación. *Véanse* pág. 27 y ss. en la Introducción del Volumen I.

Mundo de Asiá: Lit.: Mundo de Acción. *Véanse* pág. 27 y ss. en la Introducción del Volumen I.

Musaf: El rezo adicional, tal como su nombre indica, se agrega a los rezos diarios de shajarit en Shabat, Rosh Jodesh y las festividades. Este rezo, corresponde a las ofrendas comunitarias especiales que se ofrecían en el templo en días festivos (Números 28 y 29).

– N –

Natlá: Recipiente con el que se realiza la ablución de las manos establecida por los sabios con fines de purificación. La ablución de las manos se realiza antes de comer de modo estable, antes de rezar, tras salir del retrete, y al despertarse por la mañana.

Nefesh: Una de las cinco partes que conforman el concepto judío del Alma. En este caso, nos referimos a la parte más baja, la cual está asociada con las fuerzas vitales del cuerpo. Los sabios cabalistas la asocian también con el Maljut.

Nefilat Hapaim: Rezo conocido con el nombre de Nefilat Hapaim o Tajanun –reclinar la cabeza– y que consta del salmo 6:2-11, precedido por otros dos versículos que reflejan el mismo espíritu de contrición. La fuente bíblica de esta oración es el libro de Números 16, cuando Moisés y Aharón se postran ante Dios. Se acostumbra a pronunciar este rezo sentados con la cabeza inclinada y reposando sobre el brazo izquierdo, salvo que se lleven puestas las filacterias –tefilín–, en cuyo caso reposa la cabeza sobre el brazo derecho.

Nehar dinur: Lit.: Río de fuego. Se relaciona con la Gevurá de cada Mundo, es puramente de fuego, y también es denominado Heijal Zejut, el cual es el Infierno Superior, ya que de él fluye: de debajo del Trono de Gloria. Los ángeles que se crean cada día, de este río son creados.

Nekudot: Uno de los componentes del texto de la Torá, junto con los signos musicales –taamim–, las coronas –taguin–, y las letras –otiot–. En este caso, los nekudot son las vocales que esconden misterios muy profundos.

Neshamá: Una de las cinco partes que conforman el concepto judío del Alma. En este caso nos referimos a la parte asociada con las fuerzas mentales de la persona. Los sabios cabalistas la asocian también con la Biná.

Nesirá: Lit.: corte o escisión. Refiere al corte que realizó el Creador para separar a los aspectos masculino y femenino que se encontraban apegados, espalda contra espalda, en el momento de ser creado el Hombre.

Netzaj: Lit.: Victoria. Una de las diez sefirot. Si establecemos un paralelismo con el cuerpo humano, corresponde a la pierna derecha, el riñón y el testículo. *Véanse* págs. 38 y 41 en la Introducción del Volumen I.

Nidá: Mujer en estado de impureza ritual debido a su período menstrual. Existen leyes de purificación que incluyen la cuenta de días de pureza y la inmersión en el baño ritual Mikve. El Talmud reúne el análisis de estas leyes en un tratado denominado Nidá.

Nitzotz: Lit.: Chispa. Tal como las chispas que salen del fuego son denominadas así para señalar que son sólo una parte muy pequeña que se separa de la fuente principal, el fuego, de igual modo, las chispas espirituales que descendieron con las vasijas rotas, son sólo una parte de la gran Luz general del Mundo de los Puntos o Nekudim.

Noga: Los sabios cabalistas determinan que hay cuatro tipos de Klipot, tres completamente malignas, y la cuarta, Noga, a veces actúa para el bien y a veces para el mal.

Nombre de 42 letras: *Véase* el Apéndice que se encuentra al final del Volumen I.

Notrikón: Se refiere al método de interpretación a partir de las iniciales de una palabra determinada. Ejemplo: la palabra Elul, nombre de uno de los meses, sugiere la expresión del Cantar de los Cantares: «Yo soy de mi Amado y mi Amado es mío», ya que cada palabra del versículo comienza con una de las iniciales del nombre.

Nun: Una de las veintidós letras del abecedario hebreo. Su valor numérico es 50. Los sabios cabalistas la asocian con el signo de Escorpio, el olfato y el mes hebreo de Jeshván.

Nukva: Uno de los cinco Rostros o Partzufim, en este caso identificado con la sefirá de Maljut. Representa el aspecto netamente femenino. *Véase* pág. 75 en la Introducción del Volumen I.

– O –

Ofanim: De acuerdo con Maimónides (Iesodei Hatorá 2:7) la diferencia de nombres entre los ángeles está en relación con los diferentes niveles que ocupan, y según esto se los denominan: «Jaiot Hakodesh», cuyo nivel es el superior, y «Ofanim», «Erelim», «Jashmalim», «Serafim», «Malajim», «Elohim», «Benei Elohim», «Kerubim» e «Ishim». Estos últimos son los ángeles que hablan con los profetas y que son vistos por ellos en una visión.

Or Haganuz: Luz guardada y ocultada. La primera luz creada en el relato bíblico, la cual es considerada de un altísimo nivel espiritual, y que permitía al Primer Hombre «ver desde un extremo al otro del mundo». Los sabios nos enseñan que la misma fue guardada y reservada para los hombres justos, para el Mundo Venidero. La luz que nosotros conocemos es la luz creada durante el cuarto día, a diferencia del Or Haganuz.

Oraita: En idioma arameo se refiere a la Torá, e incluye en su raíz la palabra luz –or– lo cual señala en particular a la Luz de la divinidad oculta en ella.

– P –

Pargod: Cortina celestial que señala la separación de los mundos inferiores con los mundos superiores. En el lenguaje de los sabios cabalistas, atravesar esta cortina o escuchar lo que sucede del otro lado del Pargod, representa el poder acceder a niveles espirituales y a secretos muy elevados.

Pardés: Lit.: Prado. De acuerdo con la enseñanza de los sabios cabalistas las iniciales de esta palabra señalan cuatro niveles o perspectivas a través de las cuales comprendemos la Torá. La primera inicial, la letra Pei, indica el nivel de Pshat, lo simple, el relato literal de la Torá. La segunda inicial, la letra Reish, alude al Remez –insinuación– que le da una dimensión más profunda al relato bíblico. La tercera inicial, la letra Dalet, nos indica el Drash que proviene del verbo exigir. Esta lectura encierra una búsqueda en la cual el hombre exige el significado interior que el texto quiere transmitir. La última inicial de la palabra, la letra Samej, indica el Sod, literalmente el secreto y el misterio.

Parsá: Medida de longitud equivalente a 4,6 metros.

Partzufim: Lit.: Rostros. Se refiere a los Cinco Rostros, cada uno compuesto por diez sefirot. *Véase* pág. 75 en la Introducción del Volumen I.

Pataj: Uno de los signos de puntuación o vocales. Los sabios cabalistas lo asocian con el Nombre divino Iud Hei, la sefirá de Jojmá, la letra Mem, y el Kaporet del Tabernáculo.

Pei: Una de las veintidós letras del abecedario hebreo. Su valor numérico es 80.

Pesaj: Fiesta que conmemora la salida de Egipto y la liberación del pueblo de Israel. Pesaj comienza el 15 del mes de Nisán y se celebra en Israel durante siete días. El precepto principal de esta festividad consiste en no comer levadura o productos que la contengan.

Pidión Habén: Ceremonia que se realiza a los 30 días del nacimiento del hijo varón primogénito por parte de la madre. De acuerdo con la Ley de la Torá, en un principio el primogénito pertenecía a El Eterno, lo cual significaba que debía servir como sacerdote –kohen–, mas una vez que toda la tribu de Leví fue consagrada a este fin, los primogénitos son rescatados del sacerdote a través de cinco monedas –selaim.

– R –

Rajel: Lit.: Raquel, la matriarca, una de las esposas de Jacob. En el lenguaje de los sabios cabalistas se refiere a una de las partes en las que se divide el Rostro femenino denominado Nukva. Se refiere a la parte que va desde el pecho hacia abajo y es considerado «el mundo revelado» o «alma deitgalia».

Refael: Una de las principales divisiones entre los campamentos de ángeles celestiales es en cuatro, encabezados por los cuatro ángeles más importantes: Mijael, Gabriel, Uriel y Refael.

Reish: Una de las veintidós letras del abecedario hebreo. Su valor numérico es 200.

Remisión: En hebreo: Shemitá. Refiere al séptimo año, en el cual no se trabaja la tierra y en el que todas las deudas quedan anuladas. Cuando transcurren siete años de Shemitá llega el año del Jubileo (Tratado de Moed Katán 2b y ss.)

Reshimo: Lit.: Marca o huella. Se refiere a la Luz divina que, tras realizarse el tzimtzum o la contracción, quedó en el jalal o espacio. En ningún caso podemos decir que este espacio quedó vacío de Luz de la divinidad, sino que a esta Luz que quedó la consideramos la marca o la huella de la anterior.

Resurrección de los muertos: Los sabios nos enseñan que existen dos etapas en la resurrección de los muertos: la primera sucederá al comienzo de la época mesiánica en la que Moisés, Aharón, sus hijos y todos los justos de Israel resucitarán para guiar al pueblo. Acerca de la segunda etapa de la resurrección, la general, existen distintas enseñanzas al respecto: hay entre los sabios quienes mantienen que sucederá al final del sexto milenio, otros cuarenta años tras la llegada del Mesías y otros setenta años tras la llegada del mismo.

Revii: Uno de los signos musicales que se utilizan para leer la Torá y que encierra misterios muy profundos.

Rosh Jodesh: Lit: Cabeza del mes. Día en el que comienza el mes hebreo, considerado como un día semifestivo. En la Torá y el Talmud es mencionado junto con las festividades y el Shabat. Antes de que se estableciera el calendario fijo, el Rosh Jodesh era establecido por el Tribunal, el Sanedrín, basándose en el testimonio de testigos que habían observado la luna nueva.

Rostro: En hebreo: Partzuf. *Véanse* pág. 75 y ss. en la Introducción del Volumen I.

Ruaj: Una de las cinco partes que conforman el concepto judío del Alma. En este caso, nos referimos a la parte asociada con las fuerzas emocionales de la persona. Los sabios cabalistas la asocian también con las seis sefirot, desde Jesed a Iesod.

– S –

Samael: Ministro espiritual de Edom, el cual actúa igualmente como el Ministro espiritual de los otros setenta ministros. Al caer Samael, todos los demás también caen. Los sabios lo citan también como «montado sobre la Serpiente».

Samej: Una de las veintidós letras del abecedario hebreo. Su valor numérico es 60. Los sabios cabalistas la asocian con el signo de Sagitario, el poder del sueño y el mes hebreo de Kislev.

Sefirot: *Véanse* pág. 31 y ss. en la Introducción del Volumen I.

Segol: Uno de los signos de puntuación o vocales. Los sabios cabalistas lo asocian con el Nombre divino Kel, la sefirá de Jesed, la letra Bet, y con el candelabro del Tabernáculo.

Segolta: Uno de los signos musicales que se utilizan para leer la Torá y que encierra misterios muy profundos.

Sela: Moneda de plata cuyo valor es equivalente a dos Shekalim o 4 Zuzim o Dinarim: 14,34 gramos.

Serafim: De acuerdo con Maimónides (Iesodei Hatorá 2:7) la diferencia de nombres entre los ángeles está en relación con los diferentes niveles que ocupan, y según esto se los denominan: «Jaiot Hakodesh», cuyo nivel es el superior, y «Ofanim», «Erelim», «Jashmalim», «Serafim», «Malajim», «Elohim», «Benei Elohim», «Kerubim» e «Ishim». Estos últimos son los ángeles que hablan con los profetas y que son vistos por ellos en una visión.

Shajarit: Uno de los tres rezos que se pronuncian a diario, el matutino. De acuerdo con la enseñanza de los sabios fue establecido por el patriarca Abraham.

Shakai: Uno de los Nombres divinos que aparece en la Torá, el cual está asociado con la sefirá de Iesod, Fundamento, la conducción divina que combina el Netzaj y el Hod, el órgano sexual y la letra Tav.

Shakai Kel Jai: Nombre divino relacionado con la sefirá de Iesod. Es uno de los diez Nombres divinos sobre los que recae la prohibición de ser borrado.

Shalshelet: Uno de los signos musicales que se utilizan para leer la Torá y que encierra misterios muy profundos.

Shavuot: Una de las tres fiestas de peregrinaje bíblicas, en la cual se celebra la recepción de la Torá en el Monte Sinaí. No posee una fecha propia sino que se conmemora a los 50 días de la salida de Egipto.

Shedim: Lit.: Demonios. El nombre hebreo está relacionado con el hecho de que engañan –shodedim– las mentes de los hombres o porque habitan en sitios destruidos o deshabitados –shadud. De acuerdo con los sabios sus almas fueron creadas el sexto día, antes de que entrara el Shabat, pero no alcanzó a crear sus cuerpos. Éstos habitan principalmente en sitios descampados y destruidos, y el objetivo de su creación fue generar sufrimiento y amonestar a los hombres alejados del camino de la verdad.

Shejiná: Presencia divina. La raíz hebrea de esta palabra –shin, kaf, nun– señala el acto de habitar, morar, residir. La Shejiná, de acuerdo con los actos de los hombres, se aleja del mundo o se aproxima, y el objetivo final de toda la Creación es que la Presencia divina se revele concretamente en el mundo.

Shemá Israel: Oración pronunciada dos veces cada día, por la mañana y por la noche. Está compuesta por tres secciones bíblicas: (Deuteronomio 6:4-9; 11:13-21; Números 15:37-41).

Shin: Una de las veintidós letras del abecedario hebreo. Su valor numérico es 300.

Shevarim: Tres voces entrecortadas que se soplan del shofar en Rosh Hashaná, largas, como las de un quejido, y desde el principio al fin se prolongan como las nueve teruot.

Shofar: a) Cuerno de animal, de preferencia carnero, con el que se cumple el precepto de escuchar la voz del shofar en la festividad de Rosh Hashaná. También se lo hace sonar con el fin de despertar espiritualmente a la comunidad durante el mes de Elul, mes de arrepentimiento, y al finalizar el Iom Kipur. En la Torá el shofar aparece relacionado con otros acontecimientos, tales como la entrega de la Torá, el año del Jubileo y la llegada del Mesías. b) Uno de los signos musicales que se utilizan para leer la Torá y que encierran profundos misterios.

Shuruk: Vocal relacionada por los sabios cabalistas con la sefirá de Hod, el muslo y pie izquierdos, y la letra Pei.

Shvá: Uno de los signos de puntuación o vocales. Los sabios cabalistas lo asocian con el Nombre divino Elohim, la sefirá de Gevurá, la letra Guimel, y la mesa del Tabernáculo.

Shvirat hakelim: Lit.: Ruptura de vasijas. Se refiere al momento del proceso de creación en que una Luz demasiado potente entró en las vasijas que simplemente no podían contenerla y se rompieron. En el ámbito de las sefirot, se considera que la ruptura afectó a las siete inferiores. De acuerdo con los sabios cabalistas la ruptura de las vasijas permite el surgimiento y la existencia del Mal. También esta ruptura es la raíz del libre albedrío. *Véase* pág. 67 en la Introducción del Volumen I.

Sitra Ajra: En arameo: el Otro Lado. Así como El Eterno creó los Mundos de Creación, Formación y Acción, para que sirvieran de base para la realización del Bien y la Santidad, de igual modo creó el lado opuesto, es decir, los encargados del Mal. El conjunto de estas criaturas encargadas del Mal en el mundo se denomina las «fuerzas del Otro Lado». El Mal, tal como es entendido por los sabios cabalistas, es sólo un medio para lograr y generar finalmente el máximo Bien, objetivo último de la creación del mundo.

Sucot: Fiesta que conmemora la protección divina de la que goza Israel durante su paso por el desierto, al salir de Egipto. La misma comienza el 15 del mes de Tishrei y se celebra en Israel durante siete días. El precepto principal de esta festividad es habitar en la suká, una cabaña, durante toda la festividad, y balancear las cuatro especies durante el rezo matutino.

Suká: Cabaña que se construye especialmente para la fiesta de Sucot, en la que se debe habitar durante los días de la festividad tal como se habita en la casa durante el resto de los días del año.

– T –

Taamim: Uno de los componentes del texto de la Torá, junto con las coronas –taguin–, las letras –otiot– y las vocales –nekudot–. En este caso, los taamim son los signos musicales que esconden misterios muy profundos.

Tagin: Uno de los componentes del texto de la Torá, junto con los signos musicales –taamim–, las vocales –nekudot–, y las letras –otiot–. En este caso, los tagin son las coronas o dibujos lineares que aparecen por encima de algunas letras de la Torá y que esconden misterios muy profundos.

Talit: Prenda superior, ancha, con la que las personas solían cubrirse todo el día. Cuando reúne las condiciones de poseer cuatro esquinas, el talit llevaba los tzitzit. En la actualidad el talit es utilizado para los rezos y para asistir a la sinagoga, aunque existe también el talit pequeño, que es utilizado permanentemente.

Tav: Una de las veintidós letras del abecedario hebreo. Su valor numérico es 400.

Tefilín: Filacterias, dos cajitas de cuero negro que contienen cuatro pergaminos con pasajes de la Torá: (Deuteronomio 6:4-9), (Deuteronomio 11:13-21), (Éxodo 13:1-10), (Éxodo 13:11-16). Se fijan en la frente y en el brazo izquierdo mediante unas correas de cuero negro que penden de las cajitas durante la oración matutina –shajarit– de cada día, a excepción de los días festivos y el Shabat.

Teshuvá: Término que expresa el retorno a la conexión espiritual con El Creador, tras haberse alejado de Él. Su raíz incluye la acepción de regreso –lashuv– y también la misma palabra puede, de modo sugerente, ser dividida en dos: teshu-va, es decir, volver o retornar a Dios.

Tet: Novena letra del abecedario hebreo. Su valor numérico es 9. Los sabios cabalistas la asocian con el signo de Leo, la fuerza de la audición y el mes hebreo de Av.

Tetragrama: El Nombre de las cuatro letras: Iud, Hei, Vav, Hei, el cual está asociado con la sefirá de Tiferet, con la vocal jolam, el cuerpo o el torso de persona, la letra Dalet, y con el altar de oro del Tabernáculo.

Tiferet: Lit.: Belleza o Armonía. Una de las diez sefirot. Si establecemos un paralelismo con el cuerpo humano, se corresponde con el torso. *Véanse* pág. 38 y ss. en la Introducción del Volumen I.

Tikún: Lit.: Rectificación. Se refiere al estadio en el que determinado ente o persona alcanza el objetivo divino y el sentido de su creación. Por ejemplo, el Mundo del Tikún es el estadio en el que la Presencia divina debe ya revelarse concretamente en la realidad, lo cual es considerado la rectificación o tikún del mundo.

Torah: Pentateuco o los Cinco libros de Moisés: Génesis, Éxodo, Levítico, Números y Deuteronomio. También es considerada la sabiduría escrita o Torá Escrita, en oposición a lo que se denomina Torá Oral. Los textos cabalísticos enseñan que la Torá representa el plano de todo lo creado: «Dios miró la Torá y creó el mundo».

Tikún Jatzot: Rezo que se pronuncia a medianoche, cuando es costumbre enunciar de modo individual o en una habitación secundaria de la sinagoga, sentándose en el suelo y llorando. Como de acuerdo con los sabios cabalistas la Shejiná incluye dos aspectos, uno denominado Rajel y el otro Lea, este rezo también está compuesto por dos tikunim o rectificaciones: Tikun Rajel, en el que se llora debido al exilio de la Shejiná, y Tikun Lea, basado en el estudio de la Torá.

Trece medidas de misericordia: También son denominadas «atributos» de misericordia. Aparecen en dos secciones bíblicas: en el libro del Éxodo (34:6-7) y Malaquías (7:18-20). En el Talmud, Tratado de Rosh Hashaná (17b) se enseña que El Eterno le reveló a Moisés esta súplica, la cual se considera que en todos los casos es respondida.

Treinta y dos senderos de sabiduría: La Jojmá –por ser el primer destello de revelación– incluye a todos los posteriores modos de conducción divina, incluyendo a los 32 senderos. Éstos son mencionados al comienzo del Sefer Ietzirá, y están conformados por las diez sefirot y las 22 letras del abecedario hebreo.

Treinta y nueve prohibiciones: Lo que la Torá prohibió fue la realización en Shabat de actos que impliquen una actividad creativa, actividades que surgen del precepto de construir el Tabernáculo (Mishkán) en el desierto del Sinaí (Éxodo 31:1-11), (Éxodo 35:1-3). Las actividades necesarias para la construcción del Tabernáculo eran treinta y nueve en total. Éstas se denominan Actividades Principales (Avot Melajot) que incluyen en sí mismas a todas las demás prohibiciones de Shabat que reciben el nombre de Actividades Derivadas (Toladot). Las actividades 1 al 11 están relacionadas con la preparación de los diversos tipos de alimento del ser humano: arar, plantar, cosechar, engavillar, trillar, aventar granos, seleccionar, tamizar, moler, amasar y hornear. Las actividades 12 a la 24 están ligadas con la preparación de la indumentaria del ser humano: esquilar, blanquear o lavar, cardar, teñir, hilar, introducir hilo en el ojal, actividad preparatoria para el tejido, tejer, deshebrar, anudar, desanudar, coser y desgarrar. Las actividades 25 a la 33 están relacionadas con la escritura o con la preparación de los materiales para la escritura: cazar, degollar, desollar, curtir, raspar, rayar, cortar, escribir y borrar. Las actividades 34 y 35 están ligadas con la construcción de la vivienda del ser humano, y son: construir y demoler. Las actividades 36 y 37 están ligadas al fuego, y son: encender y apagar el fuego. La actividad número 38 es la que completa una determinada actividad. La actividad número 39 es el transporte de objetos del dominio privado al público y viceversa.

Truá: Nueve voces entrecortadas que se soplan del shofar en Rosh Hashaná, cortas, como las de un hombre que solloza, y desde el principio al fin se prolongan como tres shevarim.

Tzadik: Una de las veintidós letras del abecedario hebreo. Su valor numérico es 90. Los sabios cabalistas la asocian con el signo de Acuario, el gusto y el mes hebreo de Shevat.

Tzimtzum: Lit.: Contracción. Se refiere a la contracción de la Luz inicial del Ein Sof, para dar lugar a otra existencia además de la Divinidad. La contracción también generó el Jalal y el Roshem. *Véase* pág. 58 en la Introducción del Volumen I.

– U –

Uriel: Una de las principales divisiones entre los campamentos de ángeles celestiales es en cuatro, encabezados por los cuatro ángeles más importantes: Mijael, Gabriel, Uriel y Refael.

– V –

Vav: Sexta letra del abecedario hebreo. Su valor numérico es 6. Los sabios cabalistas la asocian con el signo de Tauro, la fuerza de la meditación y el mes hebreo de Iyar.

– Z –

Zain: Séptima letra del abecedario hebreo. Su valor numérico es 7. Los sabios cabalistas la asocian con el signo de Géminis, la fuerza del movimiento y el mes hebreo de Siván.

Zarka: Uno de los signos musicales que se utilizan para leer la Torá y que encierran misterios muy profundos.

Zeir Anpín: Uno de los cinco Rostros o Partzufim, en este caso identificado con las sefirot de Jesed, Gevurá, Tiferet, Netzaj, Hod y Iesod. *Véase* pág. 75 en la Introducción del Volumen I.

Zun: Palabra compuesta por las iniciales de los nombres de dos Rostros –Zein Anpín y Nukva–, y que generalmente señala la relación entre ambos.

TABLA DE EQUIVALENCIAS DE LIBROS BÍBLICOS

Génesis .... *Bereshit*
Éxodo .... *Shemot*
Levítico .... *Vaikrá*
Números .... *Bamidbar*
Deuteronomio .... *Devarim*

Josué .... *Ieoshúa*
Jueces .... *Shoftim*
Samuel .... *Shmuel*
Reyes .... *Melajim*

Isaías .... *Ishaiahu*
Jeremías .... *Irmiahu*
Ezequiel .... *Iejezquel*

Oseas .... *Hoshea*
Joel .... *Ioel*
Amós .... *Amós*
Abdías .... *Ovadiá*
Jonás .... *Ioná*

Miqueas .... *Mijá*
Nahúm .... *Najúm*
Habacuc .... *Jabakuk*
Sofonías .... *Tzfaniá*
Hageo .... *Jagai*
Zacarías .... *Zejariá*
Malaquías .... *Malají*

Salmos .... *Tehilim*
Proverbios .... *Mishlei*
Job .... *Iov*
Cantar de los Cantares .... *ShirHashirim*
Rut .... *Rut*
Lamentaciones .... *Eijá*
Eclesiastés .... *Kohelet*
Ester .... *Ester*
Daniel .... *Daniel*
Esdras .... *Ezrá*
Nehemías .... *Nejemiá*
Crónicas .... *Divrei Haiamim*

ÍNDICE DE CITAS BÍBLICAS

A

Abdías 1:4 34
Amós 5:2 17, 175
Amós 8:11 9

C

Cantar de los Cantares 1:2 51
Cantar de los Cantares 1:4 51
Cantar de los cantares 1:6 176
Cantar de los Cantares 2:1 111
Cantar de los cantares 2:3 91
Cantar de los cantares 2:6 172, 177, 178
Cantar de los cantares 2.6 181
Cantar de los Cantares 2:9 155
Cantar de los Cantares 3:11 51, 64, 90
Cantar de los Cantares 4:7 21
Cantar de los Cantares 5:2 51, 52
Cantar de los Cantares 5:13 111
Cantar de los Cantares 5:15 26
Cantar de los Cantares 7:9 56
Cantar de los cantares 8:6 181
I Crónicas 16:33 56
I Crónicas 19:11 20
I Crónicas en 29:11 33

D

Daniel 4:23 16
Daniel 9:7 20
Deuteronomio 1:10 165
Deuteronomio 1:11 165
Deuteronomio 4:4 34, 37, 45, 184
Deuteronomio 4:44 30
Deuteronomio 6:5 166
Deuteronomio 7:25 137
Deuteronomio 12:12 50
Deuteronomio 14:1 139
Deuteronomio 14:2 130
Deuteronomio 15:1 157
Deuteronomio 16:9 66
Deuteronomio 16:10 66
Deuteronomio 16:17 97
Deuteronomio 18:2 20
Deuteronomio 21:23 13, 14
Deuteronomio 23:14 153
Deuteronomio 27:7 50
Deuteronomio 29:1 159

Deuteronomio 30:3 25, 159
Deuteronomio 32:7 22
Deuteronomio 32:9 45, 95, 111, 130
Deuteronomio 33:2 43, 168
Deuteronomio 33:29 37, 100

E

Eclesiastés 1:7 63
Eclesiastés 3:14 74
Eclesiastés 5:5 109
Eclesiastés 5:6 104
Eclesiastés 7:26 113
Eclesiastés 7:29 112
Eclesiastés 12:7 120
Ester 5:1 121
Ester 5:6 136
Éxodo 1:5 164
Éxodo 2:4 90
Éxodo 2:14 107
Éxodo 3:5 109
Éxodo 3:14 120
Éxodo 3:15 131
Éxodo 4:22 139
Éxodo 6:5 51
Éxodo 6:6-7 53
Éxodo 9:3 21
Éxodo 12:3 89
Éxodo 12:7 52
Éxodo 12:19 54
Éxodo 12:42 53
Éxodo 13:18 121
Éxodo 14:22 121
Éxodo 15:11 47
Éxodo 16:4 52, 57, 90
Éxodo 16:22 67
Éxodo 16:29 133
Éxodo 17:16 125
Éxodo 19:4 122
Éxodo 19:5 176
Éxodo 19:13 109
Éxodo 20:8 51
Éxodo 20:11 47
Éxodo 20:12 161
Éxodo 20:22 138
Éxodo 20:24 168
Éxodo 21:2 116, 117
Éxodo 21:5 118
Éxodo 21:6 118
Éxodo 22:20 130, 131
Éxodo 22:28 98
Éxodo 22:31 45
Éxodo 23:11 119
Éxodo 29:43 39
Éxodo 31:7 95
Éxodo 31:14 47
Éxodo 31:16 159
Éxodo 33:7 154
Ezequiel 1:4 122
Ezequiel 1:10 170
Ezequiel 2:2 128
Ezequiel 16:6 32
Ezequiel 25:16 16
Ezequiel 34:31 68
Ezequiel 36:25 89

G

Génesis 1:3 40
Génesis 1:4 12, 130, 135
Génesis 1:5 40
Génesis 1:16 126
Génesis 1:26 98
Génesis 1:27 98, 163
Génesis 1:31 110
Génesis 2:7 135, 136
Génesis 2:9 56, 112
Génesis 2:10 26
Génesis 2:16 136
Génesis 2:17 113, 135
Génesis 3:4 76
Génesis 3:6 76, 112
Génesis 8:4 120
Génesis 8:5 120
Génesis 8:21 157
Génesis 9:25 92, 135
Génesis 10:5 130
Génesis 10:20 130
Génesis 11:9 130

Génesis 11:30 41
Génesis 14:18 26
Génesis 15:13 84
Génesis 16:2 42
Génesis 17:12 29
Génesis 17:18 42
Génesis 17:20 42
Génesis 18:19 150
Génesis 20:3 147
Génesis 20:12 79, 80
Génesis 24:31 92
Génesis 25:27 18
Génesis 26:4 34
Génesis 26:8 147
Génesis 26:33 157
Génesis 27:1 76
Génesis 27:3 76
Génesis 27:22 67, 76
Génesis 27:25 77
Génesis 27:27 77
Génesis 27:30 77
Génesis 27:31 77
Génesis 27:33 77
Génesis 27:34 77
Génesis 27:39 78
Génesis 27:42 78
Génesis 28:14 34, 120
Génesis 29:18 137
Génesis 30:13 60
Génesis 31:24 146
Génesis 32:7 78
Génesis 32:14-15 78
Génesis 32:15 78
Génesis 32:21 78
Génesis 33:14 78
Génesis 33:16 78
Génesis 33:17 79
Génesis 35:11 177
Génesis 42:1 35, 36
Génesis 42:2 36
Génesis 48:10 177
Génesis 48:14 177
Génesis 48:20 176
Génesis 49:33 182

I

Isaías 1:15 182
Isaías 1:21 116
Isaías 3:10 132
Isaías 3:18 104
Isaías 6:2 120
Isaías 6:3 38, 39
Isaías 6:7 128
Isaías 8:16 26, 30
Isaías 8:20 26
Isaías 18:3 122
Isaías 22:14 183
Isaías 25:8 114
Isaías 27:5 168
Isaías 28:8 96
Isaías 30:3 56
Isaías 32:15 145
Isaías 33:7 125
Isaías 33:9 111
Isaías 34:6 17, 43
Isaías 43:7 98
Isaías 49:3 100, 141, 180
Isaías 50:1 88, 158
Isaías 52:12 170
Isaías 54:13 30
Isaías 54:14 151
Isaías 54:17 97
Isaías 55:12 58, 169
Isaías 57:15 27
Isaías 57:19 122
Isaías 58:8 97
Isaías 58:11 97
Isaías 58:13 48, 49, 101, 103, 104
Isaías 58:14 48, 97
Isaías 59:21 63
Isaías 60:1 18, 169
Isaías 60:2 172
Isaías 60:21 23, 97, 184
Isaías 61:8 74, 76
Isaías 61:9 161
Isaías 63:1 16, 17
Isaías 63:3 17
Isaías 63:8 104
Isaías 63:14 127

Isaías 65:22 113
Isaías 66:10 168
Isaías 66:18 183

J

Jeremías 2:2 94
Jeremías 2:3 29, 45, 46, 80
Jeremías 9:23 129
Jeremías 17:8 60
Jeremías 17:12 125
Jeremías 29:10 18
Jeremías 46:22 175
Job 1:7 84
Job 1:8 85
Job 1:9 85
Job 2:2 86
Job2:6 85
Job 11:20 136
Job 20:27 82
Job 22:28 132
Job 27:17 83
Job 28:27 137
Job 34:14 28
Job 38:13 43
Job 38:15 12, 40
Josué 24:2 69
Josué 24:3 69, 70
Jueces 5:4 29, 30
Jueces 5:28 147

L

Lamentaciones 4:20 152
Lamentaciones 5:1 143
Levítico 1:2 68
Levítico 1:6 127
Levítico 1:13 31
Levítico 6:9 115, 116
Levítico 8:33 18, 19
Levítico 9:22 36
Levítico 15:28 62, 65
Levítico 16:3 117
Levítico 16:8 21, 83
Levítico 16:10 84
Levítico 16:13 90
Levítico 16:15 87
Levítico 16:22 86
Levítico 16:30 89
Levítico 18:4 148
Levítico 18:19 130
Levítico 18:26 11
Levítico 19:3 106
Levítico 20:7 24
Levítico 20:8 24
Levítico 20:26 24
Levítico 20:27 11
Levítico 21:1 11, 12, 14, 15, 24
Levítico 21:3 16, 17, 18
Levítico 21:5 18, 19
Levítico 21:10 15, 19
Levítico 21:12 15, 20
Levítico 21:13 21, 22
Levítico 21:14 21, 24
Levítico 21:15 23, 24
Levítico 21:17 25, 27, 28
Levítico 21:18 26, 27
Levítico 22:17 22
Levítico 22:20 27
Levítico 22:27 28, 29, 31, 33
Levítico 22:28 34
Levítico 22:31 37
Levítico 22:32 37, 39
Levítico 23:2 40, 41
Levítico 23:3 47
Levítico 23:4 43, 44, 45, 46
Levítico 23:5 51
Levítico 23:11 61
Levítico 23:12 67
Levítico 23:15 57, 61, 62, 65
Levítico 23:17 60
Levítico 23:24 69, 72, 73
Levítico 23:27 81
Levítico 23:28 79
Levítico 23:34 89, 90
Levítico 23:37 103
Levítico 23:40 98
Levítico 23:42 91, 92, 93, 95
Levítico 24:2 100
Levítico 24:10 104, 105

Levítico 24:11 105, 107, 149
Levítico 24:12 107
Levítico 24:15 106, 107, 108, 109
Levítico 24:16 108, 109
Levítico 25:1 115
Levítico 25:2 116, 118
Levítico 25:3 118, 119
Levítico 25:8 119
Levítico 25:9 36
Levítico 25:10 120, 121
Levítico 25:13 120
Levítico 25:20 131, 132
Levítico 25:21 132, 133
Levítico 25:31 121
Levítico 25:46 135, 138
Levítico 25:55 138
Levítico 26:3 143, 148, 149, 151
Levítico 26:4 150
Levítico 26:6 151, 159
Levítico 26:11 152, 153, 154
Levítico 26:12 153
Levítico 26:15 155
Levítico 26:18 156, 157, 159
Levítico 26:28 157, 158, 160
Levítico 26:44 144, 160

M

Malaquías 1:2 156
Malaquías 1:3 156
Malaquías 1:6 161
Malaquías 1:8 27, 28
Malaquías 2:3 96
Malaquías 3:20 12
Miqueas 6:5 143, 146, 148
Miqueas 7:19 83, 86

N

Números 1:1 163, 167
Números 2:2 168, 170
Números 2:10 179
Números 2:17 171, 176
Números 2:18 176
Números 2:25 179
Números 5:28 61
Números 5:29 57
Números 6:7 14
Números 10:34 93
Números 11:5 117
Números 11:9 63
Números 13:29 92
Números 14:14 90, 93
Números 16:26 96
Números 18:20 20
Números 18:21 11
Números 19:14 68
Números 20:2 90
Números 20:29 91
Números 21:1 90, 91, 92
Números 22:7 145
Números 22:8 146, 147
Números 22:20 147
Números 23:8 148, 174
Números 23:21 145
Números 23:23 145
Números 24:1 148
Números 25:2 146
Números 25:13 57
Números 26:7 170
Números 26:56 84
Números 28:2 128
Números 28:26 56, 58
Números 29:35 59, 60, 100

O

Oseas 12:7 92
Oseas 12:10 128
Oseas 12:11 146

P

Proverbios 3:11 156
Proverbios 3:12 156
Proverbios 3:18 55, 60
Proverbios 5:5 112
Proverbios 6:22 131
Proverbios 9:5 68
Proverbios 10:2 134, 151

Proverbios 11:24 132
Proverbios 12:4 57
Proverbios 13:25 96
Proverbios 16:7 94
Proverbios 16:20 81
Proverbios 19:23 103
Proverbios 19:26 88
Proverbios 23:4 173
Proverbios 23.5 173
Proverbios 23:6 96
Proverbios 23:8 96
Proverbios 25:2 104
Proverbios 25:4 83
Proverbios 25:9 106
Proverbios 25:22 86
Proverbios 27:9 16, 100, 101
Proverbios 30:20 106
Proverbios 31:3 23
Proverbios 31:10 57
Proverbios 31:14 23
Proverbios 31:15 22, 129

R

I Reyes 7:20 26
I Reyes 8:65 33, 67
II Reyes 4:34 124
II Reyes 8:1 35
II Reyes 12:10 105, 106
Ruth 3:15 68

S

Salmos 2:11 117, 169
Salmos 3:9 25
Salmos 4:5 151
Salmos 5:4 103
Salmos 5:5 23
Salmos 14:2 174
Salmos 15:1-2 65
Salmos 19:8 128
Salmos 25:1 180, 182
Salmos 25:14 32
Salmos 27:1 172
Salmos 27:8 43, 44
Salmos 31:5 173
Salmos 31:20 12
Salmos 32:1 81
Salmos 32:11 100, 101
Salmos 36:5 58
Salmos 36:7 28, 29
Salmos 36:9 80
Salmos 37:3 131, 132, 134
Salmos 39:1 108
Salmos 39:7 99
Salmos 40:9 29
Salmos 42:8 93
Salmos 45:5 17
Salmos 50:2 168
Salmos 68:18 91
Salmos 74:2 144
Salmos 76:3 27
Salmos 76:8 31
Salmos 78:5 31
Salmos 78:36-37 183
Salmos 81:3 69, 70, 73
Salmos 81:4 79, 149
Salmos 81:9 107
Salmos 89:15 71
Salmos 89:16 73
Salmos 91:14-15 65
Salmos 92:3 132
Salmos 95:6 113
Salmos 97:11 40
Salmos 98:1 58
Salmos 100:2 169
Salmos 101:7 86, 183
Salmos 102:1 150
Salmos 103:19 58, 129
Salmos 105:4 44
Salmos 106:3 134, 150
Salmos 106:4 144
Salmos 108:6 43
Salmos 111:5 22, 23
Salmos 111:10 117
Salmos 112:1 22
Salmos 112:2-3 97

Salmos 115:12 165, 166
Salmos 115:13 167
Salmos 116:1 80
Salmos 118:19 52
Salmos 118:24 100
Salmos 119:164 119
Salmos 121:5 43
Salmos 122:4 170
Salmos 126:1 18
Salmos 130:1 111
Salmos 130:3 157
Salmos 130:4 80
Salmos 133:2 15
Salmos 133:3 167
Salmos 134:3 167
Salmos 135:4 176
Salmos 137:7 17, 143
Salmos 140:14 31, 183
Salmos 144:15 46, 138
Salmos 145:1 177, 178
Salmos 145:9 111
Salmos 150:1 178
Salmos CXXII:7 168
I Samuel 2:5 34
I Samuel 25:38 96
II Samuel 7:23 30, 41, 55, 94
II Samuel 8:13 149
II Samuel 9:13 49
II Samuel 20:23 41
Sofonías 3:9 43

Z

Zacarías 14:7 59
Zacarías 14:9 28, 41, 43, 125

ÍNDICE

Dedicatoria de el Zohar 7
Palabras introductorias 9
Sección Emor 11
Sección Behar 115
Sección Bejukotai 143
Sección Bamidbar 163
Apéndice. El misterio de la caridad 185
Glosario 189
Tabla de equivalencias de libros bíblicos 215
Índice de citas bíblicas 217
El Zohar Plan General de la Obra 227
Estimado lector 229

EL ZOHAR

PLAN GENERAL DE LA OBRA

Volumen 1: Hakdamat Hazohar - Bereshit (1)
Volumen 2: Bereshit (2)
Volumen 3: Noaj - Lej Lejá
Volumen 4: Vaierá - Jaiei Sará
Volumen 5: Toldot - Vaietzé
Volumen 6: Vaishlaj - Vaieshev
Volumen 7: Miketz - Vaigash
Volumen 8: Vaiejí

Volumen 9: Shemot - Vaera
Volumen 10: Bo - Beshalaj
Volumen 11: Itró
Volumen 12: Mishpatim
Volumen 13: Terumá (1)
Volumen 14: Terumá (2) (Sifra Detzniuta)
Volumen 15: Tetzave - Ki Tisá
Volumen 16: Vaiakel
Volumen 17: Pekude (1)
Volumen 18: Pekude (2)

Volumen 19: Vaikrá
Volumen 20: Tzav - Shminí - Tazria - Metzorá

Volumen 21: Ajarei Mot - Kedoshim
Volumen 22: Emor - Behar - Bejukotai - Bamidbar
Volumen 23: Nasó - Behaalotjá (Idra Raba)
Volumen 24 Shelaj – Koraj - Jukat - Balak
Volumen 25: Pinjas (1) Pinjas (2) -
Volumen 26: Matot - Devarim (1) Devarim (2) (Idra Zuta)

ESTIMADO LECTOR

Dado que los volúmenes de El Zohar se publicarán de modo progresivo a lo largo de varios años, Ediciones Obelisco se compromete, para su facilidad, a comunicarle la aparición de cada nuevo volumen publicado para que usted pueda adquirirlo en cualquier librería de su país. Para ello le agradeceríamos nos enviara sus datos por e-mail o por carta a:

Ediciones Obelisco

Carrer Collita, 23-25. Pol. Ind. Molí de la Bastida
08191 Rubí - Barcelona - España
Tel. (34) 93-309-85-25
Fax: (34) 93-309-85-23
e-mail: comercial@edicionesobelisco.com